高等职业院校财经类专业"十二五"规划教材

新编商务谈判

彭庆武　主编

上海财经大学出版社

NEW BUSINESS NEGOTIATION

图书在版编目(CIP)数据

新编商务谈判/彭庆武主编. —上海:上海财经大学出版社,2016.2
(高等职业院校财经类专业"十二五"规划教材)
ISBN 978-7-5642-2297-0/F·2297

Ⅰ.①新… Ⅱ.①彭… Ⅲ.①商务谈判-高等职业教育-教材
Ⅳ.①F715.4

中国版本图书馆 CIP 数据核字(2015)第 306778 号

□ 责任编辑　黄　荟
□ 封面设计　钱宇辰

XINBIAN SHANGWU TANPAN
新 编 商 务 谈 判
彭庆武　主编

上海财经大学出版社出版发行
(上海市武东路 321 号乙　邮编 200434)
网　　址:http://www.sufep.com
电子邮箱:webmaster @ sufep.com
全国新华书店经销
启东市人民印刷有限公司印刷装订
2016 年 2 月第 1 版　2016 年 2 月第 1 次印刷

787mm×1092mm　1/16　13.5 印张　345 千字
印数:0 001—4 000　定价:33.00 元

高等职业院校财经类专业"十二五"规划教材

编写委员会

主　任: 朱　虹　教授　　湖北职业技术学院 副校长
副主任: 余　浩　教授　　武昌职业学院会计学院 院长
　　　　　袁　畅　教授　　黄冈职业技术学院商学院 院长
　　　　　苏　龙　副教授　长江职业学院教务处、科研处 处长
　　　　　喻靖文　副教授　湖北职业技术学院财经学院 副院长

编　委:（按姓氏笔画排序）
　　　　丁黎明　武汉软件工程职业学院
　　　　王玲玲　武汉城市职业学院
　　　　邓晓燕　武汉商贸职业学院
　　　　叶　青　湖北职业技术学院
　　　　刘　毅　咸宁职业技术学院
　　　　李亚军　咸宁职业技术学院
　　　　李　洁　武汉商贸职业学院
　　　　陈丽琴　湖北工业职业技术学院
　　　　周　军　荆州职业技术学院
　　　　周列平　武汉商贸职业学院
　　　　姜玲玲　武汉船舶职业技术学院
　　　　胡志华　咸宁职业技术学院
　　　　郭　黎　武汉软件工程职业学院
　　　　徐盛秋　长江职业学院
　　　　龚　净　武汉软件工程职业学院
　　　　彭庆武　武汉职业技术学院
　　　　熊义成　湖北三峡职业技术学院
　　　　蔡传柏　湖北三峡职业技术学院
　　　　镇咸辉　咸宁职业技术学院
　　　　戴年韶　湖北三峡职业技术学院

前 言

商务谈判是一项集政策性、技术性、艺术性于一体的社会经济活动,是当事人之间为实现一定的经济目的、明确相互的权利义务关系而进行协商的行为。"我们永远也不要惧怕谈判,但是,我们永远也不要由于惧怕而谈判。"你认为约翰·肯尼迪说这番话时想的是什么?

有一句话说,这个世界是个充满"含糊"的世界,这就又顺理成章地创造了一个充满"借口"的世界。在传统老套的沟通协调方式中,大部分的承诺是用模糊的方式表达出来的,这些承诺除了隐藏问题外,对解决问题没有起到任何帮助。最典型的上下级之间的模糊承诺仍是那一句话——"我会尽我最大的努力";其他的例子也数不胜数,如"计划已经完成了"、"我们有高度的质量标准"、"客户满意了"等,这往往让被承诺者不知其隐含的意思,最后的结果多半是没有兑现,也无法控制。在当今中国,改革开放逐步推进和深化,经济朝气蓬勃、快速增长。迅速崛起的中国经济不仅需要众多的科学技术人才,更需要大量复合型管理人才。商务谈判学是系统研究商务活动的基本规律、横跨自然科学和社会科学两大学科的综合性科学。伴随着人类社会日新月异的变化、世界经济的持续发展以及科学技术的飞速进步,作为社会管理实践活动的理论概括和总结的管理科学,其发展正接受着时代的挑战与洗礼。对国内一些有竞争实力的企业来说,其高层领导人及具体业务人员专业谈判水平的高低在一定程度上将直接影响其企业的收益。了解对外贸易谈判的惯例做法、制订合理的谈判计划、确定合适的人选,对一个谈判者来说是至关重要的。

我们正是顺应了市场的这一需求,在高职高专这个办学层次培养生产、管理、经营第一线的实用型、技能型人才,编写了这本《新编商务谈判》。本书遵循谈判理论——谈判实务——谈判技术的逻辑顺序展开论述,在全书框架系统科学的前提下,力图体现以下特点:

1. 内容新颖。在系统阐述商务谈判理论和方法的同时,本书融入了市场营销的内核,强调了环境分析的重要性及内涵;结合电子商务活动的日益普及,增加了网络谈判的内容。

2. 重实际操作。商务谈判是一门实践性极强的学科,本书各项任务中配备了小资料、小案例及课堂训练,每个学习单元后除了有学习自测、案例分析外,还有实训项目,以方便学生理解与掌握。

本书还偏重案例教学及模拟谈判,内容简明易懂,适合高职高专类学校及市场类、营销类培训课程的学生使用,同时所有从事商务活动尤其是市场业务的人员也将会通过阅读本书而掌握谈判技巧,规避常见错误。

  本书由武汉职业技术学院、武汉软件工程职业学院、咸宁职业技术学院长期从事商务谈判教学的资深教师彭庆武(学习单元一、学习单元五)、王泽鹏(学习单元三、学习单元七)、董美友(学习单元二、学习单元六)、程敏(学习单元四、学习单元八)编写,编写过程中许多公司商务人员、其他院校商务谈判教师提出了宝贵意见,同时本书参考了大量的文献和资料,在此向各位朋友、专家、作者一并表示感谢。对于书中的缺憾与不足,敬请同行批评指正。

编 者

2016 年 1 月

目　录

前　言 ……………………………………………………………………（1）

学习单元一　进入商务谈判 …………………………………………（1）
　　任务一　接受商务谈判岗位 ……………………………………（1）
　　任务二　做合格的商务谈判人员 ………………………………（14）

学习单元二　商务谈判策划 ……………………………………………（28）
　　任务一　把握商务谈判环境 ……………………………………（28）
　　任务二　确定商务谈判目标 ……………………………………（32）
　　任务三　初拟商务谈判方案 ……………………………………（37）

学习单元三　商务谈判实施 ……………………………………………（46）
　　任务一　商务谈判的准备 ………………………………………（46）
　　任务二　商务谈判的开局 ………………………………………（52）
　　任务三　商务谈判的报价 ………………………………………（56）
　　任务四　商务谈判的磋商 ………………………………………（59）
　　任务五　商务谈判的结束 ………………………………………（65）

学习单元四　运用商务谈判的技巧 ……………………………………（71）
　　任务一　报价的技巧 ……………………………………………（71）
　　任务二　让步的技巧 ……………………………………………（77）
　　任务三　拖延的技巧 ……………………………………………（83）
　　任务四　拒绝的技巧 ……………………………………………（86）
　　任务五　签约的技巧 ……………………………………………（90）

学习单元五　商务谈判的组织 …………………………………………（97）
　　任务一　商务谈判人员的选择 …………………………………（97）
　　任务二　商务谈判中的团队合作 ………………………………（104）
　　任务三　商务谈判过程的控制 …………………………………（107）

学习单元六　商务谈判的沟通 (119)

　　任务一　实施商务谈判有效沟通 (119)
　　任务二　谈判组内部沟通 (127)
　　任务三　与谈判对手沟通 (135)

学习单元七　商务谈判礼仪与文化差异 (145)

　　任务一　商务谈判中的仪表与仪式 (145)
　　任务二　商务谈判中的礼节 (150)
　　任务三　商务谈判中的礼貌 (158)
　　任务四　各国的文化差异与谈判风格 (162)

学习单元八　线上谈判 (190)

　　任务一　搭建线上谈判平台 (190)
　　任务二　运用网络工具 (194)
　　任务三　控制网络安全 (199)

参考文献 (205)

学习单元一

进入商务谈判

职业素养

1. 提升对谈判与商务谈判的认识；
2. 培养商务谈判技能；
3. 养成商务谈判思维；
4. 树立商务谈判意识。

能力目标

1. 了解商务谈判的概念和构成要素；
2. 了解谈判与商务谈判的内涵；
3. 理解商务谈判基本原则；
4. 掌握各种商务谈判的类型特点；
5. 建立商务谈判思维方式。

任务一 接受商务谈判岗位

学习导入

商品的上架

一位沙拉调味汁制造商想将他的产品拿到市场上出售。他申请了一笔小额商业贷款，开始拜访一些超市和食品店，向它们推销自己的产品。他发现要想把自己的产品摆上货架，需要付出很高的代价。首先，他必须与商家谈定一笔固定的上架费。商店的采购人员告诉他："如果想让我们摆上你的调味汁，你就必须付给我们2万美元的上架费。"不仅如此，一旦发现调味汁卖得不好,他不仅要负责回购所有的产品,而且还要支付零售商"失败津贴"。如果想做特殊展示,他还要重新与对方协商一笔展示费。除此之外,当商店准备发送宣传页或者登广告时,他还要经常就相关费用与商店展开谈判。事实上,他发现自己与商店人员谈判的时间远比出售调味汁的时间要多得多。

对于那些直接与超市、公司以及各种商店的零售商打交道的人来说,这是一种非常普遍的情况。如今成功的销售人员必须要比以前更聪明、更灵活,但最重要的是,他必须更善于谈判。

(资料来源:罗杰·道森.绝对成交.重庆出版社,2009.)

相关知识

美国谈判专家荷伯·科恩说过:"世界是张谈判桌,万事均可谈判。"谈判是人类交往行为中一种非常广泛和普遍的社会现象。大到国家之间的政治、经济、军事、外交、科技、文化的相互往来(如我国的"入世"谈判),小到个人之间的交往(如商议去哪儿度假),都离不开谈判。谈判涉及诸多领域,如政治领域、经济领域、军事领域等。随着市场经济的发展,经济领域的谈判,特别是商务谈判,在社会生活中扮演着越来越重要的角色。

一、对谈判的认识

(一)谈判的概念

谈判说起来既简单又复杂。说它简单,是因为谈判与我们的生活息息相关,随处可见;说它复杂,是因为它的内容极为广泛,是一项既充满智慧和勇气,又充满艺术和技巧的人类活动,要给它下一个准确的定义并不是一件容易的事。在给谈判下一个准确而完整的定义之前,我们首先来看看谈判的几个基本特征。

1. 谈判必须要有两方或多方参与

这是谈判的首要特征。谈判必须要有两方或多方参与,自己和自己谈不能称为谈判。当谈判参与方为两个以上时,则称为三方谈判、四方谈判或多边谈判。如 2013 年初开始在韩国首尔举行的中日韩自贸区第一轮谈判就是由中、日、韩三国参与的。

2. 谈判要有明确的目标

谈判产生的直接动因就是谈判的参与者有需求并希望得到满足,这种需求无法自我满足,必须有他人的许可。谈判者参与谈判的最终目的是为了实现和满足各自的利益需求,而这种需求的满足又不能无视他方需求的存在。满足利益的需求越强烈,谈判的需求也就越强烈。没有明确的目标,谈判就没有产生的理由。1972 年,在中美建交前的一次谈判中,基辛格对邓小平说:"我们的谈判是建立在健全的基础之上的,因为我们都无求于对方。"第二天,毛泽东会见基辛格时反驳道:"如果双方都无求于对方,你到北京来干什么?如果双方都无所求的话,那么,我们为什么要接待你和你的总统?"可见,如果谈判对方表示自己"无求于对方",这只是一个把戏而已。

3. 谈判是一个交流的过程

谈判不能由一方说了算。谈判各方的目的和需求都会涉及和影响他方需求的满足。对于谈判而言,谈判的开始意味着某种需求希望得到满足或某个问题需要得到解决。由于谈判参与者的各自利益、思维方式不尽相同,存在一定的差异和冲突,因而谈判过程实际上就是各方相互作用、磋商和沟通的过程,在此过程中不断调整各方的利益关系,直至最后达成一致意见。

综上所述，我们认为谈判是参与各方为了满足各自的需求，协调彼此之间的关系，通过磋商而共同寻找双方都能接受的方案的活动。

谈判有广义和狭义之分。广义的谈判泛指一切为寻求意见一致而进行协商、交涉、商量、磋商的活动，比如公司职员为加薪或升职与老板进行的沟通、孩子为购买玩具与父母进行的协商等都是一种广义的谈判。可以说，广义的谈判在日常工作和生活中是随处可见的。狭义的谈判仅仅是指正式场合下的谈判，并且用书面形式予以反映谈判结果。

(二)谈判的构成要素

谈判的构成要素，是指从静态的角度分析构成谈判活动的必要因素。没有这些构成要素，谈判就无从进行。

1. 谈判主体

谈判主体是指参加谈判活动的当事人。谈判主体具有双重性：一是指参加谈判一线的当事人，即出席谈判、上谈判桌的人员；二是指谈判组织，即出席谈判者所代表的组织。一线的当事人，除单兵谈判外，通常是一个谈判小组。小组成员包括谈判负责人、主谈人和陪谈人。其中，谈判负责人是谈判桌上的组织者、指挥者，起到控制、引导和场上核心的作用；主谈人是谈判桌上的主要发言人，他不仅是谈判桌上的主攻手，也是谈判桌上的组织者之一，其主要职责就是根据事先制定的谈判目标和策略，同谈判负责人密切合作，运用各种技巧与对方进行协商和沟通，使对方最终接受己方的建议和要求，或与对方一起寻找双方都能接受的共同点；陪谈人包括谈判中的专业技术人员、记录员和翻译，他们主要为谈判提供技术咨询服务以及记录谈判过程、消除语言障碍。谈判的当事人可以是双方，也可以是多方。

2. 谈判客体

谈判客体是指谈判中双方所要协商解决的问题，也就是谈判议题。谈判客体大致要具备三个条件：一是它对于双方的共同性，也就是这一问题是双方共同关心并希望得到解决的；二是它要具备可谈性，即谈判的时机要成熟；三是它必然涉及参与各方的利益关系。

3. 谈判目的

谈判目的是构成谈判活动不可缺少的因素。只有谈判主体和客体，而没有谈判目的，就不能构成真正的谈判活动，而只是闲谈。正因为谈判各方鲜明的目的性，才使得谈判是在涉及各方利益、存在尖锐对立或竞争的条件下进行的，无论谈判桌上表面看来是多么谈笑风生，实质上都是各方智慧、胆识、应变能力的一次交锋。而闲谈由于不涉及各方的利害关系，通常都是轻松愉快的。

4. 谈判背景

谈判背景是指谈判所处的客观条件。任何谈判都不可能孤立地进行，而必然处在一定的客观条件之下并受其制约。客观存在的谈判条件能为谈判者实施谈判策略与技巧提供依据。这种背景既包括外部的大环境，如政治、经济、文化等，也包括外部的微观环境，如市场、竞争情况等，还包括参与谈判的组织和人员背景，如组织的行为理念、规模实力、财务状况、市场地位等，以及谈判当事人的职位级别、工作作风、心理素质、教育程度、谈判风格、人际关系等。

以上因素是构成谈判的四个基本要素，这些要素不仅影响谈判活动的具体进行，也是分析和研究谈判的依据。

(三)谈判的原则

谈判的基本原则是谈判的指导思想、基本准则，它决定了谈判者在谈判中将采用什么谈判策略和谈判技巧，以及怎样运用这些策略和技巧。

谈判的基本原则可总结为以下几条：

1. 诚信原则

美国谈判学会会长、著名谈判大师尼尔伦伯格在其《谈判的艺术》一书中明确提出："从本质上讲,谈判是一项诚实的活动。"这是谈判首先必须遵守的原则。它包含两方面的意义。一方面,在谈判中,各方要有合作的诚意。在谈判中,双方的关系既有竞争的一面,又有合作的一面。但从根本上说,谈判各方是为了合作以取得谈判成功才聚到一起来的。因此,在谈判过程中,各方都应抱有合作的诚意,以诚相待,将己方的观点、要求明确地摆到桌面上来,求同存异,相互理解,这样会大大提高工作效率和增加相互信任。比如,作家陈敦德在《毛泽东·尼克松在1972》一书中记叙了周总理在谈判中以真诚的态度取得了与美国朋友的心理沟通,并为今后的和平谈判创造了良好的条件。另一方面,经过谈判签约后,各方也应高度重视信用,遵守诺言,建立一种互相信任的关系,为签约后的长期合作打下基础。犹太人以善于经商理财、精于谈判而闻名于世,但他们的诚实、他们对协议的尊重与信守也同样举世皆知。在签约前他们会运用各种策略与对手周旋,争取目标利益的最大化,一旦签约则会充分信守合同,绝不反悔。如果只追求眼前利益、急功近利、不守诚信,将会给今后各方的合作带来极大的负面影响,最后吃亏的往往是自己。

当然,遵守诚信原则并不排斥谈判策略和技巧的运用,我们主张在谈判中以诚信为前提,最大限度地维护自身根本利益,运用各种技巧与策略追求预期收益目标的最大化。

2. 双赢或多赢原则

双赢或多赢原则是指谈判应使谈判各方都取得利益,谈判取得成功的唯一标志是达成了对各方都有利的协议,而绝不是一方全胜、一方皆输。也就是说,谈判只有按照双赢或多赢的模式进行,才能取得真正的成功。有人认为,成功的谈判是自己得到了最大的利益,而对方几乎一无所得,这是很偏颇的谈判观念。这样的谈判是不存在的。谈判不是竞技,它与竞技在目标以及实现目标的手段和方法、结果、当事人的关系上有很大的不同,具体见表1-1。当然,"双赢"绝非摒弃竞争。恰恰相反,正因为通过竞争,通过谈判参与各方的较量,通过对各方共同兴趣目标的不懈追求,寻找到一个能满足各自利益目标的最佳契合点,谈判也就真正成功了。另外,人们在同一事物上的利益不一定就是矛盾的,或是此消彼长的关系。他们很可能有不同的利益,在利益的选择上有很多途径。比如一项产品出口贸易的谈判,卖方关心的可能是货款的一次性结算,而买方关心的可能是产品质量是否属于一流。因此,谈判的一个重要原则就是协调双方的利益,提出互利性的选择。

表1-1 谈判与竞技的差异

比较内容	谈　判	竞　技
目标	满足双方的利益需要,是双赢	通过一方战胜另一方实现,是输—赢
实现目标的手段和方法	协商,协调彼此之间利益上的矛盾	想方设法在规则的范围内使用各种手段限制对方,置对方于失败者的地位
结果	使双方利益要求都得到满足,双方均是胜利者	尽管有时也有握手言和的平局,但是在最终排名或淘汰赛时仍要分出胜负
当事人的关系	在协商的基础上建立一种互惠互利的友好合作关系	是决一雌雄的竞争对立关系

3. 明确利益目标原则

在谈判过程中，目标决定着人们的行为方向，激励着人们的行为。通常这个利益目标并不是一个固定不变的值，而往往是一个区间、一个范围。按照目标从高到低的顺序，包括最优期望目标、可接受目标以及最低目标。

通常在实践中，最优期望目标是可望而不可即的，很少有实现的可能，但是最优期望目标往往是谈判进程开始的话题。如果谈判者一开始就推出其实际希望达到的目标，那么，由于谈判心理作用和对方的预期目标，他将没有讨价还价的余地，最终反而达不到实际需求目标。

在谈判过程中，由于对方能力有限，或者由于客观条件限制，不能达到实际需求目标时，应及时调整自己的利益目标，制定出相应的可接受目标。

最低目标则是谈判者必须死守的"最后防线"。如果没有最低目标作为心理底线，一方面，谈判当事人容易产生盲目乐观，对谈判过程中出现的众多意料不到的情况缺乏充分的思想准备；另一方面，明确最低目标也就知道了谈判有无继续进行下去的可能。

4. 注重长期合作原则

谈判是人们之间的一种交往活动，它有反复性、广泛性等特点。因此，一个谈判者应该有战略的眼光，不过分看重或计较一时一事的得失，更应注重长远、着眼未来。"生意不成友情在。"有时由于利益差距过大会使合作不成，这是很正常的。但是，如果在谈判的过程中建立、维护和保持双方的友好合作关系，就能为今后的发展开辟出广阔的道路。生意场上朋友越多越好，政治、外交乃至社会生活领域其实也是如此。良好的人际关系是谈判的润滑剂，能为将来获得更多的合作和发展的机会。谈判中应切忌目光短浅，而要强调建立长期的合作关系。

5. 讲求效益原则

讲求效益原则就是指人们在谈判过程中，应当节约成本，提高谈判效率。

谈判总要花费一定的成本。通常一场谈判有三种成本：一是谈判的基本成本，即为了达成协议而作出的让步，也就是预期的谈判收益与实际的谈判收益的差距；二是谈判的直接成本，它是人们为谈判所耗费的各种资源，如投入的人力、财力、物力和时间等；三是谈判的机会成本，指因为参加该项谈判而占用了资源，失去了其他获利机会，损失了有望获得的其他价值。这三种成本是一个整体，忽视其中任何一方面都很难圆满实现预定的目标。

坚持讲求效益原则，不光要有成本意识、要注重节约成本，还要关注谈判的效益。谈判的效益不光包括经济效益，还包括社会效益。比如，有的谈判项目如能投产，可能会给合作者带来可观的经济效益，但同时也会给自然环境造成严重污染。在环保呼声越来越高的今天，这样的项目投产后，自然会遭到社会的抵制，最终会给合作者带来损失。因此，成功的谈判不光要有良好的经济效益，还要有良好的社会效益。

6. 合法原则

任何谈判都是在一定的法律约束下进行的，谈判必须遵循合法原则。合法原则是指谈判及其合同的签订必须遵守相关的法律法规。其主要体现在三个方面：谈判主体必须合法；谈判客体必须合法；谈判各方在谈判过程中的行为必须合法。

谈判主体合法是谈判的前提条件。谈判主体必须具备合法的资格，否则就是无效的谈判。谈判客体合法是指谈判所要磋商的交易项目合法，对于法律不允许的行为，如买卖毒品、贩卖人口、走私货物等，其谈判显然违法。谈判各方在谈判过程中的行为必须合法，是指应通过公正、公平、公开的手段达到谈判目的，而不能采取某些不正当的手段，如行贿受贿、暴力威胁等来达到目的。

总之,只有在谈判中遵守合法原则,谈判及其协议才具有法律效力,当事各方的权益才能受到法律的保护。随着法制的完善,各方的交易活动将在越来越广的范围内受到法律的保护和约束。

二、对商务谈判的认识

人类谈判的种类是多种多样的,有国与国之间的外交谈判,有政党与政党之间的政治谈判,还有敌对双方之间的军事谈判,以及艺术团体或个人之间的文化艺术谈判等。本书所指的商务谈判是国家之间或国内企业之间的商务活动中进行的谈判。

（一）商务谈判的概念

商务,是指一切有形与无形资产的交换或买卖事宜。按照国际习惯的划分,商务行为可分为四种:(1)直接的商品交易活动,如批发、零售商品业;(2)直接为商品交易服务的活动,如运输、仓储、加工整理等;(3)间接为商品交易服务的活动,如金融、保险、信托、租赁等;(4)具有服务性质的活动,如饭店、商品信息、咨询、广告等服务。

此外,按照商务行为所发生的地域概念,商务还有国内商务和国际商务之分。

商务谈判通俗地说就是"谈生意",即参与谈判各方以某一具体商务目标为谈判客体,以获得经济利益为目的,通过信息沟通和磋商,寻求达成双方利益目标的活动。

商务谈判是在商品经济条件下产生和发展起来的,它已经成为现代社会经济生活中必不可少的组成部分。如日常生活中的购物还价,虽数额小而且简单,却包含了商务谈判的一切必备要素条件和基本环节,并且需要选择和实施各种谈判技巧。可以说,没有商务谈判,经济活动便无法进行。

（二）商务谈判的实质

商务谈判是伴随交换和买卖行为而产生的一种现象,但这并不意味着一切的交换和买卖行为都必须要由谈判来实现。比如在超市里购物,产品的价格是标定的,在这个既定的价格面前,顾客所需做的只是决定买或不买,而无须和超市谈判修改价格。而有的交换和买卖行为中,交换条件是不固定的,那么交换条件如价格水平、付款方式和交割期限等就必须通过双方谈判固定下来。所以,商务谈判是为固定交换条件而服务的。而在这个过程中,谈判双方在利益上既相互依存,又相互对立,这就是商务谈判的实质所在。

举个例子来说明:某制造商与某零售商进行一项在销售淡季经销电器的谈判。零售商的目的是通过淡季购买,享受价格上的优惠,提高产品的价格竞争能力。而制造商则希望通过淡季销售回笼资金。对零售商而言,要想获得价格上的优惠,就必须在销售淡季向制造商购买商品。而制造商如果不在价格上提供优惠,零售商就不会购买他的产品,那么他也达不到资金回笼的目的。在这种情况下,双方利益的实现和需要的满足都依赖于对方,只有满足了对方的需要才能满足己方的需要。这就是双方在利益上相互依存的一面。但另一方面,双方在利益上又相互对立。这是因为零售商希望以尽可能低的价格购进,并且在价格以外的其他方面获得好处。而制造商则希望以较高的价格销售产品,以便尽可能多地获得利润。在谈判中,任何一方获利的大小,又必然会直接影响到另一方利益的满足。

在这个例子中,我们看到双方要获得利益首先必须给予对方利益,而一方取得利益的大小又直接取决于对方所得到的利益。商务谈判实质上反映了谈判双方利益既相互依存又相互对立的关系,谈判的过程就是双方寻求利益上的共同点、减少分歧的过程。

(三)商务谈判的特点

商务谈判既有谈判的一般特征,又有它独特的一面。

1. **商务谈判的目的以获取经济利益为主**

谈判是具有鲜明的目的性的。通常来说,谈判不止一个目的,但不同类型的谈判都有自己的首要目的。比如,政治谈判关心的是政党、团体的根本利益,军事谈判的目的涉及双方的安全利益,虽然这些谈判都可能会涉及经济利益,但其重点并不在经济利益上。而商务谈判的首要目的则是以获取经济利益为主,在满足经济利益的前提下才涉及其他非经济利益。当然,各种非经济利益也会影响到商务谈判的结果,但其最终目的仍是经济利益。比如,在购销谈判中,供方希望把价格定得尽量高一些,而需方则希望尽量压低价格。在借贷谈判中,借方总是希望借款期限长一些、利息低一些,而贷方则希望利息高一些、期限短一些。所以,人们通常以获取经济利益的大小来评价一项商务谈判的成功与否。

2. **价格谈判是商务谈判的核心环节**

有人把商务谈判称为讨价还价,这是因为商务谈判所涉及的因素有很多,但其核心因素是价格。这主要是双方经过谈判,最后经济利益的划分通过价格表现出来,双方在其他利益上的得失,多数情况下或多或少都可以折算为价格,并通过价格的升降反映出来。例如,在购销谈判中,买方可以加大购买量来诱使卖方降低价格,这是数量因素在价格上的折算。另外,产品质量、付款条件等因素都可以影响最终的价格。但是,有些情况下这种折算是行不通的。比如,卖方提供的产品质量低于买方的最低心理标准,这时候,即使卖方大幅降低价格,买方也可能会退货,甚至提出索赔。

了解了这一点之后,在商务谈判中,我们应该一方面以价格为中心,坚持自己的利益,另一方面又不能仅仅局限于价格,应该拓宽思路,设法从其他利益因素上争取应得的利益。因为与其在价格上与对手争执不休,还不如在其他利益因素上使对方在不知不觉中让步。这是从事商务谈判的人需要注意的。

3. **商务谈判注重合同条款的严密性与准确性**

商务谈判的结果是由双方协商一致的协议或合同来体现的。合同条款实质上反映了各方的权利和义务,合同条款的严密性与准确性是保障谈判获得各种利益的重要前提。有些谈判者在商务谈判中花了很大气力,好不容易为自己获得了较有利的结果,对方为了得到合同也迫不得已作了许多让步,这时谈判者似乎已经获得了这场谈判的胜利,但如果在拟订合同条款时掉以轻心,不注意合同条款的完整、严密、准确、合理、合法,就会被谈判对手在条款措辞或表述技巧上引入陷阱,这不仅会把到手的利益丧失殆尽,而且还要为此付出惨重的代价,这种例子在商务谈判中屡见不鲜。因此,在商务谈判中,谈判者不仅要重视口头上的承诺,更要重视合同条款的严密性与准确性。

4. **商务谈判更讲求时效性**

与其他政治、军事类谈判相比,商务谈判更注重时效性。这是因为商场上竞争激烈,商机稍纵即逝,错过了时机,即使在谈判中取得了胜利,也会使谈判的结果失去价值和意义。比如,在零售购销谈判中,错过了销售旺季,就只能大打折扣或不计成本销售了。所以,商务谈判中,谈判者都非常注重谈判的自身效率和合同履行的时间保证。

以上是商务谈判的特点。对于国际商务谈判,由于其业务是一种跨国界的活动,所以还具有一定的特殊性。其特殊性表现在政治性强、适用的法律以国际商法为准则,以及由于经济体制和社会文化背景不同,人们的价值观、思维方式、风俗习惯、语言等不同,使得影响谈判的因素大大增加,造成谈判的难度加大。

课堂训练　　　　　　　　　　　**水果大战**

分四个小组,每组成员人手一种水果,分别有各自初始分数,如下所示:

水果组	分数/个	小组人数	共计分数
香蕉	5	19	95
枣子	100	7	700
柿子	4	10	40
橘子	1	17	17

游戏谈判规则:
1. 枣子不交换分数为 0
2. 柿子＋橘子＝60 分
3. 柿子＋香蕉＝100 分(此处香蕉要与其他水果相加得分,必须是交换过的)
4. 橘子＋香蕉＝50 分

游戏谈判目的:
在两个小时内,让自己组的总分数涨幅最大,成为最后的赢家。

三、商务谈判的类型

商务谈判分类的目的,在于有的放矢地组织谈判,提高谈判人员分析问题的能力,增加自觉能动性,减少盲目性,争得谈判的主动权。商务谈判按照不同的标准可以分为不同的类型,具体分类结果见表1-2。

表1-2　　　　　　　　　　　商务谈判的分类

序号	分类标准	分类结果
1	谈判的形式	横向谈判、纵向谈判
2	谈判双方所采取的态度	硬式谈判、软式谈判、原则式谈判
3	谈判的目标	不求交易结果的谈判、意向书和协议书的谈判、准合同和合同的谈判、索赔谈判
4	谈判地点	主场谈判、客场谈判、中立场谈判
5	交易地位	买方谈判、卖方谈判、代理谈判
6	谈判内容	商品贸易谈判、非商品贸易谈判

(一)按谈判的形式分类

按谈判的形式可以将商务谈判分为横向谈判和纵向谈判。

1. 横向谈判

横向谈判是指在确定谈判所涉及的主要问题后,开始逐个讨论预先确定的问题,在某一问题上出现矛盾或分歧时,就把这一问题放在后面,先讨论其他问题,如此周而复始地讨论下去,直到所有内容都谈妥为止。例如,在资金借贷谈判中,谈判内容要涉及货币、金额、利率、贷款期限、担保、还款及宽限期等问题,如果双方在贷款期限上不能达成一致意见,就可以把这一问题放在后面,继续讨论担保、还款等问题。当其他问题解决之后,再回过头来讨论这个问题。这种谈判方式的核心就是灵活、变通,只要有利于问题解决,经过双方协商同意,讨论的条款可以随时调整。也可以采用这种方法,把有关的问题一起提出来并一起讨论研究,使双方谈的问题相互之间有一个协商让步的余地,这非常有利于问题的解决。例如,贷款期限不能确定,可与利率、还款及宽限期一起讨论磋商,促进问题的解决。

2. 纵向谈判

纵向谈判是指在确定谈判的主要问题后,逐个讨论每一个问题和条款,讨论一个问题,解决一个问题,一直到谈判结束。例如,一项产品交易谈判,双方确定价格、质量、运输、保险、索赔等几项主要内容后,开始就价格进行磋商。如果价格确定不下来,就不谈其他条款。只有价格谈妥之后,才依次讨论其他问题。

横向谈判对于谈判者的综合素质要求比纵向谈判要高一些。在横向谈判的过程中,能够全盘铺开,以俯瞰的形式,搞清楚各个局部,需要有把握全局的能力。而纵向谈判正好相反,尤其是一个问题解决了后再解决另外一个问题,这时候对人的综合素质要求没有横向谈判高。但对于要解决的问题,则一定要熟悉。两种谈判各有千秋,谈判人员可根据情况具体应用,也可以将两种方式结合起来运用。

(二) 按谈判双方所采取的态度分类

按谈判双方所采取的态度可以将商务谈判分为硬式谈判、软式谈判、原则式谈判。

1. 硬式谈判

硬式谈判又称立场式谈判。这种谈判最大的特点就是谈判者认为谈判是一场意志力的竞赛和搏斗,当事方往往顽固地坚持自己的立场,而否认对方的立场,忽视双方的谈判目的和双方在谈判中真正需要什么,甚至使立场凌驾于利益之上,为了立场宁肯放弃利益,从而使谈判极容易陷入误区和僵局。在这种情况下,谈判的结果肯定是情绪的对立,你不尊重对方,对方也不会尊重你,因此往往是两败俱伤。这种谈判的方式应该是不可取的。在国际经济和国际政治中经常出现这种情况,不是考虑利益,而是考虑市场,以至于双方根本没有办法达成某种协议。

2. 软式谈判

软式谈判又称让步式谈判,即谈判者准备随时为达成协议而作出让步,回避一切可能发生的冲突,追求双方满意的结果。持这种态度参与谈判的人,更看重的是双方友好合作关系的建立与维持,而比较看轻利益获取的多少。在谈判双方关系较好,并有长期而稳定业务关系的情况下,采取让步式谈判可能会取得令人较为满意的谈判结果,同时也能节省谈判成本,提高谈判效率。可是,如果遇到的是利益型对手,采用让步式谈判态度就会吃亏上当。从产生软式谈判的条件上说,往往是双方的需求不对等。这种不对等就造成一方的地位弱一点,另一方的地位强一点,弱的一方想硬也硬不起来。

3. 原则式谈判

原则式谈判又称价值式谈判。在这种类型的谈判中,谈判者坚持谈判原则,注重谈判的本质,在注重与对方保持良好人际关系的同时,尊重对方的基本需求,寻求双方利益上的共同点,积极设想各种使双方都有所获的方案。原则式谈判者认为,在双方对立面的背后,存在着共同性的利益和冲突性的利益,而且共同性的利益大于冲突性的利益。如果双方都能认识到共同性利益,冲突性利益也可以很好地解决。原则式谈判强调通过谈判取得经济和人际关系上的双重价值,是一种既理性又富有人情味的谈判,是目前商务谈判人员普遍追求的谈判类型。

在谈判实践中,究竟会采取硬式谈判、软式谈判还是原则式谈判,是受很多种因素影响的。比如,如果本方想与对方保持长期的业务关系,并且具有这样的可能性,那么就不能采取硬式谈判,而要采取原则式谈判;如果是一次性的、偶然性的业务关系,则可适当考虑硬式谈判;如果本方的人力、财力、物力等方面的支出受到比较大的制约,谈判时间过长必然难以承受,应考虑软式谈判或原则式谈判。除了以上这些因素外,具体采用何种谈判方式,还受到诸如双方的谈判实力和地位、交易的重要性、谈判人员的个性和风格等因素的影响。另外,在实践中,往往不是单独采用一种谈判方式,而是几种谈判方式相混合,例如软式谈判与原则式谈判相混合的谈判方式。

(三)按谈判的目标分类

以谈判的目标为标准,可将商务谈判分为不求交易结果的谈判、意向书和协议书的谈判、准合同和合同的谈判、索赔谈判。

1. 不求交易结果的谈判

这种谈判是指谈判不为达成交易或该次谈判不为达成交易。这种谈判有三种表现形式。

(1)预备性会见。这种会见可发生在谈判的初期,也可发生在谈判的中期。主要是交易双方人员相互拜会。这种会见的作用在于传递双方的信息、试探谈判的意向、准备议程等。

(2)技术性交流。这种交流是指谈判各方就谈判标的所涉及的技术性问题进行的交谈和沟通,以便更好地为下一步的谈判做准备。参与这种谈判的人员中,一般都有各方的技术人员。对于简单的标的,交流地点可设在买方所在地;而对于复杂的标的,则交流地点可设在卖方所在地,可以使买方更详细地了解技术资料以及进行现场考察。技术性交流的表现形式也很丰富,有报告会、讨论会、演示或展示等。

(3)封门性会谈。这种会谈是指对于不可能成交的谈判对手所采取的一种礼貌收场的谈判形式。在这种会谈中,言语都具有外交的委婉性,让对方一方面明白交易不可能进行,另一方面也不觉丢面子。比如,在封门性会谈中,为了不伤及与对方的友谊,谈判人在封门时常常做远期的、有条件的许诺,如"这次贵方丢掉了交易,但留下双方真诚的合作愿望、理解和友谊,相信以后我们会有合作机会的",这种承诺虽非实诺,但安抚了对方的情绪。

2. 意向书和协议书的谈判

这种谈判是指交易人在谈判时为了明确双方交易的愿望,保持谈判的连续性、交易的可靠性而提出要求签订意向书或协议书。这种谈判可能一开始即已明确完成意向书或协议书,也可能在谈判之后才提出。不论是在谈判前还是谈判后,性质都是相同的。意向书是一种简单的意向声明,也有人称备忘录或谅解备忘录,主要说明签字各方的某种愿望,或某个带先决条件的、可能的承诺。协议书是谈判各方对特定时刻双方立场的系统概括的文件,比起意向书,其内容更丰富,表述双方的态度与立场更深入、更具体,表示双方共同点也多了,但本质上两者仍同属一类,对签字人并不构成一种合同义务。但如文件中包括"明显的许诺",即对合作或交易标的、价格条件、实施期限比较具体地予以规定时,文件的性质就具有契约性,且具有约束力。尤其是协议书,更具有两重性。

3. 准合同和合同的谈判

准合同是带有先决条件或保留条件的合同。准合同的格式、内容与合同完全相同,全面反映交易双方的意愿,也具备了合同成立的所有要件,但由于准合同的保留性及先决条件的限制,其中往往有"该文件仅为草本,待××条件达成后,双方再正式签约"的条款。在先决条件丧失时,准合同自动失效,而无须承担任何损失责任。这种准合同的谈判应该注意要限定完成保留条件的时间。同时,保留既是客观需要,也是主观需要,应善于利用保留的权利来保护自己,如争取时间考验谈判结果,或向有关领导、专家汇报,以求指导、审核。合同的谈判,是为实现某项交易并使之达成契约的谈判。所谓合同,是一个汇集交易各方权利和义务,受法律保护,并由法律强制执行的契约。它应具有最基本的要件,包括商品特性、价格、交货期。倘若不是商品买卖,那么可理解成"标的、费用、期限"。一旦就这几个要件达成一致意见,合同的谈判也就基本上结束了。

准合同和合同谈判的特点主要为:谈判的议题十分明确,谈判者均会直奔目标;对于利益的追求有明显分歧,谈判争议性强;谈判者为达到目标会采取各种谈判策略,手法多变,来赢得尽可能多的利益。

4. 索赔谈判

索赔谈判,是在合同义务不能或未完全履行时,合同当事双方进行的谈判。在合同的履行中,经常会碰到因种种原因而违约的情况,于是,就产生了索赔谈判。在索赔谈判中,由签约人之间直接交涉,对违约造成的损失或损害采取补救办法的谈判形式,我们称之为直接索赔谈判;而由中间人出面协调当事人各方解决因违约造成的损害赔偿问题的谈判,我们称之为间接索赔谈判,它有三种表现形式,即调解、仲裁和诉讼。无论是直接索赔谈判还是间接索赔谈判,均应注重"四重"原则,具体如下:

(1)重合同。即以合同约定为依据来判定违约责任。合同已明确的,只要与法律不相违背,就是判定是非责任的标准。合同未明确的问题,才引证惯例与相关法律。

(2)重证据。违约与否除了依合同规定外,许多时候需要提供证据来使索赔成立。如质量问题,需要权威部门出具的技术鉴定证书;数量问题,需要商检的记录。双方的往来函件也可以成为证据。证据是确立索赔谈判的重要法律手段。

(3)重时效。即注重索赔期,索赔应及时,应在合同规定的时效范围内进行索赔,超过了该期限,交易人则可不负责任。任何合同签订时,都要注意合同中应有时效的明确规定。时效可以用时间表示,如索赔期应在交货后×天之内;也可以用地点表示,如货交×地之后。如果合同无时效规定,谈判难度就大,结果的变数也多。

(4)重关系。即索赔谈判时应注重利用、保持关系。利用双方当事人或与相关第三者之间的关系,可以加快谈判的速度,促进谈判朝着良好结局发展;保持关系,则可以兼顾双方当前与长远的利益。

(四)按谈判地点分类

1. 主场谈判

主场谈判是指在自己所在地进行的谈判。自己所在地包括居住的国家、城市以及办公场所等。主场谈判给主方带来不少的便利条件,无论是谈判时间、谈判材料的准备、问题的磋商和请示,还是各种风俗习惯、生活方式,甚至法律法规自己都比较熟悉和适应。因此,主场谈判在谈判人员的自信心、应变能力及应变手段上,均占有天然的优势。如果主方善于利用主场谈判的便利和优势,往往会给谈判带来有利影响。当然,作为东道主,谈判的主方应当礼貌待客,做好谈判的各项准备。

2. 客场谈判

客场谈判是指在谈判对手所在地进行的谈判。由于对环境的不熟悉,客场谈判会给客方

带来很多困难和条件的限制,其行为往往较多地受到东道主一方的影响。因此,客方应该注意以下几点:

(1)风俗习惯。要了解各地的风土人情,避免做出伤害对方感情的事情,从而使谈判出现尴尬或僵局。

(2)语言问题。各地的方言都有很大差别,特别是在国外进行谈判时,该问题尤其突出,所以在谈判时应带好翻译。

(3)沟通和决策问题。客方在信息的沟通、问题的请示方面会受到很多限制。因此,客场谈判人员面对谈判对手时必须审时度势,正确运用和调整自己的谈判策略,发挥自己的优势,争取满意的谈判结果。

为了平衡主客场谈判的利弊,如果谈判需要进行多轮,通常安排主客场轮换。在这种情况下,谈判人员也应善于抓住主场的机会,使其对整个谈判过程产生有利的影响。

3. 中立场谈判

中立场谈判是指在谈判各方所在地以外的地点进行的谈判。由于主场谈判或客场谈判造成谈判双方身份上的差异,这种差异使得双方的谈判环境条件不对等,为了体现公平原则,避免主客场对谈判的影响,为谈判提供良好的环境和平等的氛围,一些重要的商务谈判会在中立场进行。

总之,由于谈判地点的不同,谈判者的身份也有所差别,谈判者应采取灵活的策略和技巧,利用在谈判中的身份和条件,争取主动,实现谈判目标。

(五)按交易地位分类

1. 买方谈判

买方谈判是指为求购商品而进行的谈判。买方谈判的特点在于:

(1)情报性强。买方对所需商品及商品提供人的了解是求购谈判的基础。买方是掏钱方,要确定所购商品是否物有所值,就应当重视情报的采集,对商品的技术性能、制作条件、市场现状、商品提供人的经济状况和信用情况都要有足够的了解,以便明确自己的谈判目标。同时,这种情报的搜集工作不仅是在谈判的准备阶段做,还应贯穿于谈判的各个阶段,在谈判之前、之中都要不断补充和修正所获信息。

(2)度势压人。买方是上帝,买方的谈判者往往会有"有求于我"的优越感,甚至盛气凌人。同时,买方常常以挑剔者的身份参与谈判,对所购商品评头论足,使卖方处于纠错的压力之下。不过,当卖方处于奇货可居的地位时,往往买方的谈判优势就会下降,压人就应度势而行。

(3)极力压价。买方搜集情报、度势压人,其最终目的是为了获得物美价廉的商品。因此,买方在谈判中会想尽办法压低价格,即使是老商品、老供货渠道,买方也总是以种种理由追求更优惠的价格。

2. 卖方谈判

卖方谈判是指为销售物品而进行的谈判。卖方谈判的主要特征为:

(1)主动性强。作为卖方,为了加快销售货物,一般都采取积极主动的态度,如主动登门拜访;与买方建立良好的关系,宣传自身的形象,调动各种潜在因素,促使对方保持谈判交易的积极性;等等。

(2)紧疏结合。为了应付买方谈判者的重压,卖方的谈判常表现为一时"紧锣密鼓",似急于求成,一时又"偃旗息鼓",观察动静,然后再恢复谈判。采取这种打打停停、停停打打的形式,有利于卖方克服买方的压力,加强自身的谈判地位,通盘考虑谈判方案和谈判细节,争取谈判的成功。

(3)虚实相应。谈判中卖方的表现往往一时态度诚恳,表现出对交易的极大兴趣和关切,一时又对交易条件立场强硬;介绍情况时,为了拉住对方,介绍些实情又掺点水分,让对方不能掌握谈判的全局,对防止对方压价很有利。

3. 代理谈判

代理谈判是指受人委托参与某项交易或合作的谈判。代理有两种情况:只有谈判权而无签约权的代理以及全权代理。两种代理谈判不同之处在于其谈判目标不同,前者仅到成交为止,后者则直奔成交签字。故两者谈判的能动性和冲击力不同。两种代理谈判共同的主要特征为:

(1)由于不是交易的所有者,谈判地位超脱、客观。

(2)谈判人权限观念强,一般都谨慎和准确地在授权范围内行事。

(3)由于受人之托,为表现其能力和取得佣金,谈判人的态度积极、主动。

(六)按谈判内容分类

根据商务谈判的内容不同,商务谈判可分为商品贸易谈判和非商品贸易谈判。

1. 商品贸易谈判

商品贸易谈判是指商品买卖双方就商品的买卖条件所进行的谈判,包括国内商品买卖的洽谈和国际货物进出口业务的谈判。具体来说,是买卖双方就买卖商品本身的有关内容,比如数量、质量、货物的运输方式、时间、买卖的价格条件、支付方式,以及交易过程中谈判各方的权利、义务和责任等问题所进行的谈判。

商品贸易谈判在整个业务洽谈中所占的比例最大,是企业业务活动中较为重要的一部分,也是提高企业经济效益的重要途径。

2. 非商品贸易谈判

非商品贸易谈判是指除商品贸易之外的其他商务谈判,包括技术买卖谈判、工程项目谈判、劳务合作谈判、租赁业务谈判和资金谈判。

(1)技术买卖谈判

该类谈判是指技术的转让方和技术的接受方就转让技术的形式、内容、质量规定、使用范围、价格条件、支付方式,以及双方在转让中所享有或承担的一些权利、责任和义务等问题所进行的谈判。技术买卖不同于一般的商品买卖,在谈判中,要涉及技术产权的保护、技术风险等问题,远比商品贸易谈判复杂得多,这就要求谈判者要有很好的谈判素质和修养。

(2)工程项目谈判

该类谈判是指工程的使用单位与工程的承建单位之间的商务谈判。工程项目谈判十分复杂,这不仅仅是由于谈判的内容涉及广泛,还由于谈判通常有两方以上的人员参加,即使用方、设计方、承建方等。

(3)劳务合作谈判

该类谈判是指劳务合作双方就劳务提供的形式、内容、时间,劳务的价格、计算方法,劳务费的支付方式,以及有关合作双方的权利、责任、义务关系等问题所进行的谈判。劳务合作作为经济合作的重要组成部分,已经得到国内外的普遍关注和重视。目前,我国的国际劳务合作已经成为我国出口创汇的重要途径。

(4)租赁业务谈判

租赁是指出租人按照协议将物件交付给承租人临时占有或使用,并在租赁期内向承租人收取租金的一种商业行为。租赁业务谈判主要是指我国企业从国内或国外租用机器和设备而进行的谈判。它要涉及机器和设备的选择、交货情况、维修情况、租赁期到期后的处理、租金的计算与支付方式，以及租赁期内出租者与承租者双方的责任、权利、义务关系等问题。

(5)资金谈判

该类谈判是资金供需双方就资金的借贷或投资内容所进行的谈判。资金谈判的主要内容有货币、利率、贷款、保证条件、还款、宽限期、违约责任等。

商务谈判的类型还可以从其他角度进行划分。例如，从参加谈判的利益主体的数目可划分为双边谈判和多边谈判；根据谈判的时间可划分为马拉松式谈判和闪电式谈判。

课堂训练

小组讨论：主场谈判、客场谈判与中立场谈判的优缺点。

任务二 做合格的商务谈判人员

学习导入

不卑不亢

当你走进对方负责人的办公室，宽敞的办公室使你不禁想起自己狭窄的办公空间，从巨大的落地窗射进来的阳光照亮了每一个角落，质地考究的大办公桌彰显王者风范。此时你却坐在一张很低的沙发上，在对方不屑的表情中开始了谈判，对方态度十分强硬，并且对你方各种产品的质量均表示出不同程度的不满，对你的竞争对手却赞不绝口，要求你重新考虑报价，否则终止谈判，然后不停地看表。设想一下在这个场景之中，你的底气依然充足吗？言语依然果断吗？

作为一个商务谈判人员，应具备健全的心理素质，依靠自己的专业知识完成商务谈判的目标。

（资料来源：根据网络资料整理。）

相关知识

"成功的谈判者，必须把剑术大师的机警、速度和艺术大师的敏感能力融为一体。他必须像剑术大师一样，以锐利的目光，机警地注视谈判桌那一边的对手，随时准备抓住对方阵线中的每一个微小的进攻机会。同时，他又必须是一个细腻敏感的艺术大师，善于体会辨察对方情绪和动机上的最细微的色彩变化，他必须能抓住灵感，产生色彩完美和谐的佳作。谈判场上的成功，不仅是得自充分的训练，而且更关键的是得自敏感和机智。"谈判大师尼尔伦伯格在总结一生的谈判经验时如是说。

一、商务谈判人员的职业素养要求

（一）商务谈判心理

良好的心理素质是谈判取得成功的重要基础条件。谈判人员相信谈判成功的坚定信心、对谈判的诚意、在谈判中的耐心等都是保证谈判成功的不可或缺的心理素质。良好的心理素质是谈判者抗御谈判心理挫折的条件和铺设谈判成功之路的基石。谈判人员加强自身心理素质的培养,可以把握谈判的心理适应。

1. 责任心

崇高的事业心和强烈的责任感是指谈判者要以极大的热情和全部的精力投入谈判活动中,以对自己工作高度负责的态度并抱定必胜的信念去进行谈判活动。只有这样,才会有勇有谋,百折不挠,达到目标;才能虚怀若谷,大智若愚,取得成功。试问,一个根本不愿意进行谈判,且对集体没有责任心的人,代表集体去进行谈判,他会全力以赴吗?会取得成功吗?不会的。再者,一个抱着个人目的代表集体去谈判的人,他会为集体的需要据理力争吗?他会使集体需要获得最大限度的满足吗?不会的。只有具有崇高事业心和强烈责任感的谈判者,才会以科学严谨、认真负责、求实创新的态度,本着对自己负责、对别人负责、对集体负责的原则,克服一切困难,顺利完成谈判任务。

2. 毅力

商务谈判不仅是一种智力、技能和实力的比试,更是一场意志、耐心和毅力的较量。有一些重大艰难的谈判,往往不是一轮、两轮就能完成的。对谈判者而言,如果缺乏应有的意志和耐心,是很难在谈判中成功的。意志和耐心不仅是谈判者应具备的心理素质,也是进行谈判的一种方法和技巧。

著名的"戴维营和平协议"就是一个由于耐心持久而促成的成功谈判的经典案例。这个谈判的成功,应归功于卡特的耐心和意志。美国前总统卡特是一位富于伦理道德的正派人,他最大的特点就是有毅力和耐心。有人曾评论说,如果你同他一起待上10分钟,你就像服了镇静剂一样。为了促成埃及和以色列的和平谈判,卡特精心地将谈判地点选择在戴维营,那是一个没有时髦男女出没,甚至普通人也不会去的地方。尽管那里环境幽静、风景优美、生活设施配套完善,但卡特总统仅为14人安排了两辆自行车的娱乐设备。晚上休息,住宿的人可以在三部乏味的电影中任选一部看。住到第6天,每个人都把这些电影看过两遍了,他们厌烦得近乎发疯。但是每天早上8点钟,萨达特和贝京都会准时听到卡特的敲门声和那句熟悉的单调话语:"你好,我是卡特,再把那个乏味的题目讨论上一天吧。"正是由于卡特总统的耐心、坚韧不拔、毫不动摇,到第13天,萨达特和贝京都忍耐不住了,再也不想为谈判中的一些问题争论不休了,这就有了著名的"戴维营和平协议"。

3. 诚心

谈判的目的是为了较好地满足谈判双方的需要,是一种交际、一种合作,谈判双方能否互相交往、信任并取得合作,这还取决于谈判双方在整个活动中的诚意和态度。谈判作为一种交往活动是人类自尊需要的满足,要得到别人的尊重,前提是要尊重别人。谦虚恭让的谈判风格、优雅得体的举止和豁达宽广的胸怀是一位成功谈判者所必需的。在谈判过程中以诚意感动对方,可以使谈判双方互相信任,建立良好的交往关系,有利于谈判的顺利进行。

谈判桌上谦和的态度和化敌为友的含蓄委婉,比任何场合的交谈都更为重要。例如,人挨着谈判桌,摆出一副真诚的姿态,脸上露出淡淡的笑意,对方发言时总是显出认真倾听的样子,常常是很讨人喜欢的。"是呀,但是……""我理解你的处境,但是……""我完全明白你的意思,也赞同你的意见,但是……"这些话既表示了对对方的尊重、理解、同情,同时又赢得了"但是"以后所包含的内容,使谈判向成功又迈进了一步。

4. 心理调适力

要完成伟大的事业没有激情是不行的。但在激情后面,限制我们激情激发的行动是那种广泛、不受个人情绪影响的观察。谈判是一种高智能的斗智比谋的竞赛活动,感情用事会给谈判造成很大的不利影响。一名成功的谈判者,应具有良好的心理调控能力,在遭受心理挫折时,善于自我调节、临危不乱、受挫不惊,在整个谈判过程中始终保持清醒、冷静的头脑,保持灵敏的反应能力、较强的思辨性和准确的语言表达,使自己的作用和潜能得以充分发挥,从而促成谈判的成功。

(二)商务谈判思维

在风云变幻的谈判场上,谈判人员必须具有很强的逻辑思维能力和敏锐的洞察力。思路开阔敏捷,推理判断准确,决策果断及时,善于抓主要矛盾,不纠缠细枝末节,随时洞察对手的动向,方能应付自如、游刃有余,确保谈判成功。商务谈判思维包括观念思维、谋略思维和辩证思维。

1. 观念思维

观念思维就是已经形成的思维成果,或指导我们谈判的某种思维定势或观念。

例如,对谈判的泛化理解:现实生活是张巨大的谈判桌,无论你是否喜欢,你都是参与者;你可以交涉谈判任何事情;想获得别人的承诺,必须进行多方面的交涉;人的成长与成功都离不开交涉,交涉就是谈判。

对谈判的理性理解,谈判具有三个本质特征:

(1)谈判是"施"与"受"的互动过程,单方面的施舍或单面的承诺都不是谈判,谈判的终极目标是"互惠互利"。

(2)谈判过程中"合作"与"冲突"同时存在。

(3)谈判双方实力与智慧的差异导致谈判的结果是"互惠而不均等"。

2. 谋略思维

谈判谋略思维的出发点是谋求谈判双方的共同利益,它是谈判者对谈判活动的总体规划,是谈判活动中的高级思维活动,具有深刻的社会背景、文化背景及历史渊源,同时又呈现出鲜明的时代特色。谈判要讲求谋略,谈什么要懂什么,谈判者对各种谈判信息的拥有量,特别是对信息的搜集、分析、识别和利用的能力,对谈判活动有极大的影响。占有信息优势的一方总是把握谈判的主动权。

例如,为了便于掌握谈判的主动权,谈判者运用多种方法、手段和谈判传播工具,营造有利于自己的谈判氛围;培养谈判人员高昂的精神状态,发挥群体意识、凝聚力及意志,从而瓦解谈判对手的斗志和士气;谈判人员运用心理战术去攻破对方的心理防线,迫使对方改变谈判态度,从而达到既定的谈判目标,使谈判得以顺利达成协议;知己知彼,在谈判中要了解对手的实力及影响实力发挥的主要因素,因势利导,发挥自身的潜在能力,制定出避实击虚的有利战术;在谈判中应根据谈判桌上的情况变化,适时调整并修改自己的谈判方案和战术对策,以适应谈判的客观需要,化不利为有利,最终实现自我的既定目标。

课堂训练　　　　　　　中俄运输机谈判双方各退一步

中国在20世纪90年代开始引进俄制伊尔-76大型运输机。2001年前后中俄进行接触,准备引进新一批伊尔-76。经过数年艰苦谈判,终于在2005年达成协议,中国向俄罗斯订购34架伊尔-76MD军用运输机和4架伊尔-78MK空中加油机。当时合同的总价值是

10.45亿美元。

然而，变故就发生在合同签署之后。当时美元急剧贬值，金属原材料价格上涨，俄方觉得在新变化面前再以原来价格出口不划算。更让俄方感觉"吃亏"的是，中俄合同签署后不久，俄方向约旦出口了一架改进型伊尔-76，标价大大高于给中国的报价。俄方开始反悔。与此同时，俄联邦为加强对军工企业的整合和宏观管理，也为了将利润集中到本国企业，将本来由乌兹别克斯坦塔什干飞机制造联合体负责的飞机总装工作转移到俄境内的乌里扬诺夫斯克，飞机的生产成本由此进一步发生变化。

（资料来源：凤凰网.中俄运输机谈判双方各退一步 价格提高机型升级，2008.09.12. http://news.ifeng.com/mil/special/yun20/content-3/detail_2008_09/12/465157_3.shtml.）

思考：中俄双方为什么都同意重新谈判？

3. 辩证思维

在辩证思维中，事物可以在同一时间里"亦此亦彼"、"亦真亦假"而无碍思维活动的正常进行。学习商务谈判最重要的就是学习辩证思维，以精通各种谈判因素之间的正确关系，然后才能驾驭谈判中的复杂情况。

（1）谈判既是要求也是妥协

A"要求"是为了要B"妥协"，B"妥协"就是为了A"要求"。所以，在任何谈判启动之前必须要准备足够充分的"要求"和"妥协"的条件。如果只有要求而缺乏妥协，所得就小；如果只有妥协而缺乏要求，吃亏就大。总之，只准备一点就像车只有一个轮子。

（2）一口价

只要双方同意谈判，就等于否定了一口价；只要坐在谈判桌边，也等于否定了"标准价"。只要放手谈判，就可以讨价还价，改变原价，争取谈判后的新价。

（3）丑话

丑话就是申明规则和违规惩罚，讲明道理和要求"无理"时的赔偿，实际上也就是提前摆出那些与利害相关的话。不敢在谈判中讲丑话是谈判者的一大忌，尤其是在熟人、朋友或特殊关系的对手之间谈合作类项目。

（4）舌头和耳朵

美国人称美元、信息和舌头是现代社会三大原子弹。多数人认为谈判是舌战群儒，是口舌之争。其实在整个谈判过程中，耳朵的功能是更加重要的。因为说的前提是思考，思考的基础是信息，特别是来自对方的陈述信息。

（5）啰嗦与重复

据说日本人就是以令人难以忍受的沉默——只听不说，甚至假寐不看——多次战胜美国人的。这两者之间虽能够区分，却容易混淆，啰嗦绝不可取，重复却需强调。谈判本身就带有很强的重复性，甚至可以说谈判是最难进行语言沟通的交往活动，所以必须学习重复艺术。

（6）让步中的互相与对等

在商务谈判中，有三种情况：不让步、互相让步、对等让步。好像不让步是不能成立的，其实，在十分不公正、十分不公平的前提下，处于劣势的一方是根本无步可让的。而互相让步又常常被曲解成"对等让步"，这种诡辩逻辑是谈判中的"诡道"，缜密地思考这一对概念是谈判中必备的攻守知识。

(7) 说理和挖理

在谈判中,如不会阐述道理,可以说就不会谈判。准备谈判就要准备说理。客观存在道理,要善于运用;客观理由不明显,要善于挖掘与发挥,并巧妙地运用进攻与防御。

只有以理由开路,谈判才有可能顺利地抵达协议的彼岸。

(8) 谎言的是非功过

谈判中有一种现象,那就是"撒谎"。在开场之后、论战之中、讨价还价之时,这三大环节是谎言交替出现的周期。

在谈判过程中,双方相互试探、相互调整,谎言其实也是一种策略,人们无法将实话、真话和盘托出,谈判的过程就是从虚话走向实话、从假话走向真话的漫长曲折的历程。

(三) 商务谈判伦理

伦理是处理人际关系的规范、规则、模式、礼仪等。

1. 谈判的职业道德

一要礼貌、礼仪,这是修养的体现;二要诚实、真诚,谈判动机要"诚",包括"光明正大"和"诚心诚意",即动机的真诚可信和事实的诚实叙述;三要信,言而有信,言必信,行必果。

2. 谈判伦理观与法律

伦理的基础是法律,合同的内容不得违反国家的法律与政策,不得违反社会公共利益与社会道德准则。

应遵守的基本原则有:国家、集体财产不得侵犯原则;具有独立活动能力和资格原则;遵循法律规范要求的原则;权利义务一致平等的原则;等价有偿原则;光明正大、诚实守信原则。

3. 商务谈判的伦理特征

争取尽可能多利己的收益;努力达成使双方满意的条件;维护谈判的伦理——谋取长远利益、续谈利益、社会影响利益;敢争吵——台上是对手,台下是朋友;敢挤压——防守要步步为营,进攻要得寸进尺。

4. 商务谈判礼仪

礼仪是知识、修养、文明程度的综合表现,是谈判成功的润滑剂。具体包括:仪态准确,把握分寸;尊重对方的文化、习俗、习惯;谈吐大方,服饰整洁,手势适当,行动果敢,礼节周到。

二、商务谈判人员的知识要求

基础知识是一个人智慧和才能的基石,专业知识则决定知识的深度和从事本职工作的能力。基础知识和专业知识越广博深厚,适应能力、工作能力就越强。作为现代谈判人员,知识面越宽,应变能力就越强;专业知识越扎实,就越能适应谈判的需求。

(一) 商务谈判基础知识

1. 商贸经济类基本知识

谈判者首先应该熟悉商品学、市场营销学、经营策略、商品运输、贸易、财务经营管理等必备的基础知识。

2. 社科类基本知识

谈判者同时要把心理学、经济学、管理学、法学、财会学、政治学、历史学等方面的知识纳入自己的专业范畴。

3. 法律类基本知识

除了上述方面的知识以外,商务谈判会涉及许多法律问题,不仅在讨论合同条款时要做到尽可能仔细、详尽,而且要注意合同引起争议时有关适用法律的规定。因此,谈判者不仅要有较强的法律意识,而且也要尽可能熟练地掌握本国经济法规以及国际经济法的有关规定。

4. 工程技术类知识

当然,学习与掌握有关工程技术类知识对于一个商务谈判者来说是必不可少的,否则合同中有关的技术标准、验收标准等条款的确定就会变得相当困难。包括在合同的实施过程中也会不断出现类似的争议与纠纷,倘若商务谈判者本人缺乏必要的工程科学技术知识,那么无论是在内部沟通还是与合作方沟通都会缺乏必要的基础。

5. 谈判语言类知识

熟练掌握外语在国际谈判中具有十分积极的意义。与此同时,商务谈判者要了解有关国家或地区的社会历史、风俗习惯以及宗教等状况,否则就会闹笑话,如有的谈判者向来自热带地区的商人大谈要用"滚雪球"的方式积累资金,使对方百思不得其解。此外,还要了解有关对方谈判人员在其特有的文化背景下所形成的谈判作风与谈判方式。

(二)商务谈判专业知识

1. 谈判学

全面系统地掌握谈判的基本常识、谈判的主要理论及其发展,了解谈判的一般规律,掌握谈判的基本方法、谈判过程、谈判礼仪、谈判心理和人际关系、谈判的法律运用、谈判伦理道德、谈判策略、谈判技巧、谈判的逻辑艺术、谈判的语言艺术,以及世界各国和地区的谈判风格等,洞悉谈判的本质。

2. 人际关系学

掌握人际关系的相关原理、知识及技法,从多层面、多视点、多角度展开阐述和探讨,并针对社会现实,学会如何克服人际交往障碍、营造和构建良好的人际关系的方法和对策。

3. 谈判心理学

学会挖掘谈判的心理规律,掌握谈判过程中的心理策略、谈判语言心理战、谈判的心理误区以及谈判人员心理素质与训练。

4. 不同类型商务谈判专业知识

在不同类型的商务谈判中,还需具备相应的专业知识。如买卖合同的谈判,应具备交易物及其制造与生产、商品运输及仓储、商品的保险业务、商品检验及公证、付款的方式、进出口报关等知识;委托代理的谈判,应掌握委托代理的类别、代理的作用及相关法律知识;技术合作的谈判,除了必须具备的专业知识和有关知识外,还应懂得专门技术的内容及提供技术方法等;合作投资的谈判,除了应当具备合作投资知识和有关知识外,还应通晓各种投资方式的利弊、将要投资行业的有关经营管理知识等。除此之外,还要具备如广告与展览、世界各地区的特点、商标及专利等有关知识。

5. 法律法规

关于买卖有民法、商法、合同法、国际货物买卖公约、国际贸易方面的法规等;

关于付款方式有票据法、有价证券法、信用证统一惯例、托收统一规则、契约保证统一规则等;

关于运输有海商法、国际货物运输法、国际货物运输公约、联运单据统一规则等;

关于保险有海商法、海上保险法、伦敦保险协会货物条款等;

关于检验有商品检验法、动植物检疫法等;

关于报关有税法、反倾销法等;

关于知识产权有专利法、商标法、工业产权法、知识产权公约等;

关于经济合作有技术合作条例、投资合作条例、各种税法、公司法等；

关于消费者保护有消费者保护法、各种包装标志条例、产品责任法、公平交易法等；

关于外汇及贸易管理有外汇管理条例、贸易法等；

关于纠纷的处理有民事诉讼法、商务仲裁法等。

课堂训练　　　　　　　　　　　**案例分析**

刘某要在出国定居前将私房出售，经过几次磋商，他终于同一个从外地到本城经商的张某达成意向：20万元，一次付清。后来，张某看到了刘某不小心从皮包中落出来的护照等文件，他突然改变了态度，一会儿说房子的结构不理想，一会儿说他的计划还没有最后确定，总之，他不太想买房了，除非刘某愿意在价格上作大的让步。刘某不肯就范，双方相持不下。当时，刘某的行期日益逼近，另寻买主已不太可能，但刘某不动声色。当对方再一次上门试探时，刘某说："现在没有心思跟你讨价还价。过半年再说吧，如果那时你还想要我的房子，你再来找我。"说着还拿出了自己的飞机票让对方看。张某沉不住气了，当场拿出他准备好的20万元现金。其实，刘某也是最后一搏了，他做了最坏的准备，最低以15万元成交。

分析：(1)张某突然改变了态度是抓住刘某什么心理？

(2)刘某取得谈判的胜利是抓住张某什么心理？

课堂训练　　　　　　　　　**商务谈判情景测试**

本测试共10题，记录下你的答案哦，最后计算总分。

1. 你认为商务谈判(　　)。

    A. 是一种意志的较量，谈判双方一定有输有赢

    B. 是一种立场的坚持，谁坚持到底，谁就获利多

    C. 是一种妥协的过程，双方各让一步一定会海阔天空

    D. 是双方的关系重于利益，只要双方关系友好必然带来理想的谈判结果

    E. 是双方妥协和利益得到实现的过程，以客观标准达成协议可得到双赢结果

2. 在签订合同前，谈判代表说合作条件很苛刻，按此条件自己无权做主，还要通过上司批准。此时你应该(　　)。

    A. 说对方谈判代表没有权做主就应该早声明，以免浪费这么多时间

    B. 询问对方上司批准合同的可能性，在最后决策者拍板前要留有让步余地

    C. 提出要见决策者，重新安排谈判

    D. 与对方谈判代表先签订合作意向书，取得初步的谈判成果

    E. 进一步给出让步，以达到对方谈判代表有权做主的条件

3. 为得到更多的让步，或是为了掌握更多的信息，对方提出一些假设性的需求或问题，目的在于摸清底牌。此时你应该(　　)。

    A. 按照对方假设性的需求和问题诚实回答

    B. 对于各种假设性的需求和问题不予理会

    C. 指出对方的需求和问题不真实

    D. 了解对方的真实需求和问题，有针对性地给予同样假设性答复

    E. 窥视对方真正的需求和兴趣，不要给予清晰的答案，并可将计就计促成交易

4. 谈判对方提出几家竞争对手的情况,向你施压,说你的价格太高,要求你给出更多的让步。此时你应该(　　)。
   A. 更多地了解竞争状况,坚持原有的合作条件,不要轻易做出让步
   B. 强调自己的价格是最合理的
   C. 为了争取合作,以对方提出竞争对手最优惠的价格条件成交
   D. 问"既然竞争对手的价格如此优惠,你为什么不与他们合作"
   E. 提出竞争事实,说对方提出的竞争对手情况不真实

5. 当对方提出如果这次谈判你能给予优惠条件,保证下次给你更大的生意。此时你应该(　　)。
   A. 按对方的合作要求给予适当的优惠条件
   B. 为了双方的长期合作,得到未来更大的生意,按照对方要求的优惠条件成交
   C. 了解买主的性格,不要以"未来的承诺"来牺牲"现在的利益",可以其人之道还治其人之身
   D. 要求对方将下次生意的具体情况进行说明,以确定是否给予对方优惠条件
   E. 坚持原有的合作条件,对对方所提出的下次合作不予理会

6. 谈判对方有诚意购买你整体方案的产品(服务),但苦于财力不足,不能完整成交。此时你应该(　　)。
   A. 要对方购买部分产品(服务),成交多少算多少
   B. 指出如果不能购买整体方案,就以后再谈
   C. 要求对方借钱购买整体方案
   D. 如果有可能,协助贷款,或改变整体方案,改变方案时要注意相应条件的调整
   E. 先把整体方案的产品(服务)卖给对方,对方有多少钱先给多少钱,所欠的钱以后再说

7. 对方在达成协议前,将许多附加条件依次提出,要求得到你更大的让步。此时你应该(　　)。
   A. 强调你已经做出的让步,强调"双赢",尽快促成交易
   B. 对对方提出的附加条件不予考虑,坚持原有的合作条件
   C. 针锋相对,对对方提出的附加条件提出相应的附加条件
   D. 不与这种"得寸进尺"的谈判对手合作
   E. 运用推销证明的方法,将已有的合作伙伴情况介绍给对方

8. 在谈判过程中,对方总是改变自己的方案、观点、条件,使谈判无休无止地拖下去。此时你应该(　　)。
   A. 以其人之道还治其人之身,用同样的方法与对方周旋
   B. 设法弄清楚对方的期限要求,提出己方的最后期限
   C. 节省自己的时间和精力,不与这种对象合作
   D. 采用休会策略,等对方真正有需求时再和对方谈判
   E. 采用"价格陷阱"策略,说明如果现在不成交,以后将会涨价

9. 在谈判中双方因某一个问题陷入僵局,有可能是过分坚持各自立场之故。此时你应该(　　)。

A. 跳出僵局，用让步的方法满足对方的条件
B. 放弃立场，强调双方的共同利益
C. 坚持立场，要想获得更多的利益就得坚持原有谈判条件不变
D. 采用先体会的方法，然后转换思考角度，并提出多种选择策略以消除僵局
E. 采用更换谈判人员的方法，重新开始谈判

10. 除非满足对方的条件，否则对方将转向其他的合作伙伴，并与你断绝一切生意往来。此时你应该（　　）。
A. 从立场中脱离出来，强调共同的利益，要求平等机会，不要被威胁吓倒而做出不情愿的让步
B. 以牙还牙，不合作拉倒，去寻找新的合作伙伴
C. 给出供选择的多种方案以达到合作的目的
D. 摆事实，讲道理，同时也给出合作的目的
E. 通过有影响力的第三者进行调停，赢得合理的条件

计分规则：
1. A——2分；B——3分；C——7分；D——6分；E——10分
2. A——2分；B——10分；C——7分；D——6分；E——5分
3. A——4分；B——3分；C——6分；D——7分；E——10分
4. A——10分；B——6分；C——5分；D——2分；E——8分
5. A——4分；B——2分；C——10分；D——6分；E——5分
6. A——6分；B——2分；C——6分；D——10分；E——3分
7. A——10分；B——4分；C——8分；D——2分；E——7分
8. A——4分；B——10分；C——3分；D——6分；E——7分
9. A——4分；B——6分；C——2分；D——10分；E——7分
10. A——10分；B——2分；C——6分；D——6分；E——7分

如果您得了：
95分以上：谈判专家
90～95分：谈判高手
80～89分：有一定的谈判能力
70～79分：具有一定的潜质
70分以下：谈判能力不合格，需要继续努力

三、商务谈判人员的专业技能要求

(一)敏锐的洞察力

谈判人员在谈判过程中应该注意观察对方的行为，从而发现对方的想法。通过对方表现出来的手势、眼神、面部表情判断他的内心活动，有针对性地展开谈判策略。依据交易双方的经济实力在双方交锋的谈判桌上灵活应变，能根据谈判的内外部环境和主客观条件，正确判断谈判的发展趋势，谈判实际上是双方心理和智慧的较量过程。一个人的心理活动可以通过表情、身体姿势等方面表现出来，观察对方的相关情况，大到遣词造句、态度立场，小到观察肢体

语言的暗示,读懂对方一个手势、一个眼神的潜台词,洞察对方的心理世界,进而随机应变,对谈判对方的真实意图能迅速根据掌握的信息和对方当场的言谈举止加以分析综合,做出合理判断,取得谈判的优势。尽管洞察力在谈判中非常重要,但是许多谈判人员却缺乏商战中应有的警惕性。原因在于,他们太过于在意自己的想法,而无暇倾听别人的意见;过于沉湎在自己的思考中,顾不上或注意不到别人做的事情。这在某种程度上大大地影响了谈判的效率,影响了谈判者臆测的准确性。

(二)运筹、计划能力

谈判的进度如何把握?谈判在什么时候、什么情况下可以由准备阶段进入接触阶段、实质阶段,进而到达协议阶段?在谈判的不同阶段将使用怎样的策略?这些都需要谈判人员发挥其运筹的作用,当然这种运筹和计划离不开对谈判对手背景、需要、可能采取的策略的调查和预测。

(三)语言、文字的表达能力

谈判实质上是人与人之间思想观念、意愿感情的交流过程,是重要的社交活动。谈判人员应该善于与不同人打交道,也要善于应对各种社交场合。这就要求谈判人员应该有较强的文字表达能力和口语表达能力。简洁、准确的表达能力是谈判人员的基本功。谈判高手往往说话准确、技巧性与说服力强、表达方式富有艺术感染力,并且熟悉专业用语、合同用语和外语。谈判高手与素不相识且目的迥异的对手坐在一起,可以通过恰如其分的表达打破沉默、扭转僵局;情理交融的说理常常可以起到力挽狂澜、转危为安的奇效;巧妙的拒绝就像航船避开暗礁,可以避免出现难堪的窘境;理直气壮的反驳可以由被动转为主动,由劣势转为优势。对对手的表达字斟句酌地加以推敲,同时要善于言谈、口齿清晰、思维敏捷、措辞周全,善于驾驭语言,有理、有利、有节地表达己方观点。谈判人员还要具备较强的文字表达能力,要精通与谈判相关的各种公文、协议合同、报告书的写作,包括对书面文件的理解能力,以及独立起草协议、合同的能力。一般来说,谈判中,起草出来的协议、合同草案总是对起草的一方有利。文字功夫的奥妙之处就在于使协议、合同表明上看来公平合理,可是一旦出现问题,解释起来就全然不是那么回事了。

(四)较强的逻辑思维和判断能力

要思路开阔敏捷,判断力强,决策果断。对方往往会用许多细枝末节的问题来纠缠你,而把主要的或重要的问题掩盖起来,或故意混淆事物之间的前后、因果关系。作为谈判人员就应具备抓住事物的主要矛盾和主要方面的能力。同时要思路开阔,不要为某一事物或某一方面所局限,而要从多方面去考虑问题。判断准确、决策及时,这些能力对于谈判人员来说格外重要。提高这方面的能力就要善于倾听对方的意见,并把握对方的意图。谈判是双方相互交换意见,但有些人思维敏捷、冲动性强,往往对方的话刚说一半,他就自以为领会了对方的意思,迫不及待地发表自己的意见,这也是不可取的,容易造成误解对方,反而给对方提供一些可乘之机。在风云变幻的谈判场上,要不忽视任何蛛丝马迹,能掌握谈判对手的动向,抓住稍纵即逝的机会,勇敢果断地决策,以免贻误时机。

(五)应变能力

任何细致的谈判准备都不可能预料到谈判中可能发生的所有情况,千变万化的谈判形势要求谈判人员必须具备沉着、机智、灵活的应变能力,以控制谈判的局势。商务谈判中,经常会发生各种令人意想不到的异常情况。因此,要求从事商务活动的人员具有临场应变的能力。处变不惊,是一个优秀的谈判人员应具备的品质。面对复杂多变的情况,谈判者要善于冷静而沉着地处理各种可能出现的问题。

（六）创造性思维能力

随着社会的发展和科学的进步，以综合性、动态性、创造性、信息性为特征的人类现代思维方式已经取代了落后的传统思维方式，创造性思维是以创新为唯一目的并能产生创意的思维活动。谈判者运用创造性思维就能提高分析问题和解决问题的能力，提高谈判的效率。

延伸阅读　　　　　　　　　　　**谈判者**（Negotiator）

- N(need)是发现他的需求
- E(expectation)是创造他的期望
- G(guarantee)是事实的保证
- O(objection)是互动，处理你的争议
- T(trust)是建立你的信任
- I(interaction)是去积极地互动
- A(assumption)是假设成交
- T(time)是要掌握你的时间
- O(over)是满足他的需求
- R(relationship)是要长期维系和他的关系

课堂训练　　　　　　　　　　**谈判能力测验**

1. 兵临城下

案例描述：登机前60分钟，重要客户在机场催促你签合约。谈判决策：

①很高兴，赶快签正式合约

②先签承诺书，重要的价格问题等回国再签

③拒绝签任何合约，一切等回国再商议

2. 挑战或顺从你的导演

案例描述：你是出道不久的小牌演员，导演以50万元的片酬请你拍行情300万元的新片，你会如何做？谈判决策：

①争取演出机会，片酬并不重要

②既然找我，一定是因为我有一定的优势，提高片酬到200万元，待价而沽

③从50万元开始，多争取一万算一万

④先提出200万元的价格，再慢慢降价

3. 降价的五种让步方法

案例描述：你准备向客户降价200万元，你会如何做？谈判决策：

①200—0—0—0　　　　一次性降价

②0—0—0—200　　　　开始不降价，直到客户准备放弃时再降价

③50—50—50—50　　　客户要求一次降价一次，每次数额一样

④10—30—60—100　　降价幅度逐渐增大

⑤100—60—30—10　　降价幅度逐渐减小

4. 经销商倚老卖老

案例描述：买方是贵公司7年的老经销商，希望可以在此次业务部的全国调升10%价格中获得例外。你将采取的对策是：

①告诉对方，不论经销资历如何，一律平等调升
②告诉对方，假如增加三成采购量，可以考虑特别处理
③告诉对方，你会将他的意见转达给主管，然后再做决策

5. 谈判对手故意忽视你

案例描述：顾客嘲笑你未能获得授权而拒绝与你继续谈判，你会如何做？谈判决策：

①当面表示你也不知道公司为什么不进行完全的授权，并表现你的无奈
②告知对方你会将意见转达给主管，而后告辞
③请顾客在你的权限范围内先行协商

6. 客户坚持主帅出面谈判

案例描述：客户坚持只有你公司的总经理出面，才愿意继续与你们谈判，你会如何做？谈判决策：

①向总经理报告，请总经理支持你的谈判
②询问客户副总经理出面是否可以
③安抚顾客，并告诉对方谈判进行到决策阶段时，若有需要，我方会请总经理出面；并以对方可以接受的方式，洽谈目前你可以全权代表公司与客户商议的交易条件，请对方放心继续沟通

7. 面对强势客户造成僵局

案例描述：客户坚持若你不降价，他就不进行采购，你会如何做？谈判决策：

①换人谈判
②换时间或换地点谈判

决策结果分析：

1. 兵临城下：
①——过于冲动，容易掉入对方的陷阱
②——能够掌控主动权，先承诺就先抓住了机会，而且不会伤及对方的感情
③——容易破坏关系，丧失机会

2. 挑战或顺从你的导演：
①——软弱谈判者，欠缺勇气与胆识
②——胆识过人，但未衡量局势
③——现实的谈判者，略具勇气
④——胆识过人且能兼顾局势

3. 降价的五种让步方法：
①——开始即降价很多，筹码尽失
②——坚持到底才降价，守口如瓶、胆识足
③——要求一次降价一次，显现软弱
④——越降越多，有失坚定立场
⑤——越降越少，减少期待

4. 经销商倚老卖老：
①——坚持不变，充分体现了你的勇气和原则
②——以量来换取价格，值得肯定，但是必须获得公司的授权
③——相当于把问题带回公司，没有替公司解决任何问题
5. 谈判对手故意忽视你：
①——直接在顾客面前抱怨将有损公司形象，你无奈的举动会使公司丢尽颜面
②——这种方式没有达到解决问题的目的
③——先在自己的职权范围内解决问题，有理有据，行为得体
6. 客户坚持主帅出面谈判：
①——如果时间紧迫，这种方法显然不合适
②——找人替代不是恰当的方式
③——让客户把你当作对手，有勇有谋
7. 面对强势客户造成僵局：
①——换人谈判可以在陷入困境时转换思路
②——时间拉长，会让对方知难而退；换地点容易转换对方心情

学习自测

一、选择题

1. 在谈一个金融产品交易的时候，要涉及方方面面的情况，比如货币、金额、利率、期限，再如有一个宽限期的问题，其中币种变了，显然利率、期限甚至担保都会发生变化，因此是牵一发而动全身，这时应采取（　　）方式。
   A. 纵向谈判　　　B. 横向谈判　　　C. 软式谈判　　　D. 硬式谈判

2. 如果本方想与对方保持长期友好的业务关系，并且具有这样的可能性，那么就不能采取（　　），而要采取价值式谈判。
   A. 硬式谈判　　　B. 软式谈判　　　C. 卖方谈判　　　D. 买方谈判

3. 商务谈判所涉及的核心因素是（　　）。
   A. 产品质量　　　B. 付款条件　　　C. 价格　　　　　D. 交货期

4. 你认为谈判一定要有谈判目标吗？（　　）。
   A. 必须有　　　　B. 最好有　　　　C. 不一定有　　　D. 不需要有

二、判断题

1. 成功的谈判是自己得到了最大的利益，而对方几乎一无所得。（　　）
2. 谈判的过程就是双方寻求利益上的共同点、减少分歧的过程。（　　）
3. 谈判产生的直接动因就是谈判的参与者有需求并希望得到满足。（　　）

案例分析

贷款合同的谈判

某国曾向我国某一项目提供了一笔数额较大的政府贷款。根据当时有关规定,贷款合同一经生效,该贷款额就应全部筹集好并存放在指定银行里,不得挪作他用,借款者根据需要来提用。为了催促借方按期完成项目的进度,对未提用的部分需支付承诺费。由于这笔贷款数额很大,而且计划用款时间相当长,前后经历 6 年,经计算,所需支付的承诺费数额将十分可观。为此,我们认为,有关支付承诺费的计算方法只是一种传统规定而已,不是原则问题,是可以与外方进行谈判的。我们提出,把这笔贷款按年度分成六部分使用,根据工程用款计划,对方按年度将资金先后调拨到位。每一年的额度若没有用完,应按当年未用部分计算承诺费,而以后若干年的贷款额则不计在内。经过谈判,双方认为这样做对彼此都有利。因为对中方来说,不仅可避免支付一笔可观的承诺费,而且可以使贷款的实际使用额增加;而对于外方来说,资金逐年到位更容易些,它也可以将其余资金投入其他方面取得效益,从而帮助贷款国降低了成本。于是外方接受了我们的要求,这样我方就节约了几百万美元。可见蛋糕做大了,双方的立场接近了许多,有利于以后谈判的进行。

(资料来源:张炳达,满媛媛.商务谈判实务.立信会计出版社,2007.)

问题:(1)在此案例中,双方为何都能从中受益?

(2)你从这个案例中得到什么启发?

实训项目

实训目的:建立商务谈判思维。

实训背景:有两个人在图书馆吵架,一个想开窗,另一个想关窗。他们为窗户应开多大吵个没完,是一条缝还是半开,没有一种解决办法能使双方满意。管理员走过来问其中一位为何要开窗,他说"里面太闷,开窗让新鲜空气进来",另一位说"如果窗户开了,我的资料会被风吹走"。管理员想了一会儿,走过去关闭了正面的窗户,又把旁边的一扇窗户打开了。这样一来,既可使空气流通,又能避免直接吹来的风刮走资料。于是两个人都安静下来。

讨论:(1)为什么利益冲突是谈判的要点?

(2)解决利益冲突的途径是什么?

学习单元二

商务谈判策划

职业素养

1. 认识企业商务谈判环境基本概念；
2. 掌握谈判目标的内涵和主要内容；
3. 了解谈判过程中如何报价；
4. 了解谈判方案的基本要求；
5. 掌握谈判方案的制订过程。

能力目标

1. 具有依据背景材料制作谈判方案的能力；
2. 具有运用市场调查与策划原理的能力；
3. 具有进行商务谈判调查和商务谈判策划的能力。

任务一　把握商务谈判环境

学习导入

掌握环境情报，以静制动，静观其变

1987年6月，济南市第一机床厂厂长在美国洛杉矶同美国卡尔曼公司进行推销机床的谈判。双方在价格问题的协商上陷入了僵持的状态，这时我方获得情报：卡尔曼公司原与台商签订的合同不能实现，因为美国对日本、韩国、中国台湾提高关税的政策使得台商迟迟不肯发货。而卡尔曼公司又与自己的客户签订了供货合同，对方要货甚急，卡尔曼公司陷入了被动的境地。我方根据这个情报，在接下来的谈判中沉着应对，卡尔曼公司终于沉不住气，在订货合同上签订购买了 150 台该厂机床。在该谈判中,不仅要注重自己方面的相关情报,还要重视对手的环境情报,只有知己知彼知势,才能获得胜利。

(资料来源:【精品】谈判案例汇编——金融市场——道客巴巴. http://www.doc88.com/p-3837981715712.html.)

相关知识

关于企业商务谈判环境,大致可以分为外部环境和内部环境两大类。商务谈判环境分析就是对影响商务谈判的所有因素的相关信息进行收集、整理、评价,是商务谈判策划的依据,其中主要内容包括宏观环境分析、谈判对手分析、企业自身情况分析。

一、宏观环境分析

宏观环境分析主要包括政治环境、经济环境、法律环境、人文环境、技术环境、自然环境分析。

(一)政治环境

所谓政治环境,主要指国际风云和双方所属国的政治状况及外交关系。政治环境的变化往往会对谈判的内容和进程产生一定影响。尤其在国际贸易中,谈判双方都非常重视对政治环境的分析,特别是对有关国际形势变化、政局的稳定性以及政府之间的双边关系等方面的变化情况的分析。了解这方面的情况,有助于在谈判时分析双方合作的前景,正确地核算成本,制定相应的谈判策略。其主要内容有以下方面:

1. 国家政治体制

谈判双方国家政权的性质会影响双方谈判的内容及其表述。比如,20 世纪 50 年代美、英等国对社会主义国家的经济封锁等。谈判双方国家政局的稳定性还会影响双方签约后能否顺利地履行。比如,在实际业务中,有一些合同是因为一方国家的政局不稳定而未能履行,如政府面临政治危机、丑闻困扰、大规模的种族冲突等,则应该对事态的发展趋势及其对合同履行的影响做出分析,然后再决定是否进行谈判,并在谈判中对这些问题提出有针对性的解决方法,以免到时合同无法履行,造成损失。

2. 政治的稳定性

国际形势的变化,像发生战争、地区关系紧张等,都会影响谈判的内容和进程。比如,中东地区是世界石油的主要出口地,如果中东地区局势紧张,甚至发生大规模战争,都会对世界市场上的石油及其制品的价格产生影响。如果商品的运输要通过交战地区,则很可能因为战争的爆发而无法通过。因此,我们在进行价格、支付、运输、保险等合同条款的谈判时,都应考虑国际形势变动的影响。

3. 国际关系

国与国之间的政治关系会影响它们之间的经济关系,双方政府的关系主要是指双方的政治关系,比如是否加入了国际合作组织、是否相互给予最惠国待遇、是否已签订双边贸易协定、相互之间有无采取经济制裁措施等。

4. 国家和企业的关系

国家的一些规定、条款、政策等,以及国家的发展方向也会对企业谈判带来不同程度的影响。例如,随着中国加入 WTO,许多中国的商品和文化走向世界。各产品的出口与各种文化的发展都会受到政府政策上的支持。医疗体制改革对相关产业发展起到火箭式的助推作用。

随着"医改"政策的明晰,特别是国家对低收入人群和新农合投入的加强,必将推动提高人们自我健康投入的比例,无疑都会成为健康产业及保健产业的巨大发展市场和产业推动力。

(二)经济环境

经济环境包括经济软环境和经济硬环境。另外,经济环境有大小之分:所谓大环境,指的是与谈判内容有关的经济形势的变化情况,如经济周期、国际收支、外贸政策、金融管理等;所谓小环境,就是供求关系的状况。经济环境的变化对商务谈判的影响也是明显的,在谈判前应对上述内容及其变化情况作认真的了解,并分析它对谈判带来的影响。

经济周期是再生产各环境运行状况的综合体现,谈判前通过对当前经济周期发展情况的了解,有助于我们客观地分析经济形势和谈判双方的需要,选择不同的谈判策略。例如,若谈判对方国家正处在经济萧条阶段,则表明该国的生产停滞、市场需求不足,此时他们对购进商品比较审慎,而对推销他们的商品则会比较积极。

国际收支能反映一国的对外结算情况。一国的国际收支状况如何,会影响到该国的国际支付能力。很多国家的政府在制定国际贸易政策时都把国际收支状况当作一个重要的因素来考虑。通过对谈判对手国家的国际收支状况进行了解,有助于我们分析该国的对外支付能力、货币币值的升降趋势和预测该国汇率的变动情况,为谈判中明确支付条件、选择结算货币提供参考。

各国根据国际形势和对外贸易情况的变化,经常对其对外贸易政策进行调整,如果我们对这方面的情况不了解是会吃亏的。因此,在谈判前应对双方国家与谈判内容有关的外贸政策,如国别政策、配额管理、许可证管理、最低限价等方面的最新变化情况进行了解,并据此来调整我方的谈判方案和谈判策略。

对金融管理方面的了解,主要是了解谈判双方国家的货币政策、外汇管理制度、汇率制度、贴现政策等方面的变化情况,为谈判时选择结算货币、支付形式等提供依据。

(三)法律环境

法律产生于商品交换,商品交换依靠法律来调整。谈判的内容只有符合法律的规定,才能受到法律的保护。因此,在谈判前,必须对与谈判内容有关的各项法律规定的变化情况进行了解和分析,以便根据这些变化来确定谈判方案,预见谈判的结果,确定法律的适用情况和纠纷解决方式。其中,主要应注意以下几个方面:

(1)该国的法律制度是什么?是依据何种法律体系制定的,是英美法还是大陆法?

(2)在现实生活中,法律的执行程度如何?

(3)该国法院受理案件的时间长短如何?

(4)该国对执行国外的法律仲裁判决有什么程序?(要了解跨国商务谈判活动必然会涉及两国法律适用问题,必须清楚该国执行国外法律仲裁判决需要哪些条件和程序。)

(5)该国当地是否有完全脱离于谈判对手的可靠的律师?

(四)人文环境

商务谈判中要和许多有不同文化背景和宗教信仰的人交往,他们的价值观、道德规范以及世代相传的风俗习惯都有所不同。我们在与外商进行谈判时,若对他的宗教信仰、风俗习惯和文化背景有所了解,有利于在谈判中注重对方的宗教信仰和风俗习惯,促进彼此之间的沟通,了解对方的谈判作风。

如果我们在谈判前对谈判对手的文化背景、宗教信仰等方面有所了解,就有助于我们针对不同的对手,施展不同的策略。

(五)技术环境

技术环境的内容主要有以下方面：(1)技术发展现状；(2)技术发展结构；(3)技术发展前景；(4)技术人员的素质和数量；(5)技术知识的普及程度；(6)工业技术基础的水平；(7)产业构成。

(六)自然环境

自然环境是企业赖以生存的基本环境。自然环境的优劣不仅影响到企业的生产经营活动，而且影响一个国家的经济结构和发展水平，使经济环境和人口环境等均受到联动影响。

自然环境主要体现在以下方面：(1)自然资源；(2)气候；(3)地形、地质；(4)地理位置(沿海、内地，城市、乡村，离交通干线的远近等)。

此外，我国对外商务谈判面临的新环境又可分为：(1)经济全球化、文化多元化；(2)"入世"过渡期结束；(3)国际电子商务迅猛发展。

二、谈判对手分析

谈判中要"知彼"，就是要调查清楚对手的各种情况。如了解谈判对方及所属组织领导人的政治态度，对方的经济实力、市场地位、经营性质、营销渠道、产品质量，对方的合作欲望和谈判意图、资源情况，对方谈判人员的有关情况等，这样才能有针对性地制定我方的谈判策略。

(一)对手身份调查

在谈判中，对谈判对手身份的了解直接关系到企业的利益，因此客商身份调查显得尤为重要，在谈判过程中需谨慎。客商身份有以下几种类型：

(1)享有一定声望和信誉的跨国公司；
(2)享有一定知名度的客商；
(3)没有任何知名度的客商；
(4)专门从事交易中介的客商；
(5)"借树乘凉"的客商；
(6)各种骗子型的客商。

(二)谈判对手资信调查

(1)对客商合法资格的审查；
(2)对谈判对手资本、信用及履约能力的审查；
(3)了解对方谈判人员的权限；
(4)了解对方的谈判时限；
(5)了解对方谈判人员的其他情况。

三、企业自身情况分析

谈判中要"知己"，就是要了解自己在谈判中的相对位置，如本企业的产品及生产经营情况，自己的优势、劣势是什么，竞争能力在什么地方，正确地估计自己的力量，从而制定正确的谈判目标。

(一)对企业自身情况分析的作用

(1)有助于谈判信心的确立。
(2)自我需要的认定。包括：希望借助谈判满足己方哪些需要；各种需要的满足程度；需要满足的可替代性；满足对方需要的能力鉴定。

(二)企业自身情况分析的内容

(1) 行业能力：在市场上的竞争能力决定与对手谈判中所确定的内容，即履行结果。

(2) 经济能力：对对方所提出的条件，即在物品支付方面的能力。

(3) 人力资源能力：对谈判结果的履行，人力投入生产数量是否充足。

(4) 技术能力：技术投入在生产过程中是一个核心内容，直接决定了履约的效果。

(5) 物资供应能力：充足的供应物资是生产的必要条件，对到期交货及货量有决定性作用。

(6) 配套能力：也是对企业谈判的一个优势和企业实力的证明。商务谈判是一项复杂的综合型活动，很容易受主观与客观等多方面因素的影响而出现错综复杂的情况。为了有效地进行谈判，谈判者必须做好充分的准备，全方位分析谈判的环境，以促成谈判的成功。

总之，对于不同内容的商务谈判，不同的环境因素都会对谈判产生影响，对环境因素的分析直接关系到企业的利益和发展，所以在谈判过程中应掌握对环境分析的方法并正确分析，从而起到对谈判的积极作用。

任务二　确定商务谈判目标

学习导入

知己知彼，百战百胜

我国某冶金公司要向美国购买一套先进的组合炉，派高级工程师俞存安与美商谈判。为了不辱使命，俞存安做了充分的准备工作，他找了大量有关冶金组合炉的资料，花了很大的精力将国际市场上组合炉的行情及美国这家公司的历史和现状、经营状况等调查得一清二楚。谈判开始，美商一开口要价150万美元。俞存安列举各国成交价格，使美商目瞪口呆，最后终于以80万美元达成协议。当谈判购买冶炼自动设备时，美商报价230万美元，经过讨价还价压到130万美元，俞存安仍然不同意，坚持出价100万美元。美商表示不愿继续谈下去了，把合同往俞存安面前一扔，说："我们已经作了这么大的让步，贵公司仍不能合作，看来你们没有诚意。这笔生意就算了，明天我们回国了。"俞存安闻言轻轻一笑，把手一伸，做了一个优雅的"请"的动作。

美商真的走了，冶金公司的其他人有点着急，甚至埋怨老俞不该抠得这么紧。俞存安说："放心吧，他们会回来的。同样的设备，去年他们卖给法国是95万美元，国际市场上这种设备报价100万美元是正常的。"果然不出所料，一个星期后美商又回来继续谈判了。俞存安向美商点明了他们与法国的成交价格，美商又愣住了，没有想到眼前这位中国人如此精明，于是不敢再报虚价，只得说："现在物价上涨得厉害，比不得去年。"俞存安说："每年物价上涨指数没有超过6%的，一年时间，你们算算，该涨多少？"美商被问得哑口无言，在事实面前不得不让步，最后以101万美元达成了这笔交易。

（资料来源：根据网络资料整理。）

相关知识

一、谈判目标的内涵

谈判目标是指谈判中所要解决的问题和要达到的切实的经济、技术等目标,是谈判的出发点和归结点。其原则是实用性、合理性、合法性。

谈判目标的确定,是指对谈判所要达到的结果的设定,是谈判的期望水平。在谈判的准备中,需要做两个主要工作:一是确定谈判目标;二是做好谈判目标的保密工作。

(一)谈判目标中包括的基本内容

(1)确定为获得你所要的东西而应付出的成本,或者说目标价格。

(2)确定可接受的谈判极限。

(3)确定为达成协议你可以做出哪些让步,并尽量按先后顺序把它们排列出来。

(4)如有可能,确定为获得对方的让步,你可以放弃些什么。

(5)指示达成协议应有怎样的时间限制。

(6)找出有哪些来自外界的影响,足以决定你的这次谈判的成败。

(7)估计对方可能提出哪些虚假话题,并且计划好如何来克服这些障碍。

(8)考虑当谈判陷入僵局时,你可以提出哪些有创造性的建议。

(9)决定应当有哪些人参与谈判。

(10)确定初谈不成时,你可以提出哪些不同方案。

(11)今后与对方继续保持合作的可能性。

(12)双方的谈判力。

(二)设定谈判目标层次

1. 顶线目标(最优期望目标、最高目标)

顶线目标是对谈判者最有利的目标,实现这个目标可以最大化满足自己的利益,当然也是对方所能忍受的最高限度。特征:(1)是对谈判者最有利的目标;(2)是单方面可望而不可即的;(3)是谈判进程开始的话题;(4)会带来有利的谈判结果。

2. 可接受目标

可接受目标是指在谈判中争取或做出让步的范围,它能满足谈判方的部分需求,实现部分利益。

一般地,可接受目标在实际需求目标和最低目标之间选择,是一个随机值,谈判中可随机应变。

3. 最低限度目标

最低限度目标是商务谈判必须实现的目标,是做出让步后必须保证实现的最基本目标,是谈判者必须坚守的最后一道防线。

最低限度目标考虑因素:(1)价格水平(成本、需求、竞争、产品、环境等);(2)支付方式;(3)交货及罚金。

(三)如何确定谈判目标

(1)设定双赢的目的;

(2)划分目标区间,合理制定目标;

(3)列出目标优先顺序,分清让步和不让步。

> **课堂训练**
>
> 背景内容：
>
> 甲、乙双方就某种产品交易价格进行谈判。目前的市场价格为100元，卖方甲在制定谈判价格目标时认为，自己产品的销售价格至少不低于该市场价格，且凭借品牌优势，争取加价10%，应该以110元价格成交。
>
> 问题：对于卖方而言，
>
> (1)110元属于哪一种目标价格？
>
> (2)此种谈判目标确定后有什么作用？
>
> (3)此种谈判目标会带来什么风险？
>
> (4)如何实施这一谈判目标？

二、报价

报价，是指报出价格或报出的价格。报价标志着价格谈判的正式开始，也标志着谈判者的利益要求的"亮相"。主要有以下6种报价策略：(1)报价起点策略(开价要高，出价要低)；(2)报价时机策略(一般是对方询问价格时)；(3)报价表达策略；(4)报价差别策略；(5)报价对比策略；(6)报价分割策略。针对价格，应注意以下方面：

（一）价格解释

价格解释是指卖方就其商品特点及其报价的价值基础、行情依据、计算方式等所做的介绍、说明或解答。(1)对卖方的作用：可以利用价格解释，充分表明所报价格的真实性、合理性，增强其说服力，降低买方的要求，以迫使买方接受报价或降低买方讨价的期望值。(2)对买方的作用：可以通过价格解释，了解卖方报价的实质和可信程度，掌握卖方的薄弱之处，估量讨价还价余地，进而确定价格评论针对的要害。

价格解释的内容，应根据具体交易项目确定。同时，价格解释的内容应层次清楚，最好按照报价内容的次序逐一进行解释为宜。价格解释的原则是有理、有利、有节。其具体技巧主要有：(1)有问必答；(2)不问不答；(3)避实就虚；(4)能言勿书。

（二）价格评论

价格评论是指买方对卖方所报价格及其解释的评析和论述。价格评论的作用，从买方来看，在于可针对卖方价格解释中的不实之词指出其报价的不合理之处，从而在讨价还价之前先压一压"虚头"、挤一挤"水分"，为之后的价格谈判创造有利条件；从卖方来看，其实是对报价及其解释的反馈，便于了解买方的需求、交易欲望以及最为关切的问题，有利于进一步的价格解释和对讨价有所准备。价格评论的内容，与价格解释的内容应基本对应一致。同时，也应注意根据价格解释的内容，逐一予以评论。

价格评论的原则是针锋相对、以理服人。其具体技巧主要有：

1. 既要猛烈，又要掌握节奏

猛烈，指准中求狠。即切中要害、猛烈攻击、着力渲染，卖方不承诺降价，买方就不松口。掌握节奏，就是评论时不要像"竹筒倒豆子"，一下子把所有问题都摆出来，而是要逐个问题地发问、评论，把卖方一步一步地逼向被动，使其不降价就下不了台。

2. 重在说理，以理服人

对于买方的价格评论，卖方往往会以种种理由辩解，而不会轻易就范认输。因为认输就意味着必须降价,并有损自己的声誉。所以,买方若要卖方俯首称臣,必须充分说理、以理服人。而"买方手中的价格分析材料"、"卖方解释中的漏洞"等就是理。同时,既然是说理,评论中虽攻击猛烈,但态度、语气切忌粗暴,而应心平气和。只有在卖方死不认账、"无理搅三分"时,方可以严厉的口吻对其施加压力。一般来说,卖方也要维护自己的形象,谋求长期的交易利益,不会拉开架势蛮不讲理。相反,只要你抓住其破绽,他就会借此台阶修改价格,以示诚意。而此时买方也应适可而止,不必"穷追猛打",过早把谈判气氛搞僵。只要有理在手,待评论后讨价还价时再逐步达到目的也不迟。

3. 既要自由发言,又要严密组织

在价格谈判中,买方参加谈判的人员虽然都可以针对卖方的报价及解释发表意见、加以评论,但是,鉴于卖方也在窥测买方的意图,摸买方的"底牌",所以,绝不能每个人想怎么评论就怎么评论,而是要事先精心谋划、"分配台词",然后在主谈人的暗示下,其他人员适时、适度发言。这样,表面上看大家自由发言,但实际上则严密组织。自由发言,是为了显示买方内部立场的一致,以加强对卖方的心理压力;严密组织,则是为了巩固买方自己的防线,不给卖方以可乘之机。

4. 评论中再侦察,侦察后再评论

买方进行价格评论时,卖方通过进一步的解释予以辩解,这是正常的现象。对此,不仅应当允许并注意倾听,而且还应善于引导,以便侦察反应。实际上,谈判要舌头,也需要耳朵。买方通过卖方的辩解,可以了解更多的情况,便于调整进一步评论的方向和策略;若又抓到了新的问题,则可使评论增加新意,使评论逐步向纵深发展,从而有利于赢得价格谈判的最终胜利。否则,不耐心听取卖方的辩解,往往之后的进一步评论就会缺乏针对性,搞不好还会转来转去就是那么几句话,反而使谈判陷入了"烂泥潭"。

价格评论中,作为卖方,其应对策略应当是:沉着解答。即不论买方如何评论、怎样提问,甚至发难,也要保持沉着,始终以有理、有利、有节为原则,并注意运用答问技巧,不乱方寸。"智者千虑,必有一失",对于买方抓住的明显矛盾之处,也不能"死要面子",适当表现出"高姿态",会显示交易诚意和保持价格谈判中的主动地位。

(三) 价格磋商

交易磋商的程序可概括为四个环节:询盘、发盘、还盘和接受。其中,发盘和接受是必不可少的两个基本环节。

另外,要注意运用好讨价还价策略,主要包括:

1. 抓住对方的最佳替代方案和底线

让我们回顾一下罗斯福竞选团队主管的窘境。当时这位主管发现竞选团队可能因未经允许就采用照片而欠下摄影师300万美元的巨款。面对这种情况,竞选主管没有过多思考自己的最佳替代方案(重新印刷数百万份小册子),而是将更多的精力放在了摄影师的最佳替代方案上(既赚不到钱,又失去了扬名立万的机会)。为了抓住摄影师的最佳替代方案,竞选主管不仅没有向其支付巨款,还在这笔交易上从摄影师那里赚了钱。关注自身最佳替代方案(比如没有对方我能干什么?)的谈判人员的期望一般不高,而且他们在交易中的所得只要超过他们的底线,他们就满足了。同时,关注对方最佳替代方案(如果有我对方能干什么?)的人则将注意力放在了他们能带给对方的那部分价值上。这些人倾向于拥有更高的期望,想要在谈判中获得更多的价值。

2. 避免做出单方面的让步

当各方都报出初始价格后,那么就是时候为达成双方都接受的协议而进入精心设计的程序了。谈判专家能灵活地做出让步,但同时也要求互利互惠。避免做出单方面的让步是很重要的。幸运的是,大多数谈判都遵循一种互利互惠的原则:谈判各方都明白他们要轮流让步。如果对方破坏了这个原则,你应该立刻就处理这个问题。

3. 沉默是金

曾经有经验丰富的谈判人员透露说,他们正是这样利用沉默来操纵谈判的。与其错误地回应对方的报价,还不如守株待兔,静观其变。对方在沉默中经常会因为紧张而对自己的报价进行修改,让报价变得更易于让人接受,或干脆发出愿意做出更大让步的信号。水平高超的谈判人员不仅知道沉默的力量,而且也明白沉默是金的道理。在这里需要注意的是,如果你在轮到对方发言时发言,你将为你的发言付出代价。

4. 向对手强调你的让步

根据互利互惠原则,谈判人员应该在对方让步时也礼尚往来地让步。因为人在收下对方提供的有价物品后会觉得自己欠对方人情,这是人之天性,也是影响人类行为的强大法则。人们同样也会贬低或忽视对方的让步,以此来逃避责任感。有研究表明,当对方的让步在人们心里并不重要时,人们会更容易摒弃互利互惠的原则。所以,你应该向对手强调你的让步。不要简单地让步或降低你的要求,而要让对方意识到你的让步对你来说代价高昂。因为在你强调过你的让步后,对方很难不对其重视并证明自己不会从中受益。

5. 定义互利互惠原则

如果你不仅向对方强调你的让步,还详细地让对方明白你具体想要什么作为回报,那么互利互惠原则就奏效了。这个策略同时还消除了谈判中模棱两可的部分。即便对方认可你的让步,他们仍然可能用一些低价值的东西来回报你,除非你明明白白地让对方知道这样做并没有履行他们互利互惠的责任。

6. 配合让步

配合让步即清楚地将你的让步和对方的行动联系起来。换句话说,你可以将你的让步变成相互交换的形式,让对方知道只有自己让步,你才会让步。就如你保证将货物早日送达,我可以出更高的价钱。你在让步和你的合作意愿上附加的条件越多,就越难与对方建立信任、加强双边关系。所以配合让步应该适时而用,不可过度。

7. 警惕让步程度递减效应

在大部分谈判中,让步程度有其特定的规律,即早期的让步比后期的让步大。换句话说,谈判人员在谈判中的让步有逐渐减小的趋势。比如在汽车销售方面,销售人员可能从4.5万美元开始,然后下调到4.4万美元,接着到4.35万美元,最后到4.33万美元。这个趋势有其合理之处。谈判人员越接近他自己的底线,那么大幅度让步的可能性就越小。结果大部分谈判人员在谈判中做好了应对这个规律的准备,并将其作为对方接近底线的信号。但是对方也可能战略性地利用谈判人员的预期,也就是一方在离底线尚有距离之际就暗示对方自己已经没有让步的空间了。所以在判断议价区域区间的真实大小时考虑到这种可能性是很重要的。

在讨价还价的同时,要把握好讨价次数。讨价次数是指要求报价方改善报价的有效次数,即讨价后对方降价的次数。

对于全面讨价,从心理因素的角度,一般可以顺利地进行两次讨价。

从分别讨价来分析,可根据交易内容按价格中所含水分分类,或按交易的具体项目的多少确定可能讨价的次数。

从针对性讨价来分析,因为这种讨价一般是在全面讨价和分别讨价的基础上有针对性进行的,所以,无论是从实际出发还是从心理因素出发考虑,讨价次数基本"事不过三",即通常就两次而已。

任务三　初拟商务谈判方案

学习导入

拟订符合各方利益的谈判方案的重要性

英国某矿产公司在非洲某国设立了一个子公司,子公司雇用了大量当地工人,由于工作的特殊性质,其中有80%为黑人女工,她们来自这个国家的各个部落。公司成立工会以后,工会就女工的福利待遇问题向公司提出了这样一个要求:黑人女工的产假应定为4个月,并在此期间发75%的工资。然而,公司的调查表明,由于受文化和民族风俗的影响,非洲人都有养儿防老的观念,并且该国的法律也允许重婚而禁止节育。因此,一旦接受工会所提出的这项要求,会使大批女工享受这一福利待遇,这将严重影响公司的正常生产和工资成本支出。于是,公司与工会之间开始了一场谈判。在谈判中工会方面坚持他们的观点,不肯作出让步。

公司认真研究了双方文化的差异,在进一步的调查中,公司了解到女工在生育之后,必须把婴儿送回部落接受抚养和照顾,而75%的工资则是抚养和照顾的费用。如此,公司找到了女工和工会的真正利益——关键是解决婴儿的抚养和照顾问题。于是公司提出了一个新方案,成立一个免费的托儿中心,由此各方达成协议。可见,在环境分析的基础上拟订符合各方利益的谈判方案是非常重要的。

(资料来源:王洪耘.谈判与推销技巧.中国人民大学出版社,2007.)

相关知识

一、谈判方案的基本要求

谈判方案是谈判人员在谈判前预先对谈判目标等具体内容和步骤所作的安排,是谈判者行动的指针和方向。谈判方案应对各个阶段的谈判人员、议程和进度做出周密设想,对谈判工作进行有效的组织和控制,使其既有方向,又能灵活地左右错综复杂的谈判局势。

谈判方案的形式应是书面的。文字可以是长达几十页的正式文件,也可以是短至一页的备忘录。一个成功的谈判方案应注意以下三方面要求:

(一)简明扼要

所谓简明扼要,就是要尽量使谈判人员能容易抓住其主要内容与基本原则,在谈判中能随时根据方案要求与对方周旋。谈判的方案越是简单明了,谈判人员照此执行的可能性就越大。

谈判是一项十分复杂的业务工作,在谈判桌旁参加谈判的人员必须清晰地记住谈判的主题方向和方案的主要内容,与对手交锋时才能按照既定目标,对付错综复杂而多变的谈判局面。因此,制订谈判方案时要用简单明了、高度概括的文字加以表述,以便印象深刻。

（二）具体

方案的简明扼要不是目的,它还要与谈判的具体内容相结合,以谈判的具体内容为基础。谈判方案的内容虽有具体要求,但不等于把有关谈判的细节都包括在内,如果事无巨细、一应俱全,执行起来必然十分困难。

（三）灵活

由于谈判过程千变万化,方案只是谈判前某一方的主观设想或各方简单磋商的产物,不可能把影响谈判过程的各种随机因素都估计在内,所以,谈判方案还必须具有灵活性,要考虑到一些意外事件的影响,使谈判人员能在谈判过程中根据具体情况灵活运用。例如,对可控因素和常规事宜应安排细些,对无规律可循的事项可安排粗些。

二、谈判方案的制订过程

（一）谈判前的商务调研

1. 对于谈判对方的调研

（1）对方的营运状况与资信

在尽可能掌握对方企业的性质、对方的资金状况及注册资金等有关资料的情况下,还应侧重了解两个问题:一是对方的营运状况。因为即使对方是一个注册资本很大的公司,但如果营运状况不好,就会负债累累,而公司一旦破产,己方很可能收不回全部债权。二是对方的履约信用情况。应对交易对象在资格、信誉等方面进行深入细致的了解,避免客户不能履约,防止货款两空,造成严重的经济损失。

应坚持在不掌握对方信用情况、不熟知对手底细或有关问题未搞清楚的情况下,不举行任何形式的商务谈判。在掌握对方营运状况和资信情况下,才能确定交易的可能规模以及与对方建立交易往来时间的长短,也才能做出正确的谈判决策和给予对方恰当的优惠程度。

（2）对方的真正需求

应尽可能摸清对方本次谈判的目的、对方谈判要求达到的目标、对我方的特殊需求、当前面临的问题或困难、对方可能接受的最低界限等方面。

摸清对方的真正需求,必须透过表面现象去辨别、发现。只有认真了解对方的需求,才能有针对性地激发其成交的动机。在商务谈判中,越是有针对性地围绕需求谈判,交易就越有可能取得成功。

（3）对方参加谈判人员权限

应尽可能多地掌握对方谈判人员的身份、分工。如果是代理商,必须弄清其代理的权限范围及对方公司的经营范围。绝大多数国家规定,如果代理人越权或未经本人授权而代本人行事,代理人的行为就对本人无约束力,除非本人事后追认,否则本人不负任何责任。同样,如果代理人订立的合同越出了公司章程中所规定的目标或经营范围,即属于越权行为。对属于越权行为的合同,除非事后经董事会研究予以追认,否则公司将不负任何责任。

在谈判中,同一个没有任何决定权的人谈判是浪费时间的,甚至会错过最佳交易时机;弄清代理商的代理权限范围和对方公司的经营范围,才能避免日后发生纠纷和损失。

（4）对方谈判的最后期限

必须设法了解对方的谈判期限。任何谈判都有一定的期限,最后期限的压力常常迫使人们不得不采取快速行动,立即做出决定。

了解对方的谈判期限,以便针对对方的期限控制谈判的进程,并针对对方的最后期限施加压力,促使对方接受有利于己方的交易条件。

(5)对方的谈判作风和个人情况

谈判作风指的是在反复、多次谈判中所表现出来的一贯风格。了解对手的谈判作风可以更好地采取相应的对策,以适应对方的谈判风格,尽力促使谈判成功。

另外,还要尽可能了解谈判对手的个人情况,包括品格、业务能力、经验、情绪等方面。

2. 对于贸易环境的调研

(1)成本因素

贸易中的成本概念不仅仅是生产成本,而是包括生产成本在内的从生产到交货的一切费用。成本一般包括商品成本、运输费用、交易税项和风险成本四类。

(2)可提高定价的商品属性

①具有某些适合用户急需特性的、客户有强烈购买欲的商品;

②新奇的且其新、奇、特的程度能激起消费者强烈消费欲的商品;

③质量好、售后服务周到的商品;

④声誉好的著名企业的名牌产品;

⑤属于贵族阶层消费的高档商品,或专为客户定做的、具有个性的产品;

⑥具有一定投资价值的商品,如绝版纪念邮票、高级工艺品等。

(3)需求因素

①商品本身价格。在其他情况不变的条件下,商品本身的价格是影响该商品需求的最重要因素。一般而言,两者之间存在明确的负相关关系,即价格和需求的变动呈反方向变化。

②消费者个人偏好。消费者的个人偏好反映了消费者心理上对使用价值相同或接近的商品的喜好程度,从而影响对该商品的需求。但是,人们的消费偏好并非一成不变,而是会在一系列因素的作用下发生变化。

③消费者的数量和收入。消费者人数增减显然对商品与劳务需求的增减有直接的影响。收入的增减也是影响需求的重要因素。一般来说,当收入增加时,消费者会多购买大多数商品;而当收入减少时,他们会少购买大多数商品。尽管收入增加会引起大多数商品需求增加,但不会引起所有商品需求增加。例如,随着人们收入和生活水平的提高,在食品消费中,对时令、高档、绿色食品的消费需求会增加,对大米等必需品的消费需求却会减少。

④替代品的价格。所谓替代品,是指使用价值相近、可以相互替代来满足人们同一需求的商品,如可口可乐与百事可乐、乘长途汽车与乘火车、规模与资质相当的服务企业提供的同档次物业服务,以及物业服务企业提供的保洁服务与专业保洁公司提供的类似保洁服务等。一般来说,在相互替代商品之间,如果某一种商品价格提高,消费者就会减少购买这种商品,把其需求转向可以替代的商品上,从而使替代品的需求增加;反之亦然。

⑤互补品的价格。所谓互补品,是指共同使用才能完整发挥使用价值的商品,如汽车与汽油、物业与必要的配套设施、销售服务与售后服务,以及基本物业服务与专项物业服务等。如果互补品中一种商品价格上升或下降,就会引起互补品中另一种商品需求减少或增加。

⑥预期。预期是人们对于某一经济活动未来的变动趋势的预测和判断。如果消费者预期一种商品价格会上涨,就会增加提前购买的可能性;如果预期价格会下跌,就会增加推迟购买的可能性,从而影响当期需求。

⑦其他因素。如商品品种、质量、安全性、营销宣传、地理位置、季节等。

(4)竞争因素

企业在市场上的竞争地位以及企业可能采取的竞争策略,往往要受到企业所在行业竞争结构的影响。影响行业竞争结构的基本因素有行业内部的竞争、顾客的议价能力、供货厂商的议价能力、潜在竞争对手的威胁、替代产品的压力。

①行业内部的竞争。导致行业内部竞争加剧的原因可能有下述几种:一是行业增长缓慢,对市场份额的争夺激烈;二是竞争者数量较多,竞争力量大抵相当;三是竞争对手提供的产品或服务大致相同,或者至少体现不出明显差异;四是某些企业为了规模经济的利益,扩大生产规模,市场均衡被打破,产品大量过剩,企业开始诉诸削价竞销。

②顾客的议价能力。行业顾客既可能是行业产品的消费者或用户,也可能是商品买主。顾客的议价能力表现在能否促使卖方降低价格、提高产品质量或提供更好的服务。行业顾客的议价能力受到下述因素影响:一是购买数量,如果顾客购买的数量多、批量大,作为卖方的大客户,就有更强的讨价还价能力;二是产品性质,若是标准化产品,顾客在货源上有更多的选择,可以利用卖主之间的竞争而加强自己的议价能力;三是顾客的特点,消费品的购买者,人数多且分散,每次购买的数量也不多,他们的议价能力相对较弱;四是市场信息,如果顾客了解市场供求状况、产品价格变动趋势,就会有较强的议价能力,就有可能争取到更优惠的价格。

③供货厂商的议价能力。表现在供货厂商能否有效地促使买方接受更高的价格、更早的付款时间或更可靠的付款方式。供货厂商的议价能力受到下述因素影响:一是对货源的控制程度,如果货源由少数几家厂商控制,供货厂商就处于竞争有利地位,就有能力在价格、付款时间等方面对购货厂商施加压力,索取高价;二是产品的特点,如果供货厂商的产品具有特色,那么供货厂商就处于有利竞争地位,拥有更强的议价能力;三是用户的特征,如果购货厂商是供货厂商的重要客户,供货厂商就会用各种方式给购货厂商比较合理的价格,乃至优惠价格。

④潜在竞争对手的威胁。潜在竞争对手是指那些可能进入行业参与竞争的企业,它们将带来新的生产能力,分享已有的资源和市场份额,结果导致行业生产成本上升、市场竞争加剧、产品售价下降、行业利润减少。潜在竞争对手的可能威胁,取决于进入行业的障碍程度,以及行业内部现有企业的反应程度。进入行业的障碍程度越高,现有企业反应越强烈,潜在竞争对手就越不易进入,对行业的威胁也就越小。

⑤替代产品的压力。替代产品是指具有相同功能,或能满足同样需求从而可以相互替代的产品,如石油和煤炭、铜和铝。几乎所有行业都有可能受到替代产品的冲击,替代产品的竞争会导致对原产品的需求减少,市场价格下降,企业利润受到限制。

(5) 政治因素

政治因素一般包括政策变化、政治经济形势的变化、政府干预和控制等。

政府干预具有一定的强制性,因此,不仅应了解各国政府的现行法规条令,而且还要预计其可能的干预措施,从而作出相适应的价格策略。

①市场信息调研。包括市场供需趋势、竞争状况、谈判对方所占的市场份额等。

②技术信息调研。包括技术、设备、检定方法、专利等。

③金融信息调研。包括金融政策、相关货币的汇率趋势、对方委托银行的运营情况以及相关手续等。

④政策法规调研。包括有关进出口的税收、贸易立法及其政策,所参加的国际公约、协议和所承诺的惯例等。

3. 对于交易条件的调研

商务谈判的核心是关于交易条件的谈判,因此在谈判前应围绕交易条件收集、掌握有关信息,以保证谈判能顺利进行。

通常关于交易条件主要有 11 项:品质、数量、包装、商检、价格、装运、保险、支付、不可抗力、索赔、仲裁。

课堂训练

1945 年美国雷诺公司率先引进圆珠笔生产技术,开创圆珠笔进入美国市场的新纪元。为引起轰动效应,雷诺公司积极宣传圆珠笔的新奇特性:"圆珠笔是人类用笔史上的一种创造,它的流利与灵巧完全改变了传统钢笔的呆板形象……"从而引发购买热潮,一些经销商闻风而至。虽然圆珠笔的成本每支仅 0.5 美元,但雷诺公司定价 10 美元,高达成本的 20 倍,而市场预测价为 20 美元……第三年又"激流勇退"。

问题讨论:雷诺公司第一年依据影响价格的哪些因素成功地采用了高定价策略?

(二)制订谈判方案

1. 谈判目标的确立

谈判目标有最优期望目标、可接受目标、最低限度目标三个层次。

谈判目标的"底数"与"死线"要严格保密。

控制成员严守秘密,需要透露的重要信息只能由负责人送往对方。

当涉及人员太多而无法监督时,利益攸关的关键信息只能由几个关键人物掌握。

谈判目标可行性与下面 6 个因素有关:(1)本企业的谈判实力和经营状况;(2)对方的谈判实力和经营状况;(3)竞争者的状况及其优势;(4)市场情况;(5)影响谈判的相关因素;(6)以往合同的执行情况。

2. 谈判地点和时间的确定

(1)谈判地点。①在己方地点谈判;②在对方地点谈判;③在双方所在地交叉轮流谈判;④在第三地谈判。

(2)谈判时间。①开局时间(应考虑己方的准备情况、身体和情绪状况、谈判的紧迫程度、对方情况);②间隔时间;③截止时间。

在谈判过程中,谈判对手常故意设计一些对我方不利的环境,用来干扰和削弱我方谈判力。比如,座位阳光刺眼,看不清对手的表情;会议室纷乱嘈杂,常有干扰和噪音;疲劳战术,连续谈判,并在我方疲劳和困倦的时候提出一些细小但比较关键的改动让你难以觉察。

更有甚者,利用外部环境形成压力。例如,我国知识产权代表团首次赴美谈判时,纽约好几家中资公司都"碰巧"关门,忙于应付所谓的反倾销活动,美方企图以此对我代表团造成一定的心理压力。

遭到"阳光刺眼"策略时,我们应该立即提出拉上窗帘或者更换座位,而不是碍于面子,默默忍受。

不善待对手的做法尽管不符合谈判的伦理,但做得微妙时,对方是很难觉察到的。但任何事情都应该掌握一个度,如果我们利用自己的主场故意让对方不舒服,且对方有所觉察的话,那么当我们到对方的主场谈判时,我们可能会面临对方变本加厉的报复。所以这样的做法是不提倡的。

3. 谈判议程的拟定

典型的谈判议程包括"5W1H",即 when、where、who、what、why、how。具体而言就是:谈

判应在何时举行,为期多久;哪些事项列入讨论,哪些不列入讨论;讨论的事项如何编排先后顺序,每一事项应占多少讨论时间。议题确定后,即要展开模拟谈判。

4. 谈判方式的选择

商务谈判方式是指谈判双方(或多方)用来沟通、协商的途径和手段。

商务谈判的类型繁多,但都有一个共同点,就是谈判双方如何沟通,用什么方式、手段来对话、协商,这就是商务谈判的方式。谈判采用的方式和手段不同,谈判的效果也不同。

商务谈判方式归纳为两大类:

(1)口头式谈判。指谈判双方就谈判的相关议题以口头方式提出、磋商,而不提交任何书面形式文件的谈判,比如面对面谈判、电话谈判。

(2)书面式谈判。指谈判双方或多方将谈判的相关内容、条件等,通过邮政、电传或互联网等方式传递给对方所进行的谈判,比如函电谈判、网上谈判。

5. 谈判对策的制定

(1)按对手的态度制定策略

①对合作型谈判对手的策略

在商务谈判中,对手的态度对谈判是否能顺利进行有着直接影响,而合作型谈判对手则具有强烈的合作意识,注意谈判双方的共同利益,渴求达成双方满意的结果。对于这类谈判对手的策略是因势利导,在互利互惠的基础上尽快达成协议。

a. 满意感策略。针对合作型谈判对手实施满意感策略,旨在使对方感到温暖,促使对方为双方共同利益尽早达成协议。

b. 时间期限策略。商务谈判种类繁多、规模不一,但从时间发展进程上分析,却都具有某些共同之处。例如,不管谈判怎样曲折和困难,所有的谈判都会有个结局。又如,谈判双方常常是在谈判临近结束之前,才做出实质性让步。时间期限策略就是要抓住谈判双方在时间上的共性和特点,适时地明确谈判的结束时间,以促使双方在互利互惠的前提下,及时和圆满地结束谈判。

②对不合作型谈判对手的策略

不合作型谈判对手的主要特征:一是不厌其烦地阐述自己的观点和立场,而不注重谈论实质问题;二是不断地抨击对方的建议,而不关心如何使双方的利益都得到维护;三是将谈判本身的问题与谈判对手个人联系在一起,将抨击的矛头指向谈判对手本人,进行人身攻击。

对待这类对手,只有采取恰当的对策,才能引导其从观点争论转向为双方共同获利而努力。

a. 迂回策略。实施迂回策略要求避免与谈判对手直接进行正面冲突,而要引导对方为双方的共同利益去设想多种选择方案,努力将谈判引向成功。

b. 调停策略。在采取迂回策略不能奏效的情况下,可运用第三方调停,即请局外人来帮助解决双方的矛盾。

(2)按对手的实力制定策略

①对实力强于己方的谈判对手的策略

所谓实力强于己方的谈判对手,是指谈判双方进行综合力量对比时,对方的力量相对而言比己方的力量强一些,在某些方面占有主动权。面对实力较强的对手,己方一方面要加强自我保护,不在对方的压力下达成不利于己方的协议;另一方面要充分发挥自身的优势,以己之长击"敌"之短,争取最佳的谈判结果。

a. 底线策略。面对比自己实力强大的对手,为了避免使自己陷入被动局面而签订对己方不利的协议,可采用底线策略,即事先定出一个可接受的最低标准。从卖方讲,就是定出可接受的最低价;从买方讲,则是定出可接受的最高价。

b. "狡兔三窟"策略。所谓"狡兔三窟"策略,是指谈判者在预先确定谈判底线的基础上,还要认真考虑谈判破裂后的退路。例如,企业在售房时,要预先考虑到在底线价格上若不能顺利成交时下一步应该怎样办,是出租还是将楼房拆掉改建其他设施,抑或是长期等待理想的买主。

②对实力弱于己方的谈判对手的策略

当对手实力较弱时,对己方而言,既有有利的一面,即能够给我方较大的回旋余地和主动权;也可能使我方疏忽大意,犯不应有的错误,痛失机遇,不能够实现预定的谈判目标。因此,在有利条件下,谈判人员仍应精于谋略,抓住时机,争取最佳结局。

a. 先声夺人策略。实施先声夺人策略要求谈判人员事先深入分析和研究对手的各方面情况,包括对手的财务状况、市场地位、对谈判的渴求程度、过去经常使用的谈判策略和手法等。在谈判进入正式阶段之后,我方可以口气婉转地指出对方的某些不足之处或不现实的想法。

b. 出其不意策略。在谈判中占优势的一方采用出其不意策略旨在给对方施加压力,促使其以对己方最有利的条件达成协议。

(3) 按对手的谈判作风制定策略

从谈判作风上看,可以将对手划分为两大类:一类是法制观念较强、靠正当手段取胜的作风较好的谈判者;另一类是靠假痴不癫、搞阴谋、玩诡计取胜的作风不正当的谈判者。对于前者,可根据其特点分别采用上述各种策略;对于后者,则要倍加小心,及时识破其阴谋,并采取恰当的对策。

①以假乱真的策略。有些人为了诱骗谈判对手上当,使用各种各样的卑鄙手段和做法。例如,向买方提供虚假成本报告或价目表一类的内部资料,而有些天真的买方却轻信这些文件的真实性和权威性,结果吃了大亏。

②车轮战的策略。在商务谈判中,有些人惯于先让下属出面与对手谈判,提出苛刻的条件,使谈判出现僵局,待双方都精疲力竭时,主要负责人再出面与对手进行实质性会谈。这时对方在心理上和气势上都处于弱势,很可能做出过多的让步,达成对其不利的协议。

③假出价的策略。所谓假出价,是指买方先用出高价的手段挤掉其他的竞争对手,成为卖方的唯一客户,然后再与卖方重新开始讨价还价,迫使卖方在买方市场条件下以低价出售产品或服务。例如,在房产交易中,买方看到某一卖方以200万元的价格出售一间房屋的广告,该买主先以190万元的出价和1万元的定金将其他几位出价在180万元左右的买主挤掉,然后采取拖延手段迟迟不付款成交。在卖方一再催促下,他又以此类房屋的市场价格是170万元为借口,迫使卖方让步。而卖方可能由于急需资金或再次登广告费用太大等原因,被迫以170万元成交,损失10万元。

④心理战的策略。有些人为了使自己获得更多的好处,有意给对手制造心理压力。例如,给对方提供较差的谈判环境,使对方人员之间没有私下磋商的空间条件,或在谈判时让对方面对阳光而坐等。又如,在谈判中突然退席与他人交谈,或故意不听对方讲话,然后又要求对方重述。再如,在谈判之余,有意评价你的性格、衣着和风度,讲一些使你不愉快的话等。

学习自测

一、选择题

1. （　　）是影响商务谈判环境的主要因素。
   A. 宏观环境　　　　B. 微观环境　　　　C. 谈判对手　　　　D. 企业自身情况
2. 对谈判对手资信情况的调查主要包括两方面的内容：一是对方的（　　），二是对方的（　　）。
   A. 主体合法资格　　　　　　　　　　B. 资本信用与履约能力
   C. 客商身份　　　　　　　　　　　　D. 客商实力
3. 参与谈判企业自我需要的认定指的是（　　）。
   A. 满足己方哪些需要　　　　　　　　B. 各种需要的满足程度
   C. 需要满足的可替代性　　　　　　　D. 满足对方需要的能力鉴定

二、判断题

1. 准确可靠的商务谈判环境分析是谈判能否成功的基本保证。　　　　　（　　）
2. 商业因素将影响甚至决定谈判的结果，而政治因素或技术因素则要让步于商业因素。　　　　　　　　　　　　　　　　　　　　　　　　　　　　（　　）
3. 谈判的一个重要法则是不与没有决策权的人谈判。　　　　　　　　　（　　）
4. 满足他人需要的能力是参加谈判的目的。　　　　　　　　　　　　　（　　）

三、简答题

1. 为什么在商务谈判中要了解该地区的宗教因素？
2. 确定谈判目标对商务谈判有什么帮助？
3. 如何制订商务谈判方案？

案例分析

迪士尼公司在法国的经营得失

直至1992年，迪士尼公司在开办主题公园方面一直是非常成功的。1955年，迪士尼公司在美国加利福尼亚州阿纳海姆市开办了第一家主题公园，20世纪70年代在佛罗里达州再奏凯歌。1983年成功开办了东京迪士尼乐园，证明日本人真是非常喜欢他们的米老鼠。使日本人快乐之后，迪士尼公司把注意力转向巴黎。因为大约有1 700万欧洲人居住在离巴黎不到两个小时的汽车旅程的地方，还有3.1亿人用不到两小时或更短时间就可飞到巴黎。此外，法国政府渴望把迪士尼公司吸引到巴黎来，给公司提供超过10亿美元的各种奖励，期望这个项目能给法国创造30 000个就业机会。1986年底，迪士尼公司深陷于和法国政府的谈判中。谈判比预期要长得多，激怒了以夏皮罗为首的迪士尼公司的谈判代表。法国谈判首席代表白纳德说，美国的夏皮罗先生居然失去耐性，冲向房门，以完全非法国人的方式，用脚不断踢门并大喊："让我砸点什么东西！"当时，法国代表真是大吃一惊。1992年夏，迪士尼公司按计划开办了价值50亿美元的主题公园，但欧洲迪士尼乐园开张不久，法国农民就将拖拉机开到乐园门口并将它封锁，全世界电视都转播了这次抗议行动。不过这一行动不是针对乐园本身，而是针对美国政府的，原因是美国政府要求法国削减农业补贴。尽管如此，这一事件仍使全世界都关注着迪士尼乐园与巴黎之间这桩没有爱情的婚姻。之后发生的是经营上的失误：

第一，迪士尼公司的政策是在乐园内不提供酒精饮料，但法国人的习惯是午餐要喝一杯酒，这件事引起了法国人的恼怒。

第二，迪士尼认为星期一旅客最少而周五最多并按这种想法安排人手，但实际情况与此相反。

第三，旅馆早餐一片混乱，因为他们认为欧洲人不吃早餐而压缩了餐厅面积，在只有350个座位的餐厅里招待2 500个吃早餐的人。队伍排得让人害怕，而且他们不仅想吃小面包、喝咖啡，还想吃咸肉和鸡蛋。此外，还有职工问题和游园时间问题等。结果到1994年底，欧洲迪士尼乐园累计亏损额已达20亿美元。

(资料来源：[美]查尔斯·W. L. 希尔.国际商务：全球市场竞争(第三版).中国人民大学出版社,2002.)

问题：欧洲迪士尼乐园失败的原因有哪些？

实训项目

实训目的：能够进行商务谈判策划。

实训背景：Q品牌来自浙江义乌,是个相对成熟的皮具品牌,也正因如此,由此品牌衍生出来的系列产品大多会受到代理商们的青睐。2003年,Q品牌瞄准了势头正旺的休闲男装市场。2003年秋,Q品牌男装正式启动上市。

讨论：你当时恰在Q品牌休闲男装任区域经理一职,负责横贯东西七省的业务,如何进行招商谈判？

学习单元三

商务谈判实施

职业素养

1. 树立学生进行商务谈判各环节整体运作的理念；
2. 培养学生团队合作的精神；
3. 养成谈判前认真准备的习惯；
4. 养成谈判后认真反思及管理的习惯。

能力目标

1. 能够充分细致地准备商务谈判；
2. 能够成功进行谈判的开局；
3. 能够正确地报价；
4. 能够有条不紊地实施和对方磋商；
5. 能够根据实际情况结束谈判。

任务一　商务谈判的准备

学习导入

胸有成竹的谈判

2005年3月，安徽芜湖市塑料编织袋厂厂长获悉日本某株式会社准备向我国出售先进的塑料编织袋生产线，立即出马与日商谈判。谈判桌上，日方代表一开始开价240万美元，我方厂长立即答复："据我们掌握的情报，贵国某株式会社所提供产品与你们完全一样，开价只是贵方一半，我建议你们重新报价。"一夜之间，日本人列出详细价目清单，第二天报出总价180万美元。随后在持续9天的谈判中,日方在130万美元价格上不再妥协。我方厂长有意同另一家西方公司做了洽谈联系,日方得悉,总价立即降至120万美元。我方厂长仍不签字,日方大为震怒,我方厂长拍案而起:"先生,中国不再是几十年前任人摆布的中国了,你们的价格、你们的态度都是我们不能接受的!"说罢,把手提包甩在桌上,里面那些西方某公司设备的照片散了满地。日方代表大吃一惊,忙要求说:"先生,我的权限到此为止,请允许我同厂方联系请示后再商量。"第二天,日方宣布降价为110万美元。我方厂长在拍板成交的同时,提出安装所需费用一概由日方承担,又迫使日方让步。

(资料来源:工商管理案例分析题—案例案源—中国市场监管交流网—市场监管局网络之家. http://www.315club.net/forum.php? mod=viewthread&tid=282.)

相关知识

人们常说,"不打无准备之仗",谈判也是这样。不要小看了准备阶段,很多谈判都是因为事前没有充分准备,而在谈判中处处被动,处于下风。商务谈判能否取得成功,不仅取决于谈判桌上的唇枪舌剑、讨价还价,而且有赖于谈判前充分、细致的准备工作。可以说,任何一项成功的谈判都是建立在良好的准备工作的基础之上的。虽然谈判的情况各异,很难统一准备形式,但对于准备的内容却可以达成共识。准备的内容包括组建谈判队伍、收集与分析资料和信息、拟订谈判方案、准备物质条件等方面。物质条件的准备具体见学习单元五。

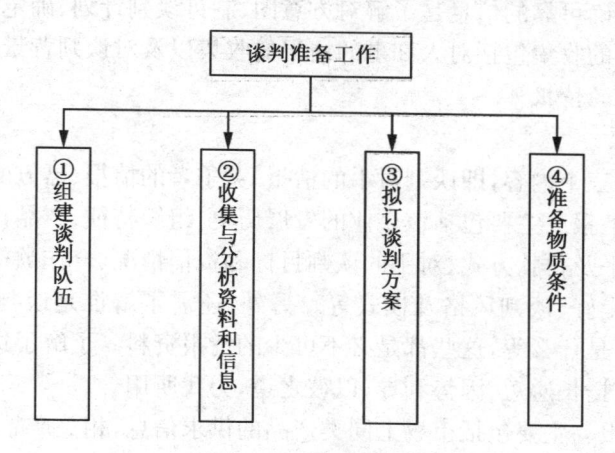

图3-1 谈判准备阶段任务

一、组建谈判队伍

谈判的主体是人,因此,筹备谈判的一个重要工作内容就是人员准备,也就是说组建谈判队伍。谈判队伍的素质及其内部协作与分工的协调对于谈判的成功是非常重要的。

(一)谈判队伍的规模

理想的谈判队伍人数应在4~6人左右。当然,如果谈判涉及的内容较广泛、较复杂,需要由各方面的专家参加,则可以把谈判人员分为两部分:一部分主要从事背景材料的准备,人数可适当多一些,即台下当事人;另一部分直接上谈判桌,即台上当事人,这部分人数与对方相当为宜。

还有一种确定谈判队伍规模的原则就是己方谈判队伍的规模与对方谈判队伍的规模匹配。

(二) 谈判人员的配备

在一般的商务谈判中,所需的知识大体上可概括为:有关价格、交货、支付条件等商务方面的知识;有关合同法律方面的知识;如语言不通,则还需语言翻译方面的知识。因此,根据谈判对知识方面的要求,谈判班子应配备技术精湛的专业人员、采购业务熟练的人员、精通经济法的法律人员、熟悉业务的翻译人员、首席代表和记录人员。这样,由不同类型和专业的人员就组成了一个分工协作、各负其责的谈判组织群体。

当挑选出合适的人组成谈判班子后,就必须在成员之间,根据谈判内容和目的以及每个人的具体情况做出明确适当的分工,明确各自的职责。此外,各成员在进入谈判角色、尽兴发挥时,还必须按照谈判目的与其他人员彼此相互呼应、相互协调和配合,从而真正赢得谈判。这就好像一场高水准的交响音乐会,之所以最终赢得观众雷鸣般的掌声,除了指挥家的精湛技术外,更离不开每位演奏家的配合。

二、收集与分析资料和信息

随着科学技术的发展,我们已进入了信息时代,了解信息、掌握信息已成为人们成功进行各种活动的保证。商务谈判作为人们运用信息来获取自己所需事物的一种经济活动,对信息的依赖更加强烈。准确可靠的信息是了解对方意图、制订谈判计划、确定谈判策略及战略的基本前提和依据。信息的收集包括对人和事的情报的收集以及对谈判背景条件的情报的收集。

(一) 关于人和事的情报

1. 关于人的情报

关于人的情报分三个内容,即谈判对手的情报、竞争者的情报、己方的情况。

(1) 谈判对手的情报。主要包括该企业的发展历史、组织特征、产品技术特点、市场占有率和供给能力、价格水平及付款方式、对手的谈判目标和资信情况、合作欲望,以及参加谈判人员的资历、地位、性格、爱好、谈判风格及模式等。另外,还需了解谁是谈判中的首席代表,其能力、权限、特长及弱点是什么等,这些都是必不可少的情报资料。了解了这些情报之后,谈判前即可以思考己方如何扬长避短、因势利导,以彼之道,为我所用。

(2) 竞争者的情报。主要包括市场上同类产品的供求信息,相关产品和替代产品的供求状况,产品的技术发展趋势,主要竞争厂家的生产能力、经营状况和市场占有率,有关产品的配件供应情况,竞争者的推销力量和市场营销状况、价格水平、信用状况等。对于采购方而言,了解竞争者的情况是很有必要的,竞争者作为谈判双方力量对比中一个重要的砝码,影响着谈判天平的倾斜。但是,了解竞争者的状况是比较困难的,因此,对于谈判人员来说,最重要的是了解市场上占主导地位的竞争者。

(3) 己方的情况。主要包括了解己方的需求情况及财务状况。在谈判前了解己方谈判人员的情况,只有这样,才能制定出切实可行的谈判策略。

2. 关于事的情报

了解关于事的情报则是对谈判标的的深入了解,即从技术上进一步了解对手、了解自己。具体应对标的技术水平、规格、市场占有率、竞争状况认识透彻;还应对标的内容(文字和数字)的交易条件,关键和次要、可修改与不可修改部分分析清楚。

(二)关于背景条件的情报

主要是指交易各方的背景条件,包括各方的政治背景、经济背景、法律制度、宗教信仰、商业习俗等情报。

1. 政治背景

政治背景需掌握的情况包括政局的稳定、政府之间的关系、政府对进口商品的控制等。政治和经济是紧密相连的,政治对于经济具有很强的制约力。当一个国家政局稳定,政策符合本国国情,它的经济就会发展,就会吸引众多的外国投资者前往投资;否则,政局动荡、市场混乱、人心惶惶,就必然产生相反的结果。因此,在商务谈判中,必须对谈判对手的政治环境做详尽的了解。

2. 经济背景

经济背景主要是指市场经济的形势、市场行情方面的信息。每一个谈判人员都要了解整个社会的生产力总体发展水平、社会分工状况、消费收入水平、市场需求等情况,这些将会影响到商品品质标准、价格高低等诸多方面的问题。

3. 法律制度

和政治制度一样,法律制度对商务谈判有着无形的控制力,涉外企业在贸易往来中,不可避免地会遇到各种各样的法律问题,只有清楚地了解其法律制度,才能减少商业风险。例如,我国某公司考察小组去美国考察后,在旧金山买下一家餐馆,开张后发现餐馆经营所得大部分用于支付高昂的房租,餐馆因而陷入连年亏损的困境。原因在于考察小组未能清楚了解东道国的法律便仓促签约,只买下了餐馆的业务经营权而未及房屋等资财。

4. 宗教信仰

宗教信仰影响着人们的生活方式、价值观念及消费方式,也影响着人们的商业交往。对于宗教的有关问题,商务谈判人员必须了解,如宗教的信仰和行为准则、宗教活动方式、宗教的禁忌等,这些都会对商务活动产生直接的影响,如果把握不准,则会给企业带来很大的影响。如麦当劳曾经进入印度失败,当地人讥讽麦当劳"用13个月时间才发现印度人不吃牛肉"。

5. 商业习俗

商业习俗对商务谈判的顺利进行影响很大,作为谈判人员,要促使谈判顺利进行就必须了解各地的风俗习惯、商业惯例,否则双方都有可能会产生误会和分歧。比如,日本的文化是把和谐放在首位,日本人日常交往中非常注重礼节,和日本人进行谈判时千万不要在这方面开玩笑,这是日本人最忌讳的;和沙特阿拉伯人谈判时千万不能问及对方的妻子,因为沙特阿拉伯男子歧视女性。再如,我国上海某企业到泰国合资开办了一家药厂,虽然产销对路,但因流动资金不足而被迫停产,究其原因,按泰国市场习惯,药商都实行赊销办法,生产厂家要等药商卖光产品才能收回货款,这就使厂家因资金周转期长、流动资金不足而停产。

(三)情报收集的方法和途径

(1)直接去对方企业考察,收集资料。

(2)通过各种信息载体收集公开情报,如企业的文献资料、统计数据和报表、企业内部报刊、各类文件、广告、广播宣传资料、产品说明和样品等。

(3)通过对与谈判对手有过业务交往的企业和人员的调查了解信息。

延伸阅读 　　　　　　　　　　**情报的重要性**

　　在某次交易会上,我方外贸部门与一客商洽谈出口业务。在第一轮谈判中,客商采取各种招数来摸我们的底,罗列过时行情,故意压低购货的数量。我方立即中止谈判,搜集相关的情报,了解到日本一家同类厂商发生重大事故停产,又了解到该产品可能有新用途。在仔细分析了这些情报以后,谈判继续。我方根据掌握的情报后发制人,告诉对方:我方的货源不多;产品的需求很大;日本厂商不能供货。对方立刻意识到我方对这场交易背景的了解程度,甘拜下风。在经过一些小的交涉之后,乖乖就范,接受了我方的价格,购买了大量该产品。在商业谈判中,口才固然重要,但是最本质、最核心的是对谈判的把握,而这种把握常常是建立在对谈判情报的掌握上。

　　(资料来源:http://www.docin.com/p-480939283.html。)

三、拟订谈判方案

　　谈判方案通常均应包括四项基本内容:谈判目标、谈判程序、谈判时间、谈判策略。

(一)谈判目标

　　谈判目标是指谈判要达到的具体目标,它指明谈判的方向和要达到的目标、企业对本次谈判的期望水平。商务谈判的目标主要是以满意的条件采购到所需要的商品,确定正确的谈判目标是保证谈判成功的基础。

　　谈判目标有三种表述形式:(1)上、中、下成交方案;(2)成交上限和下限;(3)与对方条件对应的随动成交方案(随动方案也存在上限和下限)。对于政策性的机动条件,在做谈判方案时可不予考虑,因为这是特殊条件,仅在谈判遇到特殊困难时再依情况而定、而用,而且政策性的条件是由企业的上层领导来决定的。

　　当然,要具体确定某个项目的谈判目标是一件复杂的事情,主要依据对许多因素的综合分析才能做出判断。首先,要对谈判双方各自优势、劣势进行分析。例如,如果对方是我方唯一可选择的合作伙伴,则对方处于十分有利的地位,我们的目标水平就不要定得太高;反之,如果我方有许多潜在的买主(或卖主),那么对方显然处在较弱的地位,我们的目标水平就可相应定得高一点。其次,要考虑今后是否会与谈判对手保持长期的业务合作关系。如果这种可能性较大,就要着眼于和对方建立友好、持久的关系,对于谈判目标的确定应本着实事求是的态度,确定合理的水平。此外,交易本身的性质和重要程度、谈判与交易的时间限制等因素,在确定具体谈判目标时也是必须考虑的。

(二)谈判程序

　　谈判程序是指对谈判起始点、展开过程及结束点的设计或预测。这个设计与预测是一种对谈判的总体运动过程的分析,也是一种谈判前的演练——"沙盘作战"或"谈判模拟"。不论谈判项目大小,这个准备内容不可或缺。

1. 起始点

　　起始点设计是指对谈判开场的设计。应根据不同谈判对开场的要求,设定不同的开场形式。例如,是先互赠礼品、回顾历史(有历史关系或约定时),还是先讨论谈判日程、方式、人员安排等,以使开场起步达到气氛、布局的要求。

2. 展开过程

　　展开过程的设计是指对谈判各项议题的先后次序及双方互动条件的设定。如技术、服务、价格、供货、合同条款等,谁先谈、谁后谈,各议题谈的条件、退的条件,或各议题交错谈判的条件等,均结合谈判对象的特点、交易物、交易方式以及谈判议题的内在逻辑关系予以初步设定。

3. 结束点

结束点的设计是指对结束条件及结束方式的设定,这也是对谈判收尾的预测。结束条件原则上以谈判目标为参照。在双方分歧很大时,结束条件将为各方自持的条件——未达成协议时各自坚持的条件。而结束方式有多种,它决定由谁出面结束(主持人、负责人、领导)以及在什么时候、什么地点(会议室、住所、饭桌上)来宣布不同谈判结果的结束。

(三)谈判时间

谈判时间是指对有效完成谈判过程的时间段的设定。由于时间具有一种力量,会从时空与心理的关系上对谈判产生影响,故忽略谈判时间是不妥的,谁忽略它,谁就少了一种谈判的武器或一种防御的功能。

(四)谈判策略

谈判策略确定的第一步,确定双方在谈判中的目标是什么,包括最高、中间、最低的目标体系;在交易的各项条款中,哪些条款是对方重视的、哪些是他们最想得到的、哪些是对方可能作出让步的、让步的幅度有多大等。第二步,确定在我方争取最重要条款时将会遇到对方哪些方面的阻碍、对方会提出什么样的交换条件等。第三步,针对以上情况,我们采取怎样的策略。

延伸阅读 　　　　　设计谈判方案的注意事项

1. 在确定谈判时间时,应注意以下问题:

(1)对于主要的议题或争执较大的焦点问题,最好安排在总谈判时间的3/5时提出来,这样既经过一定程度的交换意见,有一定的基础,又不会拖得太晚而显得仓促。

(2)合理安排好己方各谈判人员发言的顺序和时间,尤其是关键人物对关键问题的提出应选择最成熟的时机,当然也要给对方人员足够的时间表达意向和提出问题。

(3)对于不太重要的议题、容易达成一致的议题,可以放在谈判的开始阶段或即将结束阶段,把大部分时间用在关键性问题的磋商上。

(4)己方的具体谈判期限要在谈判开始前保密。如果对方摸清己方谈判期限,就会在时间上用各种方法拖延,待到谈判期限快要临近时才开始谈正题,迫使对方为急于结束谈判而匆忙接受不理想的结果。

2. 在拟定议程时,要注意以下问题:

(1)谈判中所有议题需要明确具体,避免含糊。

(2)制定谈判议程表时,应该注意谈判议题最好不要超过4个,超过4个的应设子议题。

(3)拟定谈判议题时间表时,要预留充足的思考时间。

(4)不能在未经思考成熟的情况下,接受对方的日程安排。

(5)合理安排议题的先后次序。

(6)谈判议题只是双方认可的时间表,并不是正式公文,如果在谈判开始后发现议题安排对本方不利时,可以向对方提出修改的要求;否则,你会在不知不觉中掉入对方的陷阱。

(资料来源:汪遵瑛.商务谈判.复旦大学出版社,2012.)

任务二　商务谈判的开局

学习导入

开局气氛的营造

中国青木公司到日本洽谈生意,进入谈判室时看到日方谈判人员整齐、严肃地在等候我方的到来。谈判双方落座后,我方主谈王经理站起身来高兴地向大家说:"报告大家一个好消息,我太太今早给我生了一个大胖儿子!"中日双方谈判人员都向他表示热烈的祝贺,谈判开局气氛热闹起来,谈判双方愉快地进入了谈判,达成了双方满意的协议。事后中方谈判成员好奇地问王经理:"你不是说你太太要再过2个月才生吗?怎么今天就生了?"王经理说:"为了冲淡那么紧张的气氛,没办法,我今天就让儿子先出生了!"王经理在谈判开局阶段利用在生活中能引起众人高兴的事,冲淡了彼此的戒备与紧张,创造了良好的气氛,为后面和谐的谈判打下了基础。

(资料来源:http://blog.sina.com.cn/s/blog_7110d47e01010lkm.html.)

相关知识

谈判开局阶段主要指谈判双方进入具体交易内容的洽谈之前,彼此见面,互相介绍、寒暄以及就谈判内容和谈判事项进行初步接触的过程。好的开端是谈判成功的一半。在商务谈判中,谈判开局阶段双方真正走到一起,进行直接的接触和沟通,开局的成功与否对谈判能否顺利进行起到重大影响。

一、开局的基本任务

这一阶段的目标就是为进入实质性谈判创造良好条件。为实现这一目标,开局阶段主要有四个任务(见图3—2)。

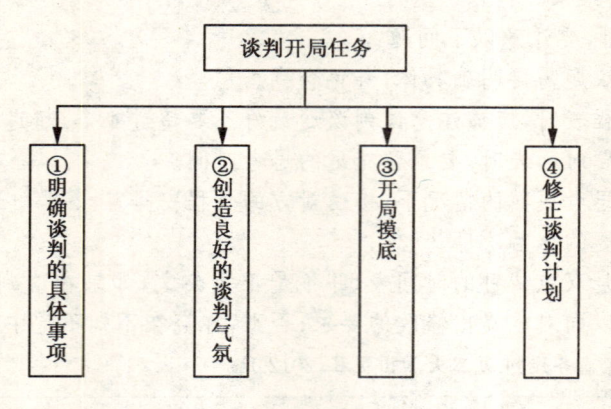

```
                    谈判开局任务
          ┌────────────┼────────────┬────────────┐
    ①明确谈判的    ②创造良好的    ③开局摸底   ④修正谈判计划
      具体事项      谈判气氛
```

图3—2　谈判开局任务

(一)明确谈判的具体事项

谈判的具体事项主要包括目标、计划、进度及成员四个方面的内容。谈判各方初次见面,首先要互相介绍谈判人员的基本资料,包括姓名、职务和谈判角色等;然后谈判各方要明确此次谈判双方共同追求的合作目标,进而根据各自的具体情况,磋商并确定谈判的大体议程和进度,明确需要共同遵守的纪律和共同履行的义务等问题。明确这些具体问题,是为了使谈判各方统一认识、明确规则、安排议程、掌握进度、增进了解。

在明确谈判的具体事项中,一个很重要的任务就是阐明双方的谈判意向和合作目标。这有两种方式:一种是以书面材料阐明,口头补充;另一种则是双方口头陈述。意向阐述时,阐述人应简单扼要地陈述己方的基本意图和目的,突出重点,不要拐弯抹角,要让对方感受到己方的诚意,尽量不要引起对方的不安与反感,尽力创造一致感,避免在开局阶段双方就形成分歧。阐明双方的谈判意向和合作目标时间不宜过长,通常控制在几分钟之内。通常阐述谈判目标和意向时,应涉及以下几点:

(1)我方认为此次谈判应磋商的问题;
(2)我方希望取得的利益;
(3)我方在此次合作中所持的立场。

延伸阅读   开局时谈判意向的阐述

南美拉尔公司因为搬迁,要出售其公司原有的 50 英亩的房地产;华西特公司为扩展公司业务需要再建新的商场,他们看中了这块地皮。两家公司代表很快坐在谈判桌上开始了讨价还价。詹姆斯代表华西特公司作了如下开场意向阐述:

"先生们,我首先阐明我们的立场。这块地皮对我们很有吸引力。我们打算把土地上原来的建筑拆掉再盖起新商场。我们已经同规划局打过交道,相信他们会同意的。现在的关键问题就是时间——我们要以最快的速度在这个问题上达成协议。为此,我们准备简化正常的法律和调查程序。以前咱们从未打过交道,不过据朋友们讲,贵方一向是合作的。这就是本公司的立场,我是否说清楚了?"

拉尔公司代表比利在詹姆斯发言后,做出了如下开场陈述:"那么,下一步由我们发表意见。我们非常愿意出售这块地皮。但是,我们还有些关于在这块地皮上保留现存建筑物的承约,不过这一点是灵活的。我们关心的是价格是否合适。我们也不急于出售,这是我们的态度,大家还有什么不清楚的吗?"

(资料来源:陈锋,杨洪.商务谈判.北京师范大学出版社,2012.)

(二)创造良好的谈判气氛

谈判开局气氛对整个谈判过程起着相当重要的影响和制约作用。良好的谈判氛围能使谈判各方心情愉悦,增进相互间的信任感和合作诚意;紧张的气氛则容易导致双方的戒备和猜忌。谈判气氛是谈判对手之间的相互态度,它能够直接影响到谈判人员的情绪和行为方式,进而影响到整个谈判的各个环节。虽然谈判气氛在谈判不同阶段会呈现不同的状态,但通常在开局阶段形成的谈判气氛最为重要,往往贯穿始终,所以在开局阶段应尽可能营造有利于谈判的环境气氛。

(三)开局摸底

开局摸底是指通过初步接触,探测对方的目标、意图以及可能的让步程度。通过摸底,可以大致了解对方的目标期望值,并进一步发现双方共同获利的可能性。

在开局摸底阶段,双方各自陈述己方的观点和愿望,并提出己方认为谈判应涉及的问题和这些问题的性质、地位,以及己方希望取得的利益和谈判的立场,陈述的目的是要使双方了解彼此的意愿。通过摸底,谈判者应完成下述几项工作:

(1)考察对方的品质;

(2)了解对方的诚意和真实需要;

(3)设法了解对方的谈判经验和作风、对方的优势和劣势,了解对方每一位谈判人员的态度和期望,甚至要弄清对方认为有把握的和所担心的是什么、是否可以加以利用等;

(4)要设法了解对方在谈判中坚持的原则,以及在哪些方面可以作出让步。

双方经过简要的介绍和陈述后,谈判者应注意从对方的言谈举止中去获取对己方有利的信息。要观察对方中有诚意合作和正直坦诚的人,与他们沟通可能事半功倍;同时,还要注意领会对方谈话所包含的信息,这些信息可能反映了对方的真实意图。

(四)修正谈判计划

通过与对方初步接触、洽谈,我们已经获得了许多有关对方的有价值的信息,这时我们应对此作出进一步的和谨慎的分析。我们已经大致了解对方的期望、立场,初步分析了谈判人员的背景、工作作风,双方就一些基本问题已达成了一致意见。与此同时,我们也发现了双方在一些问题看法上的明显差距,这正是我们需要通过进一步谈判予以调整的。既然双方对合作充满诚意,那么我们就应该反省,自己在谈判目标和策略设计方面是否有需要调整的地方?因为任何一项成功的谈判都是双方努力合作的结果,所以我们采取的任何措施也要有助于谈判目标的实现。因此,重新审视与检验一下自己原先在哪些方面估计不足、判断失误并予以修正是理所当然的,这不仅是为了争取谈判中的主动、维护自身利益,也是为了推动整个谈判的合作进程。

至于谈判的规程、计划、进度,双方既已达成一致,则应遵照不误。一个双方认同的谈判目标和计划,会对以后的谈判起到积极的作用。在这个谈判初始阶段,我们已经掌握了一些信息,但我们不要过早地对对方的意图形成固定的看法,对于这些信息,我们还要随着谈判向实质性阶段的过渡而做出更深入的分析。

开局阶段虽然对全局的成败起着重要作用,但时间不宜过长,一般来说,开局时间为准备完成谈判时间的 5% 是适宜的。

二、开局气氛的营造

(一)开局气氛的含义和作用

谈判气氛是指谈判双方通过各自所表现的态度、作风而建立起来的洽谈环境。它是谈判人员进入谈判场所的方式、目光、姿态、动作、谈话等一系列有声和无声的信号在谈判人员大脑中迅速得到的反映。这种反映或是温和友好的,或是紧张强硬的,或是沉闷冗长的,或是活跃顺畅的。因此,每一次商务谈判都有独特的谈判气氛,这可被所有谈判人员清醒地认识到。

谈判气氛通常是在双方开始谈判之初的很短时间内形成的。经验表明,开局阶段所营造的特定的谈判气氛会对整个谈判过程产生重要的影响和制约作用。虽然谈判气氛在谈判不同阶段会呈现不同的状态,但通常在开局阶段形成的谈判气氛最为重要,往往贯穿始终,所以在开局阶段应尽可能营造有利于谈判的环境气氛。良好的气氛具有众多的良好效应:

(1)为即将开始的谈判奠定良好的基础;

(2)传达友好合作的信息;

(3)能减少双方的防范情绪；
(4)有利于协调双方的思想和行动；
(5)能显示主谈人的文化修养和谈判诚意。

(二)开局气氛的类型

开局气氛大体可以分为以下几种类型：

1. 冷淡、对立、紧张的谈判气氛

在该气氛下，双方见面不关心、不热情、目光不相遇、相见不抬头、交谈时语气带双关，甚至带讥讽口吻等，这一类型谈判气氛通常在法院调解和双方利益对立的情况下发生。

2. 松弛、缓慢、旷日持久的谈判气氛

在该气氛下，谈判人员在谈判中表现出漫不经心、东张西望、私下交谈、打瞌睡、吃东西等现象。这种谈判进展缓慢、效率低下，会谈也经常无故中断。有时，内容复杂、问题不易解决的谈判会形成这样的气氛。

3. 热烈、积极、友好的谈判气氛

在该气氛下，谈判人员态度诚恳、真挚，心情愉快，交谈融洽，会谈有效率、有成果。

4. 平静、严肃、严谨的谈判气氛

意义重大、内容重要的谈判，双方态度都极其认真严肃，有时甚至拘谨。每一方讲话、表态都思考再三，决不盲从，会议有秩序、有效率。

(三)开局谈判应有的气氛

良好开局气氛的特点可以总结为"尊重对方、自然轻松、友好合作、积极进取"十六个字，具体如下：

1. 尊重对方

谈判双方在开局阶段要营造出一种尊重对方、彬彬有礼的气氛。出席开局阶段谈判可以有高层领导参加，以示对对方的尊重。谈判人员服饰仪表要整洁大方，无论是表情、动作，还是说话的语气都应该表现出尊重、礼貌，不能流露出轻视对方、以势压人的态度，不能以武断、蔑视、指责的语气讲话，使双方能够在文明礼貌、相互尊重的气氛中开始谈判。

2. 自然轻松

开局初期常被称为"破冰"期。谈判双方抱着各自的立场和目标坐到一起谈判，极易出现冲突和僵局。如果一开始气氛就非常紧张，很容易造成谈判双方在今后的谈判中情绪对立，思想偏激、固执和僵化，不利于细心分析对方的观点，也不利于灵活地运用各种谈判策略。所以，谈判人员在开局阶段首先要营造一种平和、自然、轻松的气氛。例如，随意谈一些题外的轻松话题，松弛一下紧绷的神经，不要过早与对方发生争论。语气要自然平和，表情要轻松亲切，尽量谈论中性话题，不要过早刺激对方。

3. 友好合作

谈判双方要实现双赢，开局的气氛必须是友好合作的，双方都希望在合作中受益，谈判双方实际上不是"对手"，而是"伙伴"。尽管随着谈判的进行会出现激烈的争辩或者矛盾冲突，但双方是在友好合作的气氛中去争辩，不是越辩越远，而是越辩越近。因此，要求谈判者真诚地表达对对方的友好愿望和对合作成功的期望。此外，热情的握手、热烈的掌声、信任的目光、自然的微笑都是营造友好合作气氛的手段。

4. 积极进取

谈判毕竟不是社交沙龙,谈判者都肩负着重要的使命,要付出巨大的努力去完成各项重要任务,双方都应在积极进取的气氛中认真工作。谈判者要准时到达谈判场所,仪表端庄整洁,精力充沛,充满自信,坐姿要端正,发言要响亮有力,要表现出追求进取、追求效率、追求成功的决心,不论有多大分歧、有多少困难,相信一定会获得双方都满意的结果。谈判就在这样一种积极进取、紧张有序、追求效率的气氛中开始。

(四)营造良好的开局气氛的要点

1. 良好的个人形象

在谈判过程中,良好的个人形象表现在精神状态、态度、仪表服饰、个人谈吐、动作表情上。在精神状态上,谈判者应神采奕奕、精力充沛地出现在对方面前,显得自信而富有活力。在态度上,谈判者应诚恳待人,端庄而不矜持,谦逊而不骄满,热情而不轻佻。在仪表服饰上,谈判者应塑造符合自己身份的形象,不应该蓬头垢面。服饰要美观、大方、整洁,尺码合适,颜色不要太鲜艳,式样不能太奇异。由于各国经济发展程度的不同和风俗习惯的差异,服饰方面也无统一标准,但干净、整齐的服饰是必要的。在个人谈吐上,要轻松自如,不要慌慌张张。可谈论些轻松的、非业务性的寒暄性话题,如来访者旅途的经历、天气情况,以及以往共同的经历和取得的成功等。这样的开场白可以使双方找到共同语言,为心理沟通做好准备。实际上,在闲聊中双方能传递无声的信息。这时,从谈判者的姿态上,可以反映出他是信心十足还是优柔寡断,是精力充沛还是疲惫不堪。在动作表情上,谈判者要适当得体,肩膀要放松,目光接触要表现出可亲、可信和自信。心理学家认为,谈判人员心里微妙的变化,都会通过目光表达出来。双方见面时,谈判者应毫不迟疑地伸右手与对方相握。握手虽然是一个相当简单的动作,却可以反映出对方是强硬的还是温和的。在西方,一个人如果用右手与对方握手的同时又把左手放在对方的肩膀上,说明此人精力过于充沛或权力欲过强,对方会认为"这个人太精明了,我得小心一点"。同时要注意,最忌讳的莫过于拉下领带、解开衬衫纽扣、卷起衣袖等动作,因为这将使人产生你已精疲力竭、厌烦等印象。

2. 自然的开场

在开场阶段,谈判人员最好站着说话,小组成员不必围成一个圆圈,而最好是自然而然地把谈判双方分为若干小组,每组中有各方1~2位成员。

3. 合适的开局话题

不要在一开始就提出要求,因为这样很容易使对方的态度即刻变得比较强硬,谈判的气氛随之恶化,双方唇枪舌剑、寸步不让,易使谈判陷入僵局。最好在谈判刚开始时,选择一些友好和中性的话题,谈谈双方感兴趣的新闻,幽默而得体地开开玩笑,还可以安排一些互赠礼品的环节,这样都有助于缓解谈判开始时的紧张气氛,达到联络感情的目的。

任务三 商务谈判的报价

学习导入

哈罗德的喜悦

美国加利福尼亚州一家机械厂的老板哈罗德准备出售他的三台更新下来的数控机床,有一家公司闻讯前来洽谈。哈罗德经理十分高兴,准备开价360万美元,即每台120万美元。当谈判进入实质性阶段时,哈罗德先生正欲报价,却突然停住,暗想:可否听听对方的意见?结果,对方在对几台机床的磨损与故障做了一系列分析评价后说:"我公司最多只能以每台140万美元买下这三台机床,多一分钱也不行。"哈罗德先生大为惊喜,竭力掩饰住内心的喜悦,还装着不满意的样子,讨价还价了一番。最后自然是顺利成交。由于哈罗德让对手先报价,因此使他获得更多的利益。可见,报价的先后对实现各方既定的谈判利益具有举足轻重的意义。

(资料来源:http://blog.sina.com.cn/s/blog_97087a3001018lp7.html.)

相关知识

一、报价的原则

谈判双方在结束了开局阶段非实质性交谈以后,就要将话题转向有关交易内容的正题,即开始报价。报价阶段一般是商务谈判由横向铺开转向纵向深入的转折点。报价以及随之而来的磋商是整个谈判过程的核心和最重要的环节,决定了这笔生意是否能成交,或者一旦成交,盈利能有多少。

这里所说的报价,不是简单指产品在价格方面的要价,而是泛指谈判的一方对另一方提出的所有条件,包括商品的数量、质量、包装、价格、装运、保险、支付、商检、索赔、仲裁等交易条件。其中,价格条件具有重要的地位,因为其余的交易条件最终都会体现在价格的变化上。一般情况下,谈判都是围绕价格进行的。报价的原则如下:

(一)合理确定开盘价

实际谈判过程中的最初报价称为开盘价。对于采购方而言,一般是以不能突破的最低底盘价报出期望值。国内外专家认为:买方在开盘时报出的期望价,理所当然是"最低价",这是因为开盘价给己方今后的报价设置了限制。通常情况下,买方报出了开盘价后,就没有机会再报出更低的价格了。而且开盘买价报得越低,下一步价格磋商的余地就越大,在面对可能出现的意外情况或对方提出各种要求时,就可以做出更为积极有效的反应。

(二)报价应严肃、果断、清晰

报价严肃,可使对方相信报价方的准确性和坚定性;报价时果断、毫不犹豫,这样才能给对方留下我方是认真而诚实的印象;报价要非常清晰,切忌含含糊糊,否则容易使对方产生误解或异议,所以一些重大的谈判中,有必要采取书面报价的形式。

(三)避免主动解释

报价方对所报价格不做主动解释和评论。在对方提出问题前,如果报价方主动解释或说明报价,不仅会暴露报价方的意图、实力等秘密,在对方看来,报价方会显得信心不足。如果对方对你的报价有不清楚的地方或不满意的地方,他们会主动质疑的。

(四)正确选择报价时机

报价的先后对实现各方既定的谈判利益具有举足轻重的意义。应该说,先报价有利有弊。有利的一点是,首先提出自己上界值的一方将对对方心理产生影响,它实际上等于为谈判判定了基准线,在谈判中可支配影响对方的期望值;另一方若不想在谈判刚开始时就使谈判破裂,就很难提出对对方报价变动太大的要求,这实际上是先报价者为谈判画了一个大圈子,最终的合同在这个圈子内展开,而且第一个报盘在整个谈判和磋商中都会持续起作用。另外,如果已方报盘不在对方的预料之内,也往往会打乱对方的计划、动摇对方的军心、减弱对方的自信,所以,先报价比后报价影响要大得多。但是先报价也有很大的风险,那就是,很可能我们提出的要求不够高,这样我们可能丢掉很大一块蛋糕,也可能我们开始时的要求过高,使对方认为没有足够的诚意,并可能导致对方对我们的信誉产生怀疑。如果后报价,显然就不存在先报价的风险,可以后发制人,但也失去了先报价的优势。

那么,到底是应该先报价,还是等待对方开价后再还价,这无论是对于买方还是卖方都是没有定论的问题。一般来说,是否先报价应考虑以下因素:

1. 谈判者对谈判标的和市场行情的了解

如果谈判者准备充分、知己知彼,就要争取先报价;如果谈判者不是行家,而对手是,则谈判者要沉住气,后报价,从对方的报价中获取信息,及时修正自己的想法。如果你的谈判对手也是外行,这时,不管你是不是行家,都要争取先报价,以便牵制、诱导对方。

2. 谈判人员的经验

如果双方谈判人员都拥有丰富的谈判经验,那么彼此驾驭谈判活动的机会是较为均等的,谁先报价一般都无碍大局。如果对方是谈判专家,而己方人员缺乏必要的谈判经验,则让对方先报价可能更为有利。因为在这种情况下,应避免过早暴露己方的弱点,不使对方在一开始就向本方施加压力。

3. 商业习惯

一般的商业习惯是,发起谈判的一方通常应先行报价。在有些商务谈判中,报价的先后次序也有一定的惯例,比如货物买卖谈判,多半是由卖方先报价,买方还价,与之相反的做法则比较少见。

4. 与谈判者的关系

谈判对方如果是老客户,双方有较长时间的业务往来,彼此比较信任,合作气氛较浓,而且双方合作得不错,那么谁先报价就无所谓了。

二、如何对待对方的报价

在对方报价时,要想在后面的报价中更为有利,就应该正确对待对方的报价。

在对方报价的过程中,切忌干扰对方的报价,而应认真听取,完整、准确、清楚地把握对方报价的内容。在对方报价结束后,我方应将对对方报价的理解进行归纳总结,并加以复述,以确认自己的理解准确无误,对不清楚的地方可以要求对方予以解答。同时,我方还可以要求对方对所报价格的构成、报价依据、计算的基础以及方式方法等作出详细的价格解释,以此来了解对方报价的实质、意图和诚意,从中寻找破绽,为我所用。在对方完成价格解释后,要求对方降价,在实在得不到答复的情况下可提出自己的报价。

延伸阅读　　　　　　**欧式报价术和日式报价术**

在国际商务谈判中,有两种比较典型的报价战术:欧式报价术和日式报价术。

欧式报价术的一般模式是:首先提出留有较大余地的价格,然后根据买卖双方的实力对比和该笔交易的外部竞争情况,通过给予各种优惠,如数量折扣、价格折扣等来逐步软化和接近买方的市场和条件,最终达成交易的目的。实践证明,这种报价方式只要能稳住买方,往往会有一个不错的结果。

日式报价术的一般做法是：将最低价格列在价格表上，以求首先引起买方的兴趣。由于这种低价格一般是以对卖方最有利的结算条件为前提条件的，并且在这个低价格的交易条件下，各个方面都很难全部满足买方的需求，如果买方要求改变有关条件，则卖方便会相应地抬高价格。因此，买卖双方最后的成交价格往往高于价格表中的最低价格。

在面临众多卖家竞争的时候，采用日式报价可以排斥竞争对手而把买方吸引过来，取得与其他卖主竞争中的优势和胜利；而聪明的买家也不愿陷入日式报价的圈套。避免陷入日式报价圈套的最好做法是：把对方的报价内容与其他卖家的报价内容进行一一比较，从而判断其报价与其他卖家的报价是否具有可比性。如果在对比中发现内容不一致，即从中判断其内容和价格的关系，不可盲目从事。切忌只注意最后的价格，在对报价的内容没有进行认真的分析、比较的情况下，匆忙决策，造成不应有的被动和损失。另外，即使某个卖家的报价的确比其他卖家优惠，富有竞争力，也不要完全放弃与其他卖家的接触和联系，要知道，这样做实际上就是要给对方一个持续的竞争压力，迫使其继续作出让步。

以上两种报价术，虽说日式报价术较欧式报价术更具有竞争力，但它不适合买方的心理，因为一般人总是习惯于价格逐步降低，而不是不断提高。因此，对于那些谈判高手，会一眼识破日式报价者的计谋，而不至于陷入其制造的圈套。

任务四　商务谈判的磋商

学习导入

改变付款方式

M公司是G公司的原材料供应商，双方已经有了多年的合作关系，相互配合比较融洽。由于石油涨价，引起了M公司的成本大幅度提高。现在又到了两家公司每季度供应价格谈判的时候，根据惯例，M公司的报价按石油涨价的幅度提高了供应价格。但G公司不同意涨价，要求维持原来的价格。通过多轮磋商，没有进展。M公司销售部负责该项目的经理和市场部进行了仔细研讨，发现G公司最近的资金流有问题，应收账款放大得很快。M公司作为战略合作伙伴，不能坐视不管。因此，在谈判中主动提出改变付款方式，从原来预付30%货款，改成预付20%的交易方式。这样减轻了G公司的现金压力，同时使其资金周转加快。方案提出后，G公司没有提出任何异议，并很快接受了因石油涨价而引起的原材料涨价的事实。在M公司和G公司的谈判磋商中，卖方并没有把谈判焦点只放在价格上，而是找出G公司不接受涨价的原因，从其他方面给予买方优惠，使双方能顺利达成协议。这也提示我们价格条款是与其他条款有内在联系的，当价格谈判陷入僵局时，聪明的谈判者应学会在其他条款上适当作出让步，从而推动谈判的顺利进行。

（资料来源：http://wenku.baidu.com/view/846c5d670b1c59eef8c7b443.html.）

相关知识

在商务谈判中，当一方报价后，很少出现另一方马上接受的情况。通常，买卖双方要经过一番讨价还价,最后才能达成协议。这个讨价还价的过程就是商务谈判的磋商过程。它是谈判的关键阶段,也是最困难、最紧张的阶段,并且在这个阶段,谈判的策略和技巧也是最丰富多彩的。在这一阶段,谈判人员要掌握其规律和特点,为己方争取更多的利益。

一、磋商原则

(一)把握气氛

进入磋商阶段以后,谈判双方要针对对方的报价讨价还价。双方之间难免会出现提问和解释、质疑和表白、指责和反击、请求和拒绝、建议和反对、进攻和防守,甚至会发生激烈的辩论和无声的冷场。因此,开局阶段已经营造出友好合作的气氛,进入磋商阶段后仍然要保持好这种气氛。只有在这种良好的合作气氛中,才能使磋商顺利进行。这就需要谈判者既要自我约束,杜绝粗暴的、任性的、骄横的做法,又要尊重对方、礼貌待人。

(二)把握次序逻辑

把握次序逻辑是指按磋商议题内含的客观次序逻辑,来确定谈判的先后次序和谈判进展的层次。在磋商阶段,双方都面临着很多需要沟通的议题,如果不分先后次序,不讲究磋商进展的层次,想起什么就争论什么,就会毫无头绪,造成混乱,毫无效率可言。因此,必须按照一定的规律来确定谈判议题的先后次序。

1. 议题的合理排序

各谈判议题有天然的内在因果关系。只有正确排序,才会提高谈判效率。双方在磋商开始时要确定几个主要的议题,按照其内在逻辑关系确定先后次序,然后逐题磋商。具体排列议题顺序时,可以先磋商对其他议题有决定意义的议题,对此议题达成共识后再讨论其他议题;也可以先磋商双方容易达成共识的议题,将问题比较复杂、双方认识差距大的议题放在后面讨论。

2. 论述的层次顺序

这是纵向的逻辑次序,是指对于单个议题的磋商,谈判者也要注意磋商的逻辑次序,要考虑将最容易讲清楚、最有说服力的内容作为磋商的切入点,避免在一些不容易说清楚的话题上争论不休,影响重要问题的磋商。比如价格问题就涉及成本、市场供求和比价等多方面内容,先用比价论述,再做成本分析比较合适。

(三)把握节奏

磋商阶段的谈判节奏要稳健,不可过于急促。因为这个阶段是解决分歧的关键时期,双方对各自观点要进行充分的论证,许多认识有分歧的地方要经过多次交流和争辩,而且对某些关键问题经过一轮谈判不一定能达成共识,要多次的重复谈判才能完全解决。一般来说,双方开始磋商时节奏要放慢一点,因为此时双方都需要时间和耐心倾听对方的观点,了解对方,分析研究分歧的性质和解决分歧的途径。关键性问题涉及双方的根本利益,双方必然会坚持自己的观点,不肯轻易让步,还有可能使谈判陷入僵局,所以磋商要花费较多的时间。谈判者要善于掌握节奏,不可急躁,应稳扎稳打、步步为营,一旦出现转机,要抓住有利时机不放,加快谈判节奏,不失时机地消除分歧,争取达成一致意见。

(四)注重沟通和说服

磋商阶段实质上是谈判双方相互沟通、相互说服、自我说服的过程。没有充分的沟通、没有令人满意的说服,不会产生积极成果。首先,双方要善于沟通。这种沟通应该是双向的和多方面的,既要善于传播己方信息,又要善于倾听对方信息,并且积极向对方反馈信息。没有充分的交流沟通,就会在偏见和疑虑中产生对立情绪。沟通的内容也是多方面的,既要沟通交易条件,又要沟通相关的理由、信念、期望,还要交流情感。其次,双方要善于说服。要充满信心来说服对方,让对方感觉到你非常感谢他的协作,而且你也非常乐意努力帮助对方解决困难。要让对方真正感觉到赞成你是最好的决定。说服的准则是从求同开始,解决分歧,达到最后的求同,求同既是起点,又是终点。

二、讨价技巧

在谈判中,当卖方已报价且针对买方的问题作出价格解释后,买方如果认为离自己的期望目标太远,或不符合自己的期望目标,必然会要求对方改善报价。这是讨价的环节。而卖方重新报价后,买方会对卖方的重新报价进行还价,这一阶段会重复多次,这就是谈判中的讨价还价的环节。当双方激烈争论、僵持不下时,双方有一方就必然要让步,或者双方都调整己方的期望值。这就形成了磋商过程中的让步环节。综上而言,谈判的磋商过程可分为讨价还价的环节和妥协让步的环节。

(一)讨价的方式

讨价的方式基本上分为两种:笼统讨价和具体讨价。两种方式各有所用,应视具体条件而用。

1. 笼统讨价

即从总体条件上或从构成技术或商业条件的所有方面提出重新报价的要求。该种讨价方法常常用于对方报价后的第一次要价,也可以用在最后结束时的要价,或在交易复杂又缺乏可比而详尽资料的情况下使用该方法,从宏观的角度去压价,笼统地提出要求,而不泄露你已掌握的准确材料。

2. 具体讨价

即就分项报价内容,逐一要求重报改善价格条件的做法。选择该种方法的条件为:可比资料充足,对手要求具体讨价,第一次笼统讨价后,报价条件存在问题较多。具体讨价的要求在于准确性和针对性,在做法上是将具体的内容分成几块。分法可以按内容分,如运输费、保险费、技术费、设备条件、资料、技术服务、培训、支付条件等;也可以按评论结果分,以各项内容的水分多少归类,水分多的放在一类,少的放在另一类。分类、分块的目的在于要求体现"具体性",分类是要求准确性的务实做法。只有分成块才好予以不同程度、不同理由的讨价。在具体讨价时,一般从水分最多的那一交易条件开始讨价。

(二)讨价的次数

一般每一次讨价,如果能得到一次改善的报价,则对买方有利。不过,所有的卖方都会坚守自己的价格立场。那么买方讨几次价为妥呢?这应根据价格分析的情况与卖方价格解释和价格改善的状况而定。只要卖方没有大幅度的明显让步,就说明他留有很大的余地;而且只要买方有诚意,卖方就会再次改善价格。只有不被卖方迷惑,买方才有可能争取到比较好的价格。

卖方为了自己的利润,一般在做了两次价格改善后就不会再报价了,他们通常以委婉的方式表达不可以再让了,如"这是我最后的立场"、"你们若是钱少,可以少买些"等。此时,买方要注意卖方的动向,不应为之迷惑而有所动,只要卖方没有实质性改善,买方就应根据报价的情况、虚头的大小、来人的权限、卖方成交的决心、双方关系的好坏等,尽力争取。

三、还价技巧

(一)还价的基本要求

1. 做好准备

谈判不是一个简单的压低价格的过程。它必须建立在企业的利益分析、市场调查和货比三家的基础上,由此确定自己的还价。同时,准备工作还应包括以下两点:

(1)规范条件:如双方差距是以数字表示,则应确定是以万元(内贸)、万美元(外贸)还是以百分数(%)表示,彼此统一,便于还价时说条件。

(2)清理分歧:清理分歧数量与分量,这个工作可以双方一起做,彼此核对,确认分歧情况,也算是前一阶段谈判的小结;也可以单方面清理,不过此时应小心,即别把达成协议的问题当分歧,也别把分歧当成协议。

2. 步步为营

讨价还价时应根据成交条件顽强谈判,出手不松。出手时间可依对方松紧而调整,即对方先出手,我方后出手,对方坚持,亦随之;也可依己方目标实现情况及我方所掌握的情况而自定时间,如在对方出两手后再出一手,或己方出两手而要求对方必出一手,此间既应谨记最低追求目标,又突出紧逼对手的强健谈判作风。

3. 统筹兼顾

由于价格既涉及技术问题,又涉及策略问题,包含的内容非常广泛,因此,在讨价还价中,不能仅仅只把目光集中在价格上,应当通盘考虑,把价格与技术、商务等各个方面结合起来,统筹兼顾,所有的条件都可作为还价时进退交换的筹码,这样才能使谈判更加富有意义,同时也可以缓和还价中存在的难度和矛盾。

(二)还价起点的确定

还价起点即买方的初始报价。它是买方第一次公开报出的打算成交的条件,其高低直接关系到自己的经济利益,也影响着价格谈判的进程和成败。

1. 还价起点确定的原则

确定还价起点有两个原则。第一,起点要低。还价起点低能给对方造成压力,并影响和改变对方的判断及盈余的要求,能利用其策略性虚报部分为价格磋商提供充分的回旋余地和准备必要的交易筹码,对最终达成成交价格和实现既定的利益目标具有不可忽视的作用。第二,还价起点要接近成交目标,至少要接近对方的保留价格,以使对方有接受的可能性,否则太低的话对方会失去交易兴趣而退出谈判,或者己方不得不重新还价而陷入被动。

2. 还价起点确定的参照因素

还价起点确定的参照因素有两个。一个为报价中的含水量。价格磋商中,虽然经过讨价,报价方对其报价作出了改善,但改善的程度各不相同,因此,重新报价中的含水量是确定还价起点的第一项因素。对于所含水分较少的报价,还价起点应当较高,以使对方同样感到交易诚意;对于所含水分较多的报价,或者对方报价只作出很少的改善,便千方百计要求己方立即还价者,还价起点就应该低,以使还价和成交价格的差距同报价中的含水量相适应。同时,在对方的报价中,会存在不同部分含水量的差异,因而还价起点的高低也应有所不同,以此可增加还价的针对性并为己方争取更大的利益。另一个为成交差距。对方报价与己方准备成交的价格目标的差距是确定还价起点的第二项因素。对方报价与己方准备成交的价格目标的差距越小,其还价起点应当越高;对方报价与己方准备成交的价格目标的差距越大,还价起点就应越低。当然,不论还价起点高低,都要高于己方准备成交的价格,以便为以后的讨价还价留下余地。

(三)还价的策略

还价时,可以运用各种策略。如"投石问路"、"小处着手"、"利用竞争"、"挑剔还价"等。"投石问路"即向对方提出改变各种交易条件,例如,假如我们的订货数量加倍或减半呢?假如我们以现金支付呢?假如我们自己提货呢?假如我们与你签订长期合同呢?以此试探对方降价的空间。"小处着手"即采取分批还价的方式,从双方差距小的部分先着手还价,这样容易产生共识,树立谈判的信心。"利用竞争"则是采取货比三家的技巧,通过摆出卖家竞争对手的价格,或者流露出可能与卖家竞争对手合作的可能性,来促使卖方降价。"挑剔还价"则是买方故意挑剔卖方产品的问题,以此压低卖主的报价。

延伸阅读　　　　　　　　　**还价的技巧**

买方:"您这种机器要价 750 元一台,我们刚才看到同样的机器标价为 680 元,您对此有什么话说吗?"

卖方:"如果您诚心想买的话,680 元可以成交。"

买方:"如果我是批量购买的话,总共买 35 台,难道您也一视同仁吗?"

卖方:"不会的,我们每台给予 60 元的折扣。"

买方:"我们现在资金比较紧张,是不是可以先购 20 台,3 个月后再购 15 台?"

卖主犹豫了一会,因为只购买 20 台,折扣是不会这么高的。但他想到最近几个星期不甚理想的销售状况,还是答应了。

"那么,您的意思是以 620 元的价格卖给我们 20 台机器?"买主总结性地说。

卖主点了点头。

"为什么要 620 元?凑个整儿,600 元一台,计算起来省事,干脆利落,我们马上成交。"

卖主想反驳,但"成交"二字对他颇有吸引力,几个星期完不成销售定额任务可不好受,他还是答应了。

买主通过各个角度,让卖主不知不觉中积累微小的让步,积少成多,最终达到买主的心理价位。

(资料来源:陈锋,杨洪.商务谈判.北京师范大学出版社,2012.)

四、让步技巧

在商务谈判磋商阶段,对己方条件做一定的让步是双方必然的行为。如果谈判双方都坚持自己的阵线不后退半步,谈判永远也达不成协议,谈判追求的目标也就无法实现。谈判者都要明确他们要求的最终目标,同时他们还必须明确为达到目标可以或愿意做出哪些让步,以及做多大的让步。让步,体现了谈判者用主动满足对方需要的方式来换取己方需要的精神实质,是磋商交易阶段重要的事情。以什么方式、在什么时间让步并不容易把握,因为让步直接牵涉到利益的问题,所以,在让步时应做到通盘考虑。

(一)让步的原则

(1)不要做无谓的让步,每次让步都是为了换取对方在其他方面的相应让步。对于买方来说,可要求卖方在付款方式、供货周期、提供运输、后期技术服务、包装等方面做出让步。

(2)让步要恰如其分,使己方较小的让步能给对方以较大的满足,而且要使对方觉得己方让步不是件轻松的事,这样对方就会珍惜所得到的让步。

(3)在己方认为重要的问题上要力求对方先让步,而在较为次要的问题上,根据情况的需要己方可以考虑先做让步。

(4)不要承诺做同等幅度的让步。例如,对方在某一条款项目上让步60%,而己方在另一项目上让步40%。假如对方要求你也应该让步60%,则己方可以其他理由来拒绝。

(5)做出让步时要三思而行,不要随随便便、掉以轻心。谈判者要知道,每一次让步都实实在在地包含着己方的利润损失或者成本增加。

(6)在价格上做了不妥的让步,那就该当机立断,可以寻找理由借口推倒重来,以免错过时机。

(7)一次让步的幅度不要过大,节奏不宜太快,应做到步步为营。因为一次让步太大会使人觉得己方这一举动是处于软弱地位的表现,会建立起对方的自信心,让对方在以后的谈判中掌握主动。

(二)让步的时机

让步时机有三个:

(1)以退为进。经过双方较量,己方已有收获,即对方已有让步,如果己方想再有所收获,则需做出让步,此时应退。

(2)无理则退。经过论战,己方理不如人,并且已难说服对方让步。此时若不退,就会大损形象,故此时己方应退。

(3)全局需推动力时退。当双方僵持太久、厌战、失望情绪充斥谈判间,谈判人员心情烦闷,而谈判需有结果,不越过眼前障碍则危及将来成果时,需主动考虑退。不过,主动出手时要慎选出手的项目与条件。原则上注重效果,不注重出手分量。在对方把某些妥协作为前提,如有"不同意×问题,其他免谈"、"我方已让到头了,贵方不让步,谈判无法进行"等说法时,出手条件可能会具有相当分量。此时,可以考虑拖延出手时间,拖延的目的是等到有明确相关条件后再谈,相当于在次要问题上进几步后再出大手笔,以平衡出手分量。

(三)让步的方式

在商务谈判中,受到谈判标的物的特性、市场供求状况、谈判策略、谈判双方的经验和谈判风格等因素的影响,让步方式会各不相同。比较常见的有八种,以买卖双方准备让步40元、分四步完成的情况来举例,具体见表3-1。

表3-1　　　　　　　　　　　　八种常见的让步方式

序号	第一步	第二步	第三步	第四步
1	0	0	0	40
2	40	0	0	0
3	10	10	10	10
4	18	12	7	3
5	8	2	12	18
6	20	10	2	8
7	30	2	0	8
8	20	20	10	-10

以上几种方式分别适用于不同的情况,对于新手来说,第四种让步方式自然、符合人们的让步习惯,是最为常用的让步方式。

任务五　商务谈判的结束

学习导入

谈判的结束

在某项重大的技术改造项目中,我们初步确定与 A 国和 B 国合作。当我方认为应当结束实质性谈判时,A 国和 B 国的外商在工程的总造价上坚持不让步。于是,我方决定提前出访我国香港,考察由 C 国负责的我国香港同类工程。我国香港的这个工程是至今世界上经营得最成功的。由于我们访问我国香港,而 C 国方面又对我们表现出相当的热情与兴趣,因此一直关注这一切的 A 国和 B 国终于按捺不住了,预感到如再不做出最后让步就要失去这个项目了。于是,A 国负责这个项目的总经理先是打电话给我方要求安排会谈,而后又带了三个人赶到我国香港欲和我们接触。而 B 国公司也派了两个人紧急来港,并一再要求会见我方代表,我方则多次以日程安排紧张为由予以婉拒。最后,我方代表在离港前才在机场大厅单独与 A 方代表会见。A 国和 B 国唯恐项目被 C 国抢去,很快以优惠条件主动提出签约。此例中我方通过到香港考察,促成交易尽快达成,保住了我方的既得利益。

(资料来源:http://www.tradesky.net/index.html.)

相关知识

一、结束谈判的方式

商务谈判的结束方式有三种:达成协议、谈判中止以及谈判破裂。

（一）达成协议

随着磋商的不断深入,谈判双方在越来越多的事项上达成共识,彼此在立场与利益等方面的差距逐步缩小,交易条件的最终确立已经成为双方共同的要求,此时商务谈判将进入成交阶段。这种方式是谈判理想的结局。

（二）谈判中止

谈判中止则是指双方在部分交易事项上并未达成一致意见,而由双方约定或单方提出暂时停止谈判,并约定将问题留待将来某个时间解决。导致谈判以这种方式结束的原因无非有两种:一种是双方经过尽力地磋商,但由于利益目标差距过大而始终无法达成共识,不得不暂时中止谈判;另一种则是客观环境的变化使本次谈判已无继续下去的必要。这种结束方式并不意味着谈判的失败,双方仍保持着友好的关系,为今后的合作埋下了伏笔。因此,从另一个角度来看,也算是一次成功的谈判。

（三）谈判破裂

谈判破裂则是指交易双方经过最后的努力仍然不能达成共识或签订协议,双方友好话别或愤然离去,从而结束谈判。虽然谈判破裂是令人不快的结局,但是应注意不能将对方视为敌人,而应遵循基本的商务礼仪要求结束谈判,保持一种正常人之间的礼貌。所谓"生意不成友谊在",朋友当然越多越好,即使这次不能合作,今后在其他项目上,双方也有合作的可能。

二、结束谈判的信号与总结

（一）结束谈判的信号

在认为该结束谈判的时候发出信号,有助于尽快结束谈判。谈判者通常使用的信号有如下几种：

（1）用最简洁的语言表明立场。比如"对"、"不行"、"是",不谈论依据,向对方表明没有任何妥协余地。

（2）向对方说明自己最后的立场。比如"这是我最后的意见"、"这是我们研究再三的建议,就到此为止吧"等。

（3）通过身体语言发出结束信号。如阐明立场时,用坚定的、不容置疑的语调,坐直身体,双眼直视对方,双臂交叉,将文件放置一边,不卑不亢。

（4）帮助对方分析他所得到的利益,并告知他现在结束对他最有利。

（二）结束谈判的总结

无论哪种结束方式,都需要在结束的时候进行总结,如果双方能达成协议或者今后有再度谈判的意向,则需起草备忘录。

在谈判快结束时,双方已对多方面的内容和条款进行了协商。此时,有必要就整个谈判过程、谈判内容作一次回顾,以便最后确认双方在哪些方面达成了一致,以及对于那些没有达成共识的问题是否有必要作最后的磋商与妥协。即使最小的谈判也不可能只面对单一的问题,特别是大型谈判遇到的是大量需要解决的问题,而且内容面广,又那么具体,如果不进行回顾和总结,在起草合同时,双方或一方往往会不断推翻以前的结论,不断提出新的意见。所以,在最后阶段,应对所谈论的各项内容做一个双方意见的总结,并将意见以备忘录的形式记录下来,给参与谈判的各方过目。如果各方对备忘录的内容没有异议,则可起草谈判合同或协议。如果谈判最终没有对具体的细节达成协议,也可以将双方某些已达成一致意见的原则性问题用备忘录的形式记录下来,以作为下一次谈判参考的资料。

总结中经常会遇到两种情况：

（1）谁来总结。为了自身的利益,双方都愿意主动来总结,这就需要协商了。总结的一方会主动考虑各种提法和用词,另一方可不能掉以轻心,即使没有参与总结,但对每句话、每个词都要认真对待,防止出现遗憾。

（2）反悔。到了总结的时候,一方或者双方都可能出现反悔,当然全盘否定的情况很少,但对其中某个问题或几个问题的否定是经常发生的。反悔的一方会提出各种理由来说明以前的结论有问题,需要重新考虑。这种情况下往往会引起争论和辩解,大多数的结果是再一次进行协商,重新安排谈判计划。

综上所述,总结是很艰难的一个环节,但又是结束谈判必须经过的一环。

在谈判结束的三种方式中,交易达成是最令人兴奋的,需要做的工作也是最多的,因此下面着重介绍交易达成应遵循的原则与应完成的任务。

三、交易达成应遵循的原则与应完成的任务

(一)应遵循的原则

1. 力求尽快达成协议

谈判成交阶段是谈判者最容易出问题的阶段。俗话说,"夜长梦多",已商讨过的内容和条件如果不尽快以协议的形式取得双方的共识,有可能会反复磋商。谈判的成果要靠严密的协议来确认和保证,协议是以法律形式对谈判成果的记录和确认。所以,在交易达成阶段的首要任务就是尽快将已取得的谈判成果达成协议,取得双方的确认,加强双方责任感。

2. 尽量保证已取得的利益不丧失

经过长时间紧张的谈判,谈判者认为谈判已大功告成,紧张的情绪松弛下来,此时的精力已不充沛,注意力很容易分散,判断很容易出现差错和漏洞,给谈判留下隐患。谈判对手也有可能对自己磋商阶段的让步反悔,所以在最后阶段,要尽量保证已取得的利益不丧失。

3. 争取最后的利益收获

通常,在双方将交易的内容、条件大致确定,即将签约的时候,精明的谈判人员往往还要利用最后的机会,争取最后的一点收获。在成交阶段取得最后利益的常规做法是:在签约前,突然提出一个小小的请求,要求对方再让出一点点。由于谈判已进展到签约的阶段,谈判人员已付出很大的代价,也不愿为这一点点小利而伤了友谊,更不愿为这点小利重新回到磋商阶段,因此,往往会很快答应这个请求,尽快签约。

(二)应完成的任务

在总结后,交易达成阶段就需要草拟合同并审核,最后双方签订合同。

1. 草拟谈判合同或协议

在各类商务谈判中,都需要签订书面合同,书面合同由哪一方草拟并无统一规定,但在我国涉外商务谈判中,习惯上都争取由我方负责草拟。参加谈判的业务人员必须具备草拟合同的知识和技能。在实际货物买卖谈判中,书面合同往往采用我方或对方印好的现成格式加以填写。

2. 审核合同并签字

正式合同文本书写完毕后,谈判双方就应进行正式签字,但签字前应该进行审核。其主要内容包括合法性审核、有效性审核、一致性审核、文字性审核和完整性审核五个方面。其中,合法性审核即审核此次经济谈判是否为合法行为,有关批准手续是否完备;合同内容是否合法,有无与法律法规及国际惯例相冲突、相违背之处。有效性审核包括两层含义:一是双方谈判者有无签署合同的全权;二是合同内容有无互相矛盾或前后否定之处。一致性审核即审核合同文本与谈判内容的一致性。文字性审核即审核合同文字是否严谨、准确地表达了谈判内容。完整性审核即审核合同条款是否有任何遗漏或省略,不能以心领神会、交情友谊来代替合同条款。审核合同时,为保证合同审核的有效性,应有 2~3 人进行,以便互相检验,并且反复审核若干次,确保万无一失。签署前的审核应当双方同时进行。

此外,签字时应注意签字人的权限。通常合同签署者必须是企业法定代表人或被授权的企业全权代表,授权证书应由企业法定代表人签发。若主谈者具有此两种身份中的任何一种,可直接签署合同;反之,则应由企业法定代表人签署,或取得充分授权后签署合同。合同附件多为业务性的实施细则或技术细则,一般由企业业务部门负责人或技术部门负责人签署,不宜由企业负责人包揽。

四、谈判后的管理

(一)谈判总结

谈判结束后,不管是成功还是破裂,都要对过去的谈判工作进行全面、系统的总结。谈判结束后的总结工作往往被人们所忽视,实际上它对于做好今后的谈判工作是十分必要和非常有益的。谈判结束后的总结应包括以下内容:

(1)我方的战略。包括谈判对手的选择、谈判目标的确定、谈判小组的工作作风等。

(2)谈判情况。包括准备工作、制定的程序和进度、采用的策略和技巧等。

(3)我方谈判小组的情况。包括小组的权力和责任的划分、成员的工作作风、成员的工作能力和效率,以及有无进一步培训和增加小组成员的必要性等。

(4)对方的情况。包括工作作风、小组整体的工作效率、各成员的工作效率和特点、所采用的技巧和策略等。

(二)关系维护

合同签字并不意味着交易双方关系的了结,相反,它表明双方的关系迈上了一个新的台阶。从近期来讲,合同把双方紧紧地联系在一起;从远期来讲,该次交易为今后双方继续合作奠定了基础。因此,为了确保合同得到认真彻底的履行,以及考虑到双方今后的业务关系,应该安排专人负责同对方经常联系,谈判者个人也应和对方谈判人员保持经常的私人交往,使双方的关系保持良好的状态。

(三)谈判资料的管理

对谈判的资料,包括总结材料,应编制成客户档案,善加保存。这样,在今后再与对方进行交易时,上述材料即可成为非常有用的参考资料。

在保存资料的同时,还应就有关资料的保密工作进行恰当的安排。比如有关谈判的资料,特别是关于本方的谈判方针、策略和技巧方面的资料,如果被对方所了解,那么,不仅为对方在今后的交易中把握我方的行动提供了方便,而且也可能直接损害目前合同的履行和双方的关系。

学习自测

一、选择题

1. 谈判报价的原则为(　　)。
   A. 合理制定开盘价　　　　　　　B. 避免主动评论
   C. 报价应严肃、果断、清晰　　　D. 报价后即主动评论

2. 在磋商过程中,还价的基本要求是(　　)。
   A. 做好准备　　　B. 步步为营　　　C. 统筹兼顾　　　D. 做好保密

3. (　　)是采购合同的主要条款。
   A. 专利　　　　　B. 标的　　　　　C. 运输　　　　　D. 不可抗力

4. 违约责任的基本形式有(　　)。
   A. 不履行　　　　B. 不适当履行　　C. 延迟履行　　　D. 提前履行

二、判断题

1. 商务谈判就是不能考虑对方利益,想尽办法压榨对方。(　　)

2. 谈判开局时可根据双方的实力地位、以往的合作情况营造不同的开局气氛。（   ）
3. 谈判报价时应等对方先报价，防止己方报价不符合市场价格。（   ）
4. 如果签订合同的双方关系良好，为提高效率，有些条款则可心领神会，不写入合同。
（   ）
5. 如果合同中规定了违约金条款和定金条款，一方违约时，则可两者并罚。（   ）

三、简答题
1. 谈判开局阶段的基本任务是什么？
2. 磋商阶段谈判人员要掌握什么原则？
3. 谈判气氛有哪几种类型？

案例分析

高频调谐器生产线交易条件的谈判

中国 A 公司和日本 B 公司谈判引进 B 公司高频调谐器生产线的交易。B 公司有位专务——X 本部长——随谈判组到北京参与谈判。双方谈判人员在北京就技术条件、技术费、专家指导费、生产设备清单、设备费、技术服务内容等进行了深入的谈判。对技术条件达成了一致，对生产设备清单、技术服务内容基本上说清了，也无太大的分歧。当双方谈判到技术费和专家指导费时，分歧很严重。B 公司认为 A 公司不重视其技术和人才，十分气恼。设备费也谈不下去，中途停下，B 公司谈判组决定回国。A 公司主谈做了一些解释工作，但也没阻拦 B 公司谈判组回国，只是提出，临行时给他们安排送别宴会，若可能，届时请来其上司与 B 公司话别。B 公司主谈及领导表示同意。

晚宴上，A 公司领导热情介绍了各种中国菜的特色，说一些笑话，逐一向每位 B 公司谈判成员敬酒，说他们辛苦了，并与 B 公司领导交流双方公司的经营情况、个人爱好等，气氛十分融洽。席到尾声，A 公司领导说："天下没有不散的筵席，我知道贵方因为谈判分歧大，准备回国。不知临走之前，我还能帮助你们做些什么？"这时，B 公司领导对 A 公司主谈贬低其技术和人才的做法表示不满。A 公司领导说："我的理解是技术性的问题都谈清了，双方理解没问题，只是在评价上有分歧是吗？"B 公司 X 本部长说："是的。"A 公司领导说："如果是这样，说明双方还是互相尊重的，这里有误会，可以解决，不必以一走而明志，这样更解决不了问题。"B 公司 X 本部长说："我们也是抱着交易的诚意来的，贵方人员一再贬低我方，就难以往下讨论了。互相理解、体谅地商量事情，我们也愿意啊！"听到这儿，A 公司主谈想了想，很轻松、随和地说："X 本部长，请您听一下，看我的理解对不对。到目前为止，技术条件、生产设备选型、技术规格、数量、专家人数、时间、转让的技术内容已谈完，原则上没有太大分歧。技术费、设备费、专家指导费均讨论过，双方也有一定的改善，设备费分歧较小，技术费和专家指导费分歧较大。如果解决分歧大的问题，贵我双方也就成交了。"X 本部长说："您归纳得很好，目前谈判形势的确如此。"A 公司领导说："若如此，我认为贵方一走了之太可惜了。况且，双方合作可以解决专家指导费和技术费。这样，专家指导费我方做些让步，技术费请贵方让点。交易成功了，也算做广告，将来多做合同，再多赚钱。X 本部长，您看如何？"X 本部长沉默了一会，表示："好，就按您的意思办。"A 公司领导举起酒杯又敬了中日两个谈判组成员一杯："剩下的事拜托各位去谈，有什么问题，我愿意随时来。"

B公司人员留下了，次日接着谈。A公司对专家指导费做了让步，B公司降低了技术费，设备费双方互让一步，成交了。

（资料来源：http://3y.uu456.com/bp—q674a8bcfd0a7qs63c1e72bb—5.html.）

问题：(1) A公司的领导和主谈者在宴会上的说话起到了什么作用？

(2) 你从中受到什么启发？

实训项目

实训目的：让学生熟悉谈判流程，熟悉各谈判阶段的任务。

实训背景：M牛奶公司拥有几处奶牛场。该公司在某市有两个客户，即A公司及其竞争对手B公司，这两家公司都是牛奶配送公司，拥有众多订户。M牛奶公司以瓶装牛奶向两家公司供货。此时，另外一家鲜奶农场也想把产品打入某市，并已与A公司接触，其所报奶价比M牛奶公司便宜10%。并且，该农场在该市郊区已有少量零散订户。

A公司一方面觉得农场的奶价比较便宜，另一方面，又怕农场以直接向用户供奶的方式与自己竞争，所以正在考虑是否与其签约。

鲜奶农场的弱点：场址距市区较远，位于该市北边21英里处。如不在市区附近新建冷藏装瓶厂，则直接向用户供奶一时还难以做到。

M牛奶公司在该市有几所转运站，A公司可就近从转运站提货。转运站都是凌晨4时开门，能保证A公司在上午7时以前将鲜奶送到订户门口。要是零星买奶的人多，公司的汽车即使再拉一趟也不会误事。这是向鲜奶农场订货所做不到的，因为距离毕竟有21英里之遥。

但鲜奶农场较低的奶价可使A公司每月增加收入6万元（假定鲜奶农场和M牛奶公司提供的牛奶质量和装瓶规格相同）。

讨论：(1) A公司如果要和M牛奶公司重新签订合同，应如何与之谈判？

(2) A公司应如何与鲜奶农场进行谈判？

(3) 要求每个小组写一份谈判方案。

学习单元四

运用商务谈判的技巧

职业素养

1. 培养商务谈判中报价、让步、拖延、拒绝、签约的基本技能；
2. 通过学习商务谈判技巧，树立正确的商务谈判理念。

能力目标

1. 了解各种商务谈判技巧使用的情境；
2. 理解商务谈判技巧使用的基本原则；
3. 掌握各种商务谈判技巧使用的基本方法。

任务一　报价的技巧

学习导入

吹毛求疵

中国松上公司与外商洽谈购买一批钢管。在这之前中方已向对方购买过这种商品，中方希望能扩大进口，并降低商品价格。但中方知道，在国际市场行情还没有发生变化的条件下，要对方降价很困难。于是在谈判开始之初，中方就拿对方上次 200 吨货物延期交货的事大做文章。中方说："由于贵方上次没有及时交货，使我方错过了好几次销售良机，失去了好几个大客户，从而导致我方损失惨重。"接着，中方向对方列举了一些事实和有关数据。对方听后表示非常抱歉，并对延期交货做了解释。于是，中方提出希望这次能减价 10% 来弥补己方上次的损失。在对方答应后，中方进一步提出订购 500 吨的要求。

在该谈判中，为了促使对方让步，中方代表使用了吹毛求疵的方法。首先选准了"疵"，即对方的延期交货,接着在该问题上大肆渲染,使对方感觉理亏,从而不得不做出大的让步。

(资料来源:http://blog.sina.com.cn/s/blog_6a38141e0100n4e2.html.)

相关知识

随着我国经济的迅猛发展,商务谈判业务越来越多,谈判中双方都希望获得最大利益,从而发生了利益间的冲突。要成功地开展商务谈判,则需要在做好谈判的准备工作、掌握谈判的工作要领的同时,恰当地运用谈判技巧,使谈判的双方获得双赢。

一、对报价的认识

(一)报价的含义

报价,也称为开价,这里所指的"价"是从广义而言的,并非单指商品的价格,而是包括商品的品质、数量、包装、价格、装运、保险、支付等所有的交易条件,其中价格是其核心。

(二)报价的依据

不同商品的报价,为什么有高有低呢?同一种商品为什么此时报价高而彼时报价低呢?针对同一种商品同时与几个对手谈判,为什么对有些对手报高价,而对另一些对手报价低呢?为理解这些问题,首先要明确报价的依据是什么,即哪些因素决定着报价的高低及其程度。一般来说,一个报价的提出,至少受以下三个方面因素的影响:

1. 商品价值

这是报价的基本依据。价格是价值的货币表现形式。因此,谈判中的报价虽然不是价值的确定,但也不能完全抛开价值因素盲目报价。例如,在其他条件相同的情况下,手提电脑的报价比台式电脑的报价要高。在其他项目的谈判(如建筑承包项目谈判)中,也要考虑不同项目所耗劳动的差别,确定不同的开盘价格。离开了价值,价格便失去了基础,因此,价值是报价的基本依据,在国内谈判或国际谈判中都是如此。考虑商品的价值首先就是计算商品的成本。对卖方来说,不仅要考虑自己的生产成本(因为成本是成交价格的底线),还要考虑同行业中其他企业的生产成本。即使买方不清楚卖方的生产成本,但在报价之前会根据有关资料,对之做出大致的估计。

2. 市场行情

这是报价的主要依据。任何交易都是在市场上进行的,市场因素的变动必然会对商品的价格产生影响,尤其是国际市场的行情经常处于不断变化之中。这种错综复杂的变化,都会通过价格的波动表现出来。同时,价格的波动反过来又会影响市场的全面波动。因此,报价决策应当由谈判人员根据以往和现在所搜集掌握的、来自各种渠道的商业情报和市场信息,并在比较分析、判断和预测的基础上加以制定。在搜集的信息中,应主要包括该商品当前的供求状况及报价水平如何,是供不应求、供过于求,还是供求大致平衡。此外,在该商品或其他用品的生产技术上如有重大突破或有革新的征兆时,也应予以密切关注。当然,市场行情的内涵除上述之外,还包括许多方面。但就制定报价策略、妥善掌握报价幅度这一目的而言,上述的市场供求关系及价格动态是重点分析研究的对象。

3. 谈判对手的状况

这是报价的必要依据。谈判人员除了要了解价格形成的基础以及所有交易商品的市场行情外,还必须考虑谈判对手情况,如他们的资讯状况、经营能力、同我方交往的历史、其所在国的商业习惯、政策法令及其国际贸易惯例的区别等。

此外,在谈判过程进入报价阶段之前,还要进一步探测对方的意图、谈判态度和策略,以便调整我方的策略,掌握报价的幅度。

(三)报价的原则

由于报价的高低会对整个谈判进程产生实质性的影响,因此,若要成功地进行报价,谈判人员必须遵守一定的原则。

1. 报价的首要原则

所谓报价的首要原则,对于卖方来说,即开盘价必须是最高的;相应地,对于买方来讲,开盘价必须是最低的。

之所以要遵循这个原则,有以下几方面的原因:

(1)如果己方是卖方,开盘价就为己方的要价确定了一个最高限度。开盘价一经确定报出,一般来说就不能提出更高的要价了,最终的成交价肯定在此价格之下。如果己方是买方,开盘价就给己方的要价确定了一个最低限度,最终的成交价一定在此价格之上。

(2)开盘价会影响对方对己方提供的产品或服务的印象和评价。"一分钱,一分货"的观念是大部分人所信奉的,因而高价就会给对方传递一种产品和服务质量高的观念,从而有利于促使对方购买自己的产品。

以服饰为例,"香奈儿"品牌在售价方面往往是最高的,而且很少进行特价销售,但其销量一直名列前茅,消费者口碑也是极佳的。为什么价格高而销售却如此之好呢?道理其实很简单,因为在人们的潜意识中,高价格等同于高价值,高价格往往会增加产品或服务的附加值。

(3)开盘价高能为以后讨价还价留下充足的回旋余地,使己方在谈判中更富有弹性。例如,本来打算每件卖200元的衣服,如果报价是200元,在讨价还价中价格必然会降到200元以下;如果报价是240元,在讨价还价中把40元让给对方,最终以200元成交,这样既满足了对方的心理需要,自己也没有减少收入。

(4)开盘价对最终成交价格水平具有实质性的影响。开盘价高,最终成交的价格水平也会比较高。换言之,我们在开盘时要求越高,最终所能得到的往往也就越多。

2. 开盘价必须合乎情理

开盘价要报得高一些,但绝不能漫天要价、毫无控制。开盘价必须合理,要讲得通才行。如果报价过高,又讲不出道理,对方必然会认为己方缺少谈判的诚意,或终止谈判扬长而去;或"以其人之道还治其人之身",相对也来个"漫天杀价";或一一提出质问,而己方又无法解释,其结果只能是无条件让步。在这种情况下,有时即使己方已将交易条件让到比较公平合理的水平上,对方仍会认为尚有"水分"可挤而穷追不舍。可见,开盘价脱离现实,就会给谈判造成困难。因此,在报价时必须经过精确计算,使所报的价格比较合理,能够使对方接受。

以上两个原则是相互补充、相互制约的,必须进行综合考虑。因此,报价的基本原则应该是:通过反复比较和权衡,设法找出价格所带来的利益与其被接受的成功率之间的最佳结合点。

3. 报价的底线原则

所谓报价的底线原则,是指最差的却可以勉强接受的最终谈判结果。有了报价的底线价格,谈判人员就可以避免拒绝有利条件或接受不利条件,也可用来防止一时的鲁莽行动。在"联合作战"的场合,也可以避免各个谈判者各行其是。例如,卖方将出售的某种商品的最低可接受价格定为1 000元/件,这意味着假如售价等于或高于1 000元/件,他将愿意成交,但若售价低于1 000元/件,他宁愿持有商品也不会出售。

4. 报价应该坚定、明确、完整、不加解释和说明

开盘报价要坚定而果断地提出,没有保留,毫不犹豫,这样才能给对方留下己方认真而诚实的印象。欲言又止、吞吞吐吐必然会导致对方的不信任。

报价要明确、清楚和完整,以便对方准确地了解己方的期望。报价时不要对己方所报价格作过多的解释、说明和辩解,因为不管己方报价的水分有多少,对方都会对有关问题提出质疑。如果在对方提问之前,己方主动地加以说明,可能会使对方意识到这是己方最关心的问题,而且这一问题也有可能是对方过去尚未考虑过的。有时过多地说明和解释,会使对方从中找到破绽或突破口,向己方猛烈反击。

报价在遵循上述原则的同时,还必须考虑当时的谈判环境以及与对方的关系状况等。

课堂训练

小组讨论:在商务谈判中如何运用报价原则?

二、对报价技巧的认识

(一)报价时机的选择

价格谈判中,报价时机也是一个技巧性很强的问题。有时,卖方的报价比较合理,但并没有使买方产生购买欲望,原因往往是此时买方正在关注商品的使用价值。所以,价格谈判中,应当首先让对方充分了解商品的使用价值和商品可以为对方带来的实际利益,待对方对此产生兴趣后再来谈价格问题。经验表明,提出报价的最佳时机一般是对方询问价格时,因为这说明对方已对商品产生了购买欲望,此时报价往往水到渠成。

有时,在谈判开始的时候对方就询问价格,这时最好是听而不答。因为此时对方对商品或项目尚缺乏真正兴趣,过早报价会徒增谈判的阻力。应当先谈该商品或项目能为交易者带来的好处和利益,待对方的交易欲望已被调动起来再报价。当然,如果对方坚持即时报价也不能故意拖延,否则,就会使对方感到不被尊重,甚至产生反感;此时应善于采取建设性的态度,把价格同对方可获得的好处和利益联系起来。

在商务谈判中,由谁先报价是一个微妙的问题,报价的先后在某种程度上会对谈判产生实质性的影响。就一般情况而言,先报价、后报价各有利弊。

1. 先报价的利弊

(1)先报价的利处

谈判一般希望尽可能按己方意图进行,并在谈判中使自己对对方产生影响。先报的价格将为以后的讨价还价树立起一个界限。这个界限把对手的期望限制在一个特定的范围内,一旦起始报价摆到了桌面上,对方讨价还价就只能以此为起点。所以,先报价对谈判的影响较大。例如,卖方报价某种材料1 000元/吨,那么,双方磋商的最终成交价一定不会超过1 000元/吨。

另外,先报价如果出乎对方的预料和设想,往往可以打乱对方原有的部署,甚至动摇对方原来的期望值,使其失去信心。例如,卖方报价某种材料1 000元/吨,买方能承受的价格却是400元/吨,与卖方报价相去甚远,即使经过磋商也很难达成协议,因此买方只好改变部署,要么提价,要么放弃交易。总之,先报价在整个谈判中会持续地起作用,因此,先报价比后报价的影响要大得多。

(2) 先报价的弊端

首先,当一方报价后,另一方可对自己原有的想法作出调整,可以得到本来得不到的好处;其次,先报价的一方由于过早地暴露了自己手中的底牌,处于明处,对方可以从中发掘信息、找出破绽,逼迫先报价一方沿着他们设定的道路走下去。其常用的做法是:采取一切手段、调动一切对其有利的因素,集中力量攻击先报价一方,逼迫其一步一步让步,而不透露自己的报价。

2. 后报价的利弊

后报价的利弊与先报价正好相反。其有利之处在于,对方在明处,己方在暗处,自己可以依据对方的报价及时地修正自己的报价方案,以争取最大的利益和最佳的谈判地位。

然而,后报价的弊病也很明显,即对方占据了主动,而且必须在对方划定的价格范围内谈判。

3. 报价先后的技巧

既然先后报价各有利弊,那么,究竟谁先报价好呢?实际谈判中的"先入为主"与"后发制人"都不乏成功的范例。因此,谁先报价应视具体情况而定。一般来说,报价应遵循以下几点要求:

(1) 如果出现激烈竞争或冲突气氛较浓的场合,应先报价以争取使己方产生更大的影响,力求在谈判开始时就占据主动;在合作气氛较浓的场合,或者以惯常的程序进行谈判的场合,先后报价无实质性区别。

(2) 如果对方不是谈判"行家",而自己是,应先报价较好;如果对方是谈判"行家",而自己不是,则让对方先报价较为有利;如果双方都不是"行家",先后报价便无实质性区别。

(3) 按照惯例,在发起谈判者与应邀者之间,一般应由发起者报价;投标者与招标者之间,一般由投标者先报价;卖方与买方之间,一般由卖方先报价,然后由买方还价。

(4) 如果己方的谈判实力强于对方,或与对方实力相当,先报价较为有利;如果己方的谈判实力明显弱于对手,特别是缺乏谈判经验的情况下,以后报价为好。

(二) 常用的报价技巧

1. 高报价法

在商务谈判中,有经验的谈判者为了拔高自己的要求,或者压低对方的要求,往往采取这种"漫天要价,就地还钱"的高报价法。高报价可以改变谈判对手的最初要求,从而使自己得到更多的利益,还可以向对方提出诸多苛刻的要求,向对方施加压力,以此来动摇对方的信心,压低对方的期望目标,并使你在以后的讨价还价中具有较大的余地。高报价的弊端是往往容易导致谈判的破裂,延长谈判时间,降低谈判效率,增加谈判的支出,甚至可能给竞争对手带来可乘之机。

2. 鱼饵报价法

要想钓到大鱼,就应准备"牺牲"鱼饵,有经验的谈判者知道,用什么样的"鱼饵"才能吸引对方。使用鱼饵报价法必须掌握分寸:鱼饵太少,就想获得对方很多利益,势比登天;鱼饵太多,付出的代价太大,得不偿失。投下鱼饵的目的是为了钓到大鱼,满足对方需要是手段,实现自己利益是目的,不可本末倒置。

3. 中途变价法

就是在报价的中途改变原来的报价趋势,从而争取谈判成功的报价方法。所谓改变原来的报价趋势,就是买方在一路上涨的报价过程中,突然报出一个下降的价格,或者卖方在一路下降的报价过程中,突然报出一个上升的价格,从而改变原来的报价趋势,促使对方考虑接受你的价格。中途变价法作为一种谈判技巧,有时候为了达到某种目的不妨一试,也确实会收到意想不到的效果,但有时此法不仅不能发挥作用,甚至会弄巧成拙。

4. 哄抬报价法

在谈判现场,有时会看到有些卖主为了提高价格,刺激买方的购买兴趣,同时也为了创造一种竞争局面,不惜采用哄抬报价法,这是利用人们"从众心理"哄抬报价的方法。正是由于这种"从众心理",我们可以经常发现,如果有家商店里挤满顾客,他们都在争相抢购某种商品,就会有路过者不分青红皂白挤进去抢购。

5. 报价对比法

价格谈判中,使用报价对比策略,往往可以增强报价的可信度和说服力,一般有较好的效果。报价对比可以从多方面进行。例如,将本企业商品的价格与另一可比商品的价格进行对比,以突出相同使用价值的不同价格;又如,将本企业商品及其附加各种利益后的价格与可比商品不附加各种利益的价格进行对比,以突出不同使用价值的不同价格;再如,将本企业商品的价格与竞争者同一商品的价格进行对比,以突出相同商品的不同价格;等等。

6. 报价分割法

这种报价法主要是为了迎合买方的求廉心理,将商品的计量单位细分化,然后按照最小的计量单位报价。采用这种报价法,能使买方对商品价格产生心理上的便宜感,容易为买方所接受。

7. 报价差别法

同一商品,因客户性质、购买数量、需求缓急、交易时间、交货地点、支付方式等方面的不同,会形成不同的购销价格。这种价格差别,体现了商品交易中的市场需求导向,在报价策略中应重视运用。例如,对老客户或有大批量需求的客户,为巩固良好的客户关系或建立起稳定的交易联系,可适当实行价格折扣;对新客户,有时为开拓新市场,也可给予适当让价;对某些需求弹性较小的商品,可适当实行高价策略;对方"等米下锅",价格则不宜下降;旺季较淡季,价格自然较高;交货地点,远程较近程或区位优越者,应适当加价;支付方式,一次付款较分期付款或延期付款,价格须给予优惠;等等。

总之,在贸易中,价格是买卖双方交易磋商的主要内容,也是买卖合同中的一项主要条款。价格的高低会直接影响企业的经济效益和国家利益。所以,只有熟练地掌握贸易中的价格谈判技巧,才能在贸易中运筹帷幄,掌握主动,赢得谈判的成功。当然,在现实谈判中,对手、环境等具体情况都在变化,客观上不存在永远都有效的报价技巧,这就要求商务谈判人员要根据具体情况,随机应变,灵活运用,掌握谈判的主动权。

(三)如何对待对方的报价

在对方报价时,要想使己方在后面的谈判中处于有利地位,就应该这样对待对方的报价:

(1)在对方报价过程中,不干扰对方的报价,认真听取、完整、准确、清楚地把握对方的报价内容。

(2)在对方报价结束后,对不清楚的地方可以要求对方予以解答。

(3)在对方报价结束后,应将我方对对方报价的理解进行归纳总结,并加以复述,以确认自己的理解准确无误。

(4)不急于还价,要求对方对其价格的构成、报价依据、计算的基础以及方式方法等做出详细的解释,以此来了解对方报价的实质、态势、意图及其诚意,从中寻找破绽。

(5)在对方完成价格解释之后,要求对方降价,在实在得不到答复的情况下提出自己的报价。

课堂训练

道具:桌子、各种小道具(按需要)、一些白纸、几支笔、胶水、扑克牌。

参加人数:3人以上。

方法与规则:

(1)游戏开始前,游戏参加者每人准备一些东西,可以是旧的,也可以是新的。然后对自己准备的东西进行估价,并写下来。

(2)假如有3人参加游戏,其中A扮演售货员,B与C扮演顾客。把大家准备的东西和对东西的估价交给A,A在每个物品估价的基础上适当加一些价,并做成标签贴到物品上。

(3)将所有物品摆放到桌子上,开始进行模拟交易,用扑克牌充当货币。

(4)要求B与C不能买自己提供的物品,只能买另外两人提供的物品。

(5)游戏中,A要尽量卖出高于估价的价格,B与C之间不能互相告诉对方自己提供物品的估价,并尽量买到与估价相等或者低于估价的物品。

(6)交易完成后,将大家最初的估价拿出来与真实的成交价格对比,看看赢家是谁。

目的:体会现场买卖的单双赢。

任务二　让步的技巧

学习导入

航空公司与电力公司的谈判

美国一家大航空公司要在纽约建立航空站,想要求爱迪生电力公司以低价优惠供应电力,但遭到拒绝,并推说是公共服务委员会不批准,因此谈判陷入僵局。后来,航空公司索性不谈了,声称自己建厂划得来,不依靠电力公司而决定自己建设发电厂。电力公司听到这一消息,立刻改变态度,主动请求公共服务委员会从中说情,表示给予优惠价格。这样电力公司与航空公司达成了协议。

(资料来源:何国松.66招搞定商务谈判.黑龙江人民出版社,2004.)

相关知识

让步即妥协,是商务谈判中的普遍现象,如果谈判双方都坚持自己的原始报盘,那么,协议将无法达成,谈判目标也无法实现。因此,从某种意义上说,让步是谈判双方为达成协议而必须承担的义务。

一、对让步的认识

(一)让步的含义

让步是指在商业谈判中就某一个问题双方都想使自己的利益最大化而争执不下时,为了能够促成谈判成功,一方或双方采用放弃部分利益为代价的谈判策略,也可以说是妥协。

(二)让步的原则

在商务谈判的过程中，在准确理解对方利益的前提下，努力寻求双方互利的解决方案，是一种通过正常渠道达成协议的方式。但在解决一些棘手的利益冲突问题时，双方就某一个利益问题争执不下，例如，房东与承租人之间的房租问题、在国际贸易中的交货期长短问题、最终的价格条款的谈判问题等，恰当地运用让步策略是非常有效的工具。

在利益冲突不能采取其他的方式协调时，客观标准的让步技巧的使用在商务谈判中会起到非常重要的作用。成功让步的技巧表现在谈判的各个阶段，但是，要准确、有价值地运用好让步技巧，必须服从以下原则：

1. 目标价值最大化原则

应当承认，在商务谈判中，很多情况下的目标并非是单一目标，在谈判时处理这些多重目标的过程中不可避免地存在着目标冲突现象。谈判的过程事实上是寻求双方目标价值最大化的一个过程，但这种目标价值的最大化并不是所有目标的最大化，如果是这样的话就违背了商务谈判中的平等公正原则，因此，也避免不了在处理不同价值目标时使用让步策略。不可否认，在实际过程中，不同目标之间的冲突是时常发生的，而不同目标的重要价值及紧迫程度也是不相同的，所以，在处理这类矛盾时所要掌握的原则就是要在目标之间依照重要性和紧迫性建立优先顺序，优先解决重要及紧迫目标，在条件允许的前提下适当争取其他目标。其中的让步策略首要就是保护重要目标价值的最大化，如价格、付款方式等。成功的商务谈判者在解决这类矛盾时所采取的思维顺序是：

(1)评估目标冲突的重要性，分析自己所处的环境和位置，在不牺牲任何目标的前提下冲突是否可以解决。

(2)如果在冲突中必须有所选择的话，区分主目标和次目标，以保证整体利益的最大化，但同时也应注意目标不要太多，以免顾此失彼，甚至自相混乱，留给谈判对手以可乘之机。

2. 刚性原则

在谈判中，谈判双方在寻求自己目标价值最大化的同时，也对自己最大的让步价值有所准备。换句话说，谈判中可以使用的让步资源是有限的，所以，让步策略的使用是具有刚性的，其运用的力度只能是先小后大，一旦让步力度下降或减小，则以往的让步价值也失去意义；同时谈判对手对于让步的体会具有"抗药性"，一种方式的让步使用几次就失去效果，而且也应该注意到谈判对手的某些需求是无止境的。必须认识到，让步策略的运用是有限的，即使你所拥有的让步资源比较丰富，但是在谈判中对手对于你的让步的体会也是不同的，并不能保证取得预先期望的价值回报。因此，在刚性原则中，应注意到以下几点：

(1)谈判对手的需求是有一定限度的，也是具有一定层次差别的，让步策略的运用也必须是有限的、有层次区别的。

(2)让步策略运用的效果是有限的，每一次的让步只能在谈判的一定时期内起作用，是针对特定阶段、特定人物、特定事件起作用的，所以，不要期望满足对手的所有意愿，对于重要问题的让步必须给予严格的控制。

(3)时刻对于让步资源的投入与你所期望效果的产出进行对比分析，必须做到让步价值的投入小于所产生的积极效益。在使用让步资源时，一定要有一个所获利润的测算，你需要投入多大比例来保证你所期望的回报，并不是投入越多回报就越多，而是寻求一个两者之间的最佳组合。

3. 时机原则

所谓让步策略中的时机原则，就是在适当的时机和场合做出适当适时的让步，使谈判让步的作用发挥到最大、所起到的作用最佳。虽然让步的正确时机和不正确时机说起来容易,但在谈判的实际过程中,时机是非常难以把握的,常常存在以下几种问题:

(1)时机难以判定。例如,认为谈判的对方提出要求时让步的时机就到了,或者认为让步有一系列的方法,谈判完成是最佳的时机。

(2)对于让步的随意性导致时机把握不准确。在商务谈判中,谈判者仅仅根据自己的喜好、兴趣、成见、性情等因素使用让步策略,而不顾及所处的场合、谈判的进展情况及发展方向等,不遵从让步策略的原则、方式和方法。这种随意性导致让步价值缺失、让步原则消失,进而促使对方的胃口越来越大,在谈判中丧失主动权,导致谈判失败,所以在使用让步策略时千万不得随意而为之。

4. 清晰原则

在商务会谈的让步策略中的清晰原则是:退让的规范、退让的对象、退让的来由、退让的详细内容及施行细节应当精确且清楚明了,防止由于退让而招致新的问题和矛盾。常见的问题有:

(1)退让的规范不明白,使对方觉得本人的希冀与你的退让意图错位,甚至觉得你没有在问题上退让而是含糊其辞。

(2)方法、内容不明晰,在会谈中你所作的每一次退让必须是对方所能明白感触到的,也就是说,退让的方法、内容必须精确、有力度,对方可以明白感觉到你所做出的退让,然后激起对方的反应。

5. 弥补原则

如果迫不得已,己方再不作出让步就有可能使谈判夭折的话,也必须把握住"此失彼补"这一原则。即这一方面(或此问题)虽然己方给了对方优惠,但在另一方面(或其他地方)必须加倍地,至少均等地获取回报。当然,在谈判时,如果发觉此问题己方若是让步可以换取彼处更大的好处时,也应毫不犹豫地给其让步,以保持全盘的优势。

在商务谈判中,为了达成协议,让步是必要的。但是,让步不是轻率地行动,必须慎重处理。成功的让步策略可以起到以局部小利益的牺牲来换取整体利益的作用,甚至在有些时候可以达到"四两拨千斤"的效果。

(三)让步的方式

商务谈判实践中,人们总结出了八种常见的让步方式,由于每种方式传递的信息不同,对不同的对象也就有不同的结果。选择、采取哪种让步方式,取决于以下几个因素:谈判对手的经验;谈判方针和策略;让步后期望对方有何种反应。下面具体探讨这八种常见的理想让步方式的特点及优缺点。

1. 一种在让步的最后阶段一步让出全部可让利益的让步方式

该方式使对方感觉没有妥协的希望,因而被称作坚定的让步方式。如果买方是一个意志力比较弱的人,采用此方式时,买方可能早就放弃讨价还价,得不到利益;如果买方是一个意志力坚强、不达目的不罢休的人,买方只要不断迫使对方让步,即可达到目的,获得利益。

特点:让步方态度较果断,往往被人认为有大将风度。开始时寸步不让,态度十分强硬,但到最后时刻一次让步到位,促成和局。

优点:在起初阶段寸利不让,向对方传递了己方的坚定信念,如果谈判对手缺乏毅力和耐性,就可能被征服,使己方获得较大利益。

缺点:在谈判的开始阶段坚持寸步不让,有可能失去伙伴;同时,易给对方造成己方缺乏谈判诚意的印象,影响谈判的和局。

适用对象:对谈判投入少、在谈判中占有优势的一方。实践证明,谁在谈判中投入少,谁就有承担谈判失败风险的力量,或不怕谈判的失败。

总之,此种让步方式有利有弊;有时卖方一再坚持说"不",可能迫使恐惧谈判的买方做出较大让步。

【案例】
某年5月,中国南方某工艺品公司作为供货方同某外商就工艺品买卖进行谈判。谈判开始后,工艺品公司谈判人员坚持800元一件,态度十分强硬,而外商只出500元的价格,也毫不示弱。谈判进行了两天无任何进展。外商提出休会再谈,若再不能取得共识,只能作罢,我方坚决不退让。第三天继续谈判,双方商定最后阶段谈判只定为3个小时,因为没有办法打破僵局,再拖延下去也只是浪费时间。谈判进行了两个多小时仍毫无进展。还剩下最后10分钟时,双方代表已做好退场准备了,这时工艺品公司首席代表突然响亮地宣布:"这样吧,先生们,我们初次合作,谁都不愿出现不欢而散的结局,为表达我方的诚意,我们愿把价格降至660元,但这绝对是最后让步。"外商代表先是一惊,而后沉默了好几分钟,就在谈判即将结束之时,他们伸出手说:"成交了。"这次谈判中,工艺品公司在做了最大限度的坚持后,一步到位地让步,既维护了谈判的胜利终局,也博得了对方的信任,双方不失时机地握手言和。

2. 一种等额让出可让利益的让步方式

此种方法只要遇到耐心等待的买主,就会鼓励买方期待进一步的让步。

特点:在商务谈判让步的过程中,不断讨价还价,像挤牙膏一样,挤一步让一步,让步的数量和速度都是均等、稳定的,国际上称这种让步方式为"色拉米"香肠式谈判让步方式。

优点:首先,此种让步平稳、持久,不易让对方轻易占到便宜;其次,对于双方充分讨价还价比较有利,容易在利益均享的情况下达成协议;再次,遇到性情急躁或无时间长谈的对方时,往往会削弱对方的还价能力。

缺点:首先,每次让利的数量相等、速度平稳,给人感觉平淡无奇,容易疲劳厌倦;其次,该谈判方式效率极低,通常会浪费大量的精力和时间,谈判成本较高;再次,对方每讨价还价一次,都有等额利润让出,给对方传递一种信息,即只要耐心等待,总有希望获得更大利益。

适用对象:该方式目前使用极为普遍,在缺乏谈判知识或经验的情况下或在进行一些较为陌生的谈判时运用,常常会取得明显效果。

3. 一种先高后低又拔高的让步方式

特点:机智、灵活、富有变化。在商务谈判的让步过程中,能够正确把握竞争与合作的尺度,在较为恰当的起点上让步,然后缓速减量,给对方传递一种接近尾声的信息。这时,如果买方表示满意即可收尾;如果买方仍要穷追不舍,卖方再大步让利,在一个较高的让步点上结束谈判。

优点:首先,起点恰当、适中,能向对方传递合作、有利可图的信息;其次,使谈判富有变化,如谈判不能在减缓中完成,则可采取大举让利的方法;再次,在二期让步中减缓一步,可给对方造成一种接近尾声的感觉,促使对方尽快拍板,最终能够保住己方的较大利益。

缺点:首先,这种让步方式是一种由少到多、不稳定的让步方式,容易鼓励对方继续讨价还价;其次,由于二期让步就已向买方传递了接近尾声的信息,后来又作了大幅让利,会给对方造成不诚实的感觉,对于想与对方建立友好合作关系的谈判者来说不利。

适用对象:竞争性较强的谈判。该策略在运用时要求技术性较强,且富有变化性。同时,又要时刻观察谈判对方对己方让步的反应,以调整己方让步的速度和数量,实施难度较大。

4. 一种小幅度递减的让步方式

即先让出较大的利益,再逐期减让,到最后一期让出较小的利益。

特点:自然、坦率,符合商务谈判讨价还价的一般规律。先以较大的让步作起点,然后依次下降,直到可让的全部利益让完。这种让步策略给人以和谐、顺理成章的感觉,是谈判中最为普遍采用的一种让步方式。

优点:易接受,给人以顺其自然之感;由于让步先大后小,往往利于促成谈判的和局;让步的程度是一步较一步谨慎,一般不会产生让步上的失误;由于协议是在等价交换、利益均衡的条件下达成的,因此不会影响谈判的和谐气氛。

缺点:让步由大到小,对买主来讲,由于越争取利益越小,因而往往使买主心情沮丧,故终局情绪不会太高;这是让步中惯用的方法,缺乏新鲜感。

适用对象:商务谈判的提议方。提议方对谈判的和局更关切,理应作出较大的让步,诱发对方从谈判中获利的期望。

5. 一种从高到低再到微高的让步方式

它往往显示出卖方的立场越来越坚定,表示卖主在条件适当时愿意妥协,但不会轻易让步,并告诉买方,让步的余地越来越小,最后以一个适中让步结束谈判。

特点:合作为主、竞争为辅,诚中见虚,柔中带刚。初期做出较高的礼让,向前迈进两大步,然后让微利,以向对方传递无利再让的信息。如果买方一再坚持,则以较为适中的让步结束谈判。

优点:由于谈判的让步起点较高,因此富有较强的诱惑力;大幅度地让利后,到三期仅让微利,给对方传递了已基本无利可让的信息,比较容易使对方产生获胜感而达成协议;如果三期所作微小让步仍不能达成协议,再让出稍大一点的利润,会使对方满意而最终达成协议。

缺点:由于一开始让步很大,容易造成己方软弱可欺的不良印象,加强对方的进攻性;前两步的大让利和后两步的小让利形成鲜明对比,容易给对方造成己方诚意不足的印象。

适用对象:以合作为主、以互惠互利为基础的谈判。开始时作出较大的让步,有利于创造出良好的合作气氛。

6. 一种开始时大幅递减,又出现反弹的让步方式

此方式在初期让出绝大部分可让的利益,以表示己方的诚意。

特点:给人软弱、憨厚、老实之感,成功率较高。在让步初期即让出绝大部分利益,二期让步即达己方可让利益的边际,到三期拒绝让步,向对方传递了该让的利已基本让完了的信息。如果对方仍一再坚持,再让出最后一步,以促成谈判成功。

优点:以求和的精神,让出多半利益,有可能换得对方较大回报;三期让步做出无利可让的假象,有可能打消对方进一步要求己方再次让利的期望;最后让出小利,既向对方显示了诚意,又会使通达的谈判对手难以拒绝签约;尽管其中还有余地,但客观上仍表现出以和为贵的温和态度。

缺点:开始时表现软弱,大幅让利,如遇到贪婪的对手,会刺激其变本加厉;这种方式可能由于三期让步遭到拒绝后,导致谈判僵局或败局。

适用对象:在谈判竞争中处于不利境地,但又急于获得成功的谈判一方。它使己方有三次

较好的机会达成协议。

7. 一种在起始两步全部让完可让利益，三期赔利相让，到四期再讨回赔让部分的让步方式

这是在谈判中最具特殊性、戏剧性的一种方式。

特点：风格果断诡诈，具有冒险性。一期的大部分让利和二期的小部分让利后，便把可让利益全部让完，三期并非消极拒绝，而是诱惑性地让出本来不该让的一小部分利益，然后再从另外的角度进行讨价还价，在第四期收回该部分利益。这是一种具有很高技巧的让步方式，只有非常有谈判经验的人才能灵活运用。

优点：开始两步让出全部利益具有很大吸引力，使陷入僵局的谈判起死回生；若前两期的让利尚不能打动对方，再冒险让出不该让出的利益，就会产生一种诱惑力，使对方沿着己方思路往前走；对方一旦与己方思路相同，为谈判付出代价，再借口某原因，从另一角度找回己方所需的利益，容易促成和局。

缺点：开头两期的全部可让利益的让出，会导致对方期望增大，心理上强化了对方的议价能力；三期额外的让步，如四期中不能讨回，就会损害己方的利益；在四期中讨回让利时，易使谈判破裂。

适用对象：陷入僵局或危难的谈判。由于己方处于危险境地，又不愿使已付出的代价付之东流，因此不惜在初期就大步相让，以牺牲自己的利益为代价挽救谈判，促成谈判和局。

8. 一种一次性让步的方式（即一开始就让出全部可让利益的方式）

特点：态度诚恳、务实、坚定、坦率。在谈判进入让步阶段，一开始即亮出底牌，达到以诚取胜的目的。

优点：由于谈判者一开始就向对方亮出底牌，较容易打动对方采取回报行为，促成和局；率先大幅度让步，富有巨大诱惑力，在谈判桌上给对方留下深刻印象，有利于获取长远利益；一步让利，坦诚相见，有利于速战速决、降低成本。

缺点：由于这种让步操之过急，会给对方传递一种可能尚有利可图的信息，导致对方继续讨价还价；由于一次性大幅让利，可能会失掉本来能够力争的利益。

适用对象：己方处于谈判的劣势或谈判各方之间关系较为友好的谈判。此策略以自己的最大让步感动对方，促使对方以同样的方式予以回报，并建立友好的关系。

以上八种让步方式，实际谈判中采用较多的是第四种和第五种，这两种方式适应一般人的心理，易被接受。第三种方式用得稍微少一点。第六种和第七种让步方式，其运用时需要有较高的艺术技巧和冒险精神，有可能作少量让步即迅速达成交易，也有可能因运用不当造成僵局。第二种和第八种方式在实际中采用较少，第一种基本不用。

课堂训练

小组讨论：在商务谈判中如何运用让步原则？

二、让步的技巧

（一）技巧一：让步幅度需逐步递减

举一个大家都会碰到的例子，平时购买家电、家具的时候，经常会碰到这种情况，如对方出价1万元，然后让步到9 000元，再8 500元，再8 200元。可以看出来，对方让步幅度是1 000元、500元、300元，让步是越来越小的。这样给人的感觉是：让步越来越难了。试想一下，如果反

过来,先让步300元,再500元,再1 000元,很容易让消费者产生你让步越来越容易的印象,越到后面的谈判,越会认为你还有更多的空间可以让步。因此需要注意:在给对方让步的时候,让步幅度需逐步递减。

(二)技巧二:让步时间越来越慢

除了让步的幅度之外,还需要掌握让步的时间。在谈判中要注意的是,让步应该是越来越慢的。也就是说,第二次让步到第三次让步的时间要比第一次让步到第二次让步的时间长。比如在第一个案例中,作为店老板的你在让步1 000元、500元、300元时,间隔时间也应该是越来越长的,让步越少,时间越长。这就能让对方感觉到再让步越来越难。

如果不能巧妙把握好让步的时间,对方会认为你让步容易,反倒可能增加他的期待,进而提高要求。时间是一种很奇妙的东西,可以转化为你的压力,也可以转化为对方的压力,每一个谈判者必须学会灵活把控且有意识地运用。

(三)技巧三:让步底线要坚守

在谈判中,需要时刻评估自己的谈判结果。我能守得住底线吗?这个问题,在谈判前扪心自问,谈判中实时监控,谈判后回顾检查。如果被击穿价格底线,最后结果是,卖就亏本,不卖也不行。

如果在谈判中,已经到达自身底线了,有以下几种方法可以避免忙中出错:其一,适当中途休息,到谈判室外冷静一下大脑与理顺思路;其二,在谈判中,专门有一位同事是监督者,用语言、动作提醒谈判成员,我方的底线在哪里;其三,做好记录,在谈判中准备一个笔记本,记录自身的承诺与对方的承诺,以此对照自己谈判前设定的标准与底线。

任务三　拖延的技巧

学习导入

13号

1980年,我国某公司在与一外商谈出口花生仁的生意时,连续接到另外几家客商的函电要求订货。我方谈判者感到事出有因,必须查明,但又没有充足的理由断然停止与外商的洽谈。正在这时,他无意中看到日历,明天是13号,他非常高兴,因为有些国家最忌讳13这个数字,这个数字在一些外国人眼里几乎是一种凶兆。我方谈判者在当天休会时,立即借口说:"明天是13号,遵照贵国的风俗应休会。"这样就延迟了谈判的时间,用赢得的一天查明了接到众多订单的原因,原来是某个花生出口国家骤然遭到暴雨歉收了。当信息反馈确证后,我方谈判者不但坚持原价,而且还流露出一副悉听尊便的态度,迫使外商就范。

(资料来源:周乾.交易谈判技巧.山东人民出版社,1998.)

相关知识

在谈判过程中,如果谈判双方的期望相差太大,而彼此又都不肯做出任何让步和妥协,此时谈判就会陷入僵局。而拖延技巧则是打破僵局的有效措施之一。拖延技巧具有以静制动、少留破绽的特点,因此成为谈判中常用的一种技巧。

拖延技巧按目的大致可分为以下四种：

一、清除障碍

这是较常见的一种目的。当双方"谈不拢"造成僵局时，有必要把洽谈节奏放慢，看看到底阻碍在什么地方，以便想办法解决。

柯南·道尔是《福尔摩斯探案集》的作者，生性固执，在写完探案集第四卷后，执意不肯再写，用实际行动，让笔下的福尔摩斯与罪犯莫里亚蒂教授同坠深谷，"一了百了"。柯氏的出版商梅斯是个精明人，知道柯氏只是厌倦了这种通俗文学的写作，对于这个给作者带来过巨大声誉和利益的福尔摩斯，柯氏还是情有独钟的。于是梅斯一方面牢牢抓住版权代理不放，拼命做柯氏的工作，不时向他透露福尔摩斯迷们的种种惋惜和不满之情，另一方面又许以一个故事1 000英镑的优厚稿酬。双管齐下，一年以后果然有了成果，柯南·道尔又重新执笔，让福尔摩斯从峡谷里爬了出来，再演出一段段精彩的探案故事。

试想，如果当时梅斯不是给对方一段缓冲时间，而是心急火燎，不断催逼，恐怕侦探文学史上将会失去一颗亮丽的巨星。

当然，有的谈判中的阻碍是"隐性"的，往往隐蔽在种种堂而皇之的借口之下，不易被人一下子看破，这就更需要我们先拖一拖、缓一缓，从容处理这种局面。

美国ITT公司著名谈判专家D. 柯尔比曾讲过这样一个案例：柯尔比与S公司的谈判已接近尾声，然而此时对方的态度却突然强硬起来，对已谈好的协议横加挑剔，提出种种不合理的要求。柯尔比感到非常困惑，因为对方代表并非那种蛮不讲理的人，而协议对双方肯定是都有利的，在这种情况下，S公司为什么还要阻挠签约呢？柯尔比理智地建议谈判延期。之后从各方面收集信息，终于知道了关键所在——对方认为ITT公司占的便宜比己方多多了！价格虽能接受，但心理上不公平的感觉却很难接受，导致了协议的搁浅。结果重开谈判，柯尔比一番比价算价，对方知道双方利润大致相同，一个小时后就签了合同。

在实际洽谈中，这种隐性阻碍还有很多，对付它们，拖延战术是颇为有效的。不过，必须指出的是，这种"拖"绝不是消极被动的，而是要通过"拖"得的时间收集情报，分析问题，打开局面。消极等待，结果只能是失败。

二、消磨意志

人的意志就好似一块钢板，在一定的重压下，最初可能还会保持原状，但一段时间以后，就会慢慢弯曲下来。拖延战术就是对谈判者意志施压的一种最常用的办法。突然的中止、没有答复（或是含糊不清的答复）往往比破口大骂、暴跳如雷令人更不能忍受。

20世纪80年代末，硅谷某家电子公司研制出一种新型集成电路，其先进性尚不能被公众理解，而此时，公司又负债累累，即将破产，这种集成电路能否被赏识可以说是公司最后的希望。幸运的是，欧洲一家公司慧眼识珠，派三名代表飞了几千英里来洽谈转让事宜。诚意看起来不小，一张口起价却只有研制费的2/3。

电子公司的代表站起来说："先生们，今天先到这儿吧！"从开始到结束，这次洽谈只持续了三分钟。岂料下午欧洲人就要求重开谈判，态度明显"合作"了不少，于是电路专利以一个较高的价格进行了转让。

硅谷公司的代表为什么敢"腰斩"谈判呢？因为他知道，施压有两个要点：一是压力要强到让对方知道你的决心不可动摇；二是压力不要强过对方的承受能力。他估计到欧洲人飞了几千英里来谈判,绝不会只因为这三分钟就打道回府。这三分钟的会谈,看似打破常规,在当时当地却是让对方丢掉幻想的最佳方法。

此外,拖延战术作为一种基本手段,在具体实施中是可以有许多变化的。例如,一些日本公司就常采取这个办法:以一个职权较低的谈判者为先锋,在细节问题上和对方反复纠缠,或许可以让一两次步,但每一次让步都要让对方付出巨大精力。到最后双方把协议已勾画出了大体轮廓,但总有一两个关键点谈不拢,这个过程往往要拖到对方精疲力竭为止。这时本公司的权威人物出场,说道:"再拖下去太不值得,我们再让一点,就这么成交吧!"此时对方身心均已透支,这个方案只要在可接受范围内,往往就会一口答应。

三、等待时机

拖延战术还有一种恶意的运用,即通过拖延时间,静待法规、行情、汇率等情况的变动,掌握主动,要挟对方作出让步。一般来说,可分为两种方式:

(1)拖延谈判时间,稳住对方。例如,1986年,香港地区一个客户与东北某省外贸公司洽谈毛皮生意,条件优惠却久拖不决。转眼过去了两个多月,原来一直兴旺的国际毛皮市场货满为患,价格暴跌,这时港商再以很低的价格收购,使对方吃了大亏。

(2)在谈判议程中留下漏洞,拖延交货(款)时间。1920年武昌某一纱厂建厂时,向英国安利洋行订购纱机2万锭,价值20万英镑。当时英镑与白银的兑换比例为1:2.5,20万英镑仅值白银50万两,英商见银贵钱贱,就借故拖延不交货。到1921年底,世界金融市场行情骤变,英镑与白银的兑换比例暴涨至1:7。这时英商就趁机催纱厂结汇收货,50万两白银的行价,一下子成了140万两,使这个厂蒙受巨大损失。

总的来说,防止恶意拖延,要做好以下几点工作:

第一,要充分了解对方信誉、实力,乃至谈判者的惯用手法和以往事迹。

第二,要充分掌握有关法规、市场、金融情况的现状和动向。

第三,要预留一手,作为反要挟的手段。如要求信誉担保、预付定金等。

四、赢得好感

谈判是一种论争,是一个双方都想让对方按自己意图行事的过程,有很强的对抗性。但大家既然坐到了一起,想为共同关心的事达成一个协议,说服合作还是基础的东西。因此,凡是优秀的谈判者,无不重视赢得对方的好感和信任。

有这样一位谈判"专家",双方刚落座不久,寒暄已毕,席尚未温,此君就好客了:"今天先休息休息,不谈了吧,我们这儿的风景名胜很多。"当谈判相持不下,势成僵局,此君忽然又好客了:"不谈了,不谈了,今天的卡拉OK我请。"于是莺歌燕舞之际,觥筹交错之间,心情舒畅了,感情融洽了,僵局打破了,一些场外交易也达成了。此君奉行的这一套,据说极为有效,许多次谈不下的业务,经他这么三拖两拖,不断延期,居然很快就完成了。

平心而论,场外沟通作为拖延战术的一种特殊形式,有着相当重要的作用。心理学家认为,人类的思维模式总是随着身份的不同、环境的不同而不断改变,谈判桌上的心理肯定和"夜光杯"前的心理不一样,作为对手要针锋相对,作为朋友促膝倾谈则肯定另是一番心情。当双方把这种融洽的关系带回到谈判场中,自然会消去很多误解,免去很多曲折。

但是,任何形式的融洽都必须遵循一个原则:私谊是公事的辅佐,而公事绝不能成为私利的牺牲品,这关系到一个谈判者的根本素质,这种素质也正是中国谈判者需要大力培养的素质之一。

课堂训练　　　　　　　　　　**失踪策略**

克莱尔先生受委托代表他的一个演员朋友和电视公司商谈合同的事情。这家电视公司很小,这笔交易的数额只有10万美元左右。商谈整整拖了3个星期之久,克莱尔先生仍很有耐心地商谈下去,先是和经理,然后和副总裁,最后才和总裁谈。好不容易双方终于达成协议,总裁说还有一个问题:由于这家公司最近被加利福尼亚一家公司收购,所以演员的合同需要经过他们的批准,这只不过是一项例行手续而已。当克莱尔先生到达那家公司的总部时,才晓得负责人刚巧到欧洲去了,3个星期以后才会回来,克莱尔先生只好等他回来再说。事情一直没有动静,这笔交易也就因此没有谈成。后来才发现,这家公司早已经以一半的薪水雇别人了,而克莱尔先生却像傻瓜似的等待那个"负责的人"回来。

(资料来源:孙岢莉,王晓. 现代商务谈判. 高等教育出版社,2013.)

思考:(1)电视公司采用失踪策略的目的是什么?
(2)克莱尔先生的谈判策略是否有问题?如果是你,该如何应对电视公司所采用的失踪策略?

任务四　拒绝的技巧

学习导入

迂回补偿

有一个时期,市场上钢材特别紧张。有个专门经营成批钢材的公司生意非常兴隆。一天,公司经理的好朋友来找他,说急需一吨钢材,而且希望价格特别优惠,要求比市场上的批发价还低10%。公司经理因为过去的亲密友谊,实在无法毫不留情地加以拒绝,所以就巧妙地用补偿法来应付这位朋友。他对朋友说,本公司经营钢材是以千吨为单位的,无法拆开一吨来给他。不过,总不能让老朋友白跑一趟,所以他提议这位朋友去找一个专门经营小额钢材的公司。这家小公司和他们有业务往来,他可以给这家小公司打招呼,以最优惠的价格(毫无疑问,这一"最优惠"的含义是模糊的,因为再优惠,也不会比市场批发价低10%)卖给他一吨。这位朋友虽然遭到了拒绝,但因为得到了"补偿",所以拿着他写的条子高高兴兴地去找那家小公司,最后以批发价买了一吨钢材。

(资料来源:范银萍,刘青. 商务谈判. 北京大学出版社,中国林业出版社,2007.)

相关知识

谈判中的拒绝是商务谈判让步的独立面。拒绝是一门艺术,要选择恰当的语言、恰当的方式和恰当的时机,而且要留有余地。这就需要把拒绝作为一种手段、一种学问来探究。

一、对拒绝的认识

谈判中不仅充满了让步,同时也充满了拒绝。如果说,没有让步就没有谈判的话,那么,没有拒绝不仅没有了让步,同时也就没有了谈判。

首先,让步的本身也就是一种拒绝,因为让步是相对的,也是有条件或有限度的。试想难道会有人愿作无条件、无限制的让步吗?所以,一方的让步既说明他答应了对方的某种要求,同时也意味着拒绝了对方更多的要求。假定在某次买卖中,甲方报价1 000万元,乙方报价600万元。当甲方让步到900万元时,实际上拒绝了乙方的600万元;而乙方让步到700万元时,也意味着拒绝了甲方的900万元。所以说,让步中蕴涵了拒绝。

其次,拒绝本身也是相对的。谈判中的拒绝绝不是宣布谈判破裂、彻底失败。拒绝只是否定了对方的进一步要求,却蕴涵着对以前的报价或让步的承诺。而且谈判中的拒绝往往不是全面的,相反,大多数拒绝往往是单一的、有针对性的。所以,谈判中拒绝某些东西,却给对方留有在其他方面讨价还价的可能性。就拿上例来看,假定讨价还价进行下去,在第二轮让步中,甲方让步到850万元,乙方让步到750万元;在第三轮让步中,甲方再让步到820万元,乙方再让步到780万元,此时形成了僵局。双方拒绝再在价格上作任何让步了。甲方的820万元既是对乙方780万元的拒绝,同时也是一种新的承诺,即可以在此价格上成交;乙方的780万元也同样蕴涵了这两层意思。假定为了打破僵局,乙方用"附加条件让步法"提议:如果甲方能把交货期提前10天,乙方可以考虑把价格再提高10万元。甲方表示赞赏乙方的提议,不过甲方认为,如果价格定在800万元的话,那么可以满足乙方提前10天交货的要求。最后双方达成了价格800万元、提前10天交货的协议,握手成交。可见,拒绝绝非意味着关上了所有的大门。

谈判中的拒绝,说是"技巧"也好、"艺术"也罢,都是指拒绝对方时,不能板起脸来,态度生硬地回绝对方;相反,要选择恰当的语言、恰当的方式、恰当的时机,而且要留有余地。

二、商务谈判中几种常见的拒绝技巧

(一)寻找借口法

现代企业不是孤立的,它们的生存与外界有千丝万缕的联系。在商务谈判中也好,在企业的日常运转中也罢,有时会碰到一些无法满足对方要求的事情。面对对方或者来头很大,或者过去曾经有恩于你,或者是你非常要好的朋友、来往密切的亲戚,如果你简单地拒绝,那么很可能你的企业会遭到报复性打击,或者背上忘恩负义的恶名。对付这类对象,最好的办法是用借口法来拒绝他们。

【案例】

浙江某合资针织企业的产品销路非常好。有人拿了某领导的批条来找销售经理,要以低于批发价的价格购买一大批他们的产品。销售经理看日近中午,灵机一动,先把来人请进饭厅,招待吃饭,并对来人说:"你要的东西数量大、批价低,已经超出我的权限。不过你放心,这件事我马上全力去办。请先吃饭。"饭后,他又对持条人说:"你的条子要我们总经理批,可总经理刚到北京开会去了。你是否先回去,过两天再打电话来问问。"来人碰了个软钉子,发不出火,只好怏怏而返。过了两天,此人打电话去问。销售经理告诉说,他向总经理汇报过了。总经理答复:这种大事要开董事会研究。他安慰持条人说他会尽力向董事会争取的,要持条人过两个星期再打电话问情况。持条人一听这么麻烦,心里早就凉了半截。他明白要董事会里那些外国人点头同意是不可能的事,所以再也不打电话问结果了。销售经理巧妙地把对方的注意力从自己身上转移到总经理身上,再转移到外国董事身上,叫他有气也无处发。

(二) 提出问题法

所谓提出问题法，就是面对对方的过分要求，提出一连串的问题。这一连串的问题足以使对方明白你不是一个可以任人欺骗的笨蛋。无论对方回答或不回答这一连串的问题，也不论对方承认或不承认，都已经使他明白他提的要求太过分了。

【案例】

在一次中国关于某种农业加工机械的贸易谈判中，中方主谈面对日本代表高得出奇的报价，巧妙地采用了提出问题法来加以拒绝。中方主谈一共提出了四个问题：

(1) 不知贵国生产此类产品的公司一共有几家？
(2) 不知贵公司的产品价格高于贵国某某牌的依据是什么？
(3) 不知世界上生产此类产品的公司一共有几家？
(4) 不知贵公司的产品价格高于某某牌(世界名牌)的依据又是什么？

这些问题使日方代表非常吃惊，他们不便回答也无法回答。他们明白自己报的价格高得过分了。所以，只能设法自找台阶，把价格大幅度地降了下来。

像这样运用提问法来对付上述这种只顾自己利益、不顾对方死活而提出过分要求的谈判对手，确实是一副灵丹妙药。

(三) 充分理由法

要拒绝对方虚高的报价，就需要有充分的理由。当理由充分了，对方也就哑口无言了。

【案例】

有一回，我国有关部门想与西方某国谈判进口 50 万伏超高压变电设备。由于这是一对一的谈判，无法"货比三家"，给我方的谈判带来了很大的困难。为做好准备，我方技术主谈王秉正高级工程师查阅了大量的数据，从我国与其他国家购买同类设备的价格，到对方生产此类设备的成本；从对方多年来物价指数及汇率的变化，到他们出口到其他国家此类设备的各种价格。

经过几个月艰苦的准备，王总工程师积累的数据足有厚厚 7 本，技术参数和价格参数竟达 7 000 多项！带着这 7 本载有丰富信息也载有其顽强拼搏精神的资料，他踏上了飞机，信心十足地去与对方正式谈判。在谈判过程中，对方代表报出一个很高的价格，令王总工程师无法接受。王秉正先生告诉对方："太高了，应该减去一半！""为什么？"对方代表质问他。王总工程师回答道："因为某年某月某日，贵国卖给澳大利亚的同类设备，还不到你们此次报价的一半！"……经过双方艰苦的讨价还价，时间过去两个多月，谈判次数达 80 多次，对方终于以合理的价格与我方签约，前后降价达 500 万美元！

在这一则由中国技术进口总公司顾问王秉正高级工程师主持的谈判故事中，我们可以看到，要使谈判成功，拒绝对方虚高报价，让对方心服，就需要有充足的理由。为了赢得这场一对一的谈判，王秉正先生不惜花费了几个月的时间做谈判前的资料准备工作，终使他掌握了大量的一手资料，为谈判的成功奠定了坚实的基础。

(四) 给予补偿法

谈判中有时仅靠以理服人、以情动人是不够的，毕竟双方最关心的是切身利益，断然拒绝会激怒对方，甚至交易终止。假使我们在拒绝时，在能力所及的范围内，给予适当优惠条件或补偿,往往会取得意想不到的效果。自动剃须刀生产商对经销商说:"这个价位不能再降了,这样吧,再给你们配上一对电池,既可赠送促销,又可另作零售,如何?"房地产开发商对电梯供货商报价较其他同业稍高极为不满,供货商信心十足地说:"我们的产品是国家免检产品,优质原料,进口生产线,相对来说成本稍高,但我们的产品美观耐用、安全节能,况且售后服务完善,一年包换,终身维修,每年还免费两次例行保养维护,解除您的后顾之忧,相信您能做出明智的选择。"

(五)条件拒绝法

赤裸裸地拒绝对方必然会恶化双方的关系,不妨在拒绝对方前,先要求对方满足你的条件:如对方能满足,则你也可以满足对方的要求;如对方不能满足,那你也无法满足对方的要求。这就是条件拒绝法。

这种条件拒绝法往往被外国银行的信贷人员用来拒绝向不合格的发放对象发放贷款。这是一种留有余地的拒绝。银行方面的人绝不能说要求借贷的人"信誉不可靠"或"无还款能力"等。那样既不符合银行的职业道德,也意味着断了自己的财路,因为说不定银行方面看走了眼,这些人将来飞黄腾达了呢?所以,银行方面的人总是用条件法来拒绝不合格的发放对象。既拒绝了对方,又不让别人朝你发火,这就是条件拒绝法的威力所在。

(六)不说理由法

时任苏联外长葛罗米柯是精通谈判之道的老手。他在对手准备了无可辩驳的理由时,或者无法在理论上与对手一争高低时,又或者不具备摆脱对方的条件时,他的看家本领是不说明任何理由,光说一个"不"字。

美国前国务卿万斯早就领教过葛罗米柯的"不"战术。1979年,他在维也纳同葛罗米柯谈判时,出于好奇在谈判中记录了葛罗米柯说"不"的次数,一次谈判下来竟然有12次之多。平心而论,葛罗米柯之所以历经四位苏联领导人的变换而不倒,先后同九位美国总统谈判而不败,这种不说明理由的"不"战术,是他众多法宝中的重要法宝之一。

(七)幽默法

在谈判中,如果遇到不好正面拒绝对方的要求或条件,你可以不直接加以拒绝,而是全盘接受。然后根据对方的要求或条件推出一些荒谬的、不现实的结论,从而加以否定。这种拒绝法,往往能产生幽默的效果。

【案例】

1941年,丘吉尔就任英国首相不久,为了了解美国的外交政策,他亲自赴美会见罗斯福总统。

在丘吉尔抵美的第二天一大早,罗斯福前来拜访住在白宫客房部的丘吉尔。正巧,丘吉尔刚刚洗完澡,全身赤裸裸地走出浴室。罗斯福一看情况不对,立即困窘地要转头离去。此时,丘吉尔叫住了罗斯福,神情自若地对他说:"你看!英国首相对美国总统的'坦诚相见',是绝对没有任何一丝隐瞒啊!"罗斯福频频点头,笑着说:"你说得好!你说得好!"

丘吉尔通过机智幽默,当场化解了双方的尴尬,而且一语双关,充分表达了英国人对美国人的那份坦诚相待的尊敬和诚意。

(八)移花接木法

在谈判中,对方要价太高而自己无法满足对方的条件时,可移花接木或委婉地设计双方无法跨越的障碍,既表达了自己拒绝的理由,又能得到对方的谅解。如"很抱歉,这个超出我们的承受能力……""除非我们采用劣质原料使生产成本降低50%才能满足你们的价位。"暗示对方所提的要求是可望而不可即的,促使对方妥协。也可运用社会局限如法律、制度、惯例等无法变通的客观限制,如"如果法律允许的话,我们同意;如果物价部门首肯,我们无异议"。

（九）肯定形式,否定实质

人人都渴望被了解和认同,可利用这一点从对方意见中找出彼此同意的非实质性内容,予以肯定,产生共鸣,造成"英雄所见略同"之感,借机顺势表达不同的看法。某玩具公司经理面对经销商对产品知名度的诘难和质疑,坦然地说:"正如你所说,我们的品牌不是很知名,可我们将大部分经费运用在产品研发上,生产出式样新颖时尚、质量上乘的产品,面市以来即产销两旺,市场前景看好,有些地方竟然脱销……"

三、拒绝的注意事项

要想熟练掌握拒绝技巧,还必须注意以下两点:

第一,要明白拒绝本身是一种手段而不是目的。这就是说,谈判的目的不是为了拒绝,而是为了获利,或者为了避免损失,一句话,是为了谈判成功。这一点看起来似乎谁都明白,其实不然,纵观谈判的历史,尤其在激烈对抗的谈判中,不少谈判者被感情所支配,宁可拒绝也不愿妥协、宁可失败也不愿成功的情况屡见不鲜。他们的目的似乎就是为了出一口气。

第二,不要害怕拒绝别人。有的谈判者面对老熟人、老朋友、老客户时,该拒绝的地方不好意思拒绝,生怕对方面子下不来。其实,该拒绝的地方不拒绝,不是对方没有面子,而是你马上就可能没有面子。因为你应该拒绝的地方,往往是你无法兑现的要求或条件。你不拒绝对方,又无法兑现,这不意味着你马上就要失信于对方,马上就要没有面子了吗?

课堂训练

小组讨论:运用拒绝技巧要注意的事宜。

任务五　签约的技巧

学习导入

白小麦、红小麦

河南某地粮食购销公司与某省一县粮油公司签订了一份小麦购销合同,河南需方收到小麦后发现是红小麦,提出拒收,声称按山东标准,小麦是指白小麦。供方辩称,他们那里生产的小麦是指红小麦,由此而发生纠纷。所以,双方当事人签订合同时,对标的物名称表述应使用科学、标准化的名称或全国通用名称,而不要使用地区性习惯名称。

（资料来源:http://3g.17k.com/wap2/contentshow.aspx? bookid=999117512662701858&index=4.）

相关知识

签订谈判协议或合同是谈判的直接目的。就谈判本身而言,谈判的最终结果就是签订谈判协议或合同,即以契约的方式,把双方达成的目标、条件和意见确定下来,经双方签字后成为具有法律效力的谈判文件。所以,签订契约不仅是商务谈判过程中一个极重要的环节,而且也是较容易出现疏漏甚至差错的一个环节。在谈判过程中,费了九牛二虎之力争得某些正当利益,但往往因签约时的疏忽而功亏一篑。同时,如果契约不符合法定规范,缺少了合约有效成立的要件时,也得不到法律的保护。

一、商务合同的概述

(一)商务合同的定义

商务合同在合同法中没有一个明确的定义,是一种通用合同,也称为经济合同。根据《中华人民共和国合同法》第二条规定:"合同是平等主体的自然人、法人、其他组织之间设立、变更、终止民事权利义务关系的协议。"商务合同是指有关各方之间在进行某种商务合作时,为了明确各自的权利和义务而正式依法订立的协议条文。国际商务合同是不同国家(地区)的当事人通过友好协商,按照一定交易条件,买卖某种商品所达成的协议。它是根据买卖双方都接受的国际贸易惯例或国家法律的规定而成立的。合同不仅规定买卖的商品,也规定双方的权利和义务,对双方均有约束力。

(二)商务合同的特征

商务合同作为一种特定的法律关系,既区别于一致的社会关系,也不同于其他的社会关系。其特征包括:

(1)商务合同关系必须有双方或多方当事人参加,当事人不能自己同自己签订合同,必须是双方或多方共同进行的商务活动。

(2)商务合同关系必须是在当事人意思表示一致的基础上才能成立。商务合同既然是一种协议,就说明它是订立合同的双方当事人经过协商最后议定的意见。这个协商过程无论多么长,双方的意见最后总得互相吻合,也就是意思表示必须一致;否则,合同就不能成立。

(3)商务合同是专门设立、变更或终止一定的民事关系的协议。所谓民事关系,是指民事上的权利义务关系,如买卖关系、借贷关系等。商务合同的内容就是规定当事人双方的这些权利义务关系,或者在他们之间设立一种权利义务关系,或者变更一定的权利义务关系,还可以终止当事人之间原有的权利义务关系。

(4)商务合同依法成立即具有法律约束力,当事人各方都必须严格按照合同的约定,全面地履行自己应尽的义务,并依法享有应有的权利。不履行或不全面履行合同的行为是一种违法行为,应当受到相应的法律制裁。在商务合同关系中提倡讲信用,但是这种信用不同于道德信用,而属于法律信用,不遵守合同信用,不仅要受到舆论的谴责,同时还要受到法律的制裁。《民法通则》第八十五条规定:"依法成立的合同,受法律保护。"《合同法》第八条规定:"依法成立的合同,对当事人具有法律约束力。当事人应当按照约定履行自己的义务,不得擅自变更或者解除合同。依法成立的合同,受法律保护。"这也正是合同这种形式之所以为人采用、被人信赖的关键所在。

(5)商务合同一般采取书面形式。除即时清结者外,合同应当采取书面形式,可以表现为双方签署的文件,也可以表现为双方交换的信件、电报和图表。《合同法》第十条规定:"当事人订立合同,有书面形式、口头形式和其他形式。法律、行政法规规定采用书面形式的,应当采用书面形式。当事人约定采用书面形式的,应当采用书面形式。"第十一条规定:"书面形式是指合同书、信件和数据电文(包括电报、电传、传真、电子数据交换和电子邮件)等可以有形地表现所载内容的形式。"

（三）商务合同的种类

商务合同种类繁多，常见的有购销合同、借贷合同、租赁合同、协作合同、加工合同、基建合同、保险合同、货运合同、责任合同等。商务合同以不同的方式分类，主要有以下几种：

(1)按商务合同制作人区分。卖方制作的，称为"销售合同"(Sales Contract)；买方制作的，称为"购货合同"(Purchase Contract)。

(2)按商务合同签约单位所属国家区分。都同属一个国家的，属于国内商务合同，如国内企业间签订的货物买卖合同等；属于不同国家间的企业签订的国际技术转让合同、进出口货物贸易合同等，属于国际商务合同。

(3)按商务合同的标的不同区分。如建设工程合同、运输合同、技术合同等。

(4)按商务合同的形式区分。有口头商务合同和书面商务合同。《联合国国际货物销售合同公约》第十一条规定："销售合同无须以书面订立或书面证明，在形式方面也不受任何其他条件的限制。销售合同可以用包括人证在内的任何方法证明。"当然，此类商务合同一般用于标的金额不大、双方比较熟悉、履约快的经济活动。而对于书面商务合同，许多国家都有规定，商务合同一般采取书面合同形式，我国的《合同法》也对此有明确规定。

（四）商务合同的构成

尽管商务合同的种类多，但无论何种商务合同，一般都由合同首部、本文、合同尾部三部分构成。

(1)合同首部，包括序言、合同名称、编号、缔约日期、缔约地点、缔约双方的名称和地址等。

(2)本文，即合同的主体部分，规定双方的权利和义务，包括商品名称、品质规格、数量、包装、单价和总值、交货期、装运港和目的港、支付方式、保险条款、商检条款、异议索赔、仲裁和不可抗力条款等。

(3)合同尾部，包括合同使用文字、份数、效力的有关说明和买卖双方签字等。

课堂训练

小组讨论：对商务合同的认识。

二、商务合同签约技巧

我们在商业实践中不可避免地要经常与合同打交道，合同违约后的诉讼成本是很高的。在针锋相对的违约诉讼中，律师趁机开出高价账单也是常有的事。诉讼中，合同中的每一个字、每一个词、每一句话，都意味着潜在的输或赢，合同双方在这上面下的赌注也很大。

如果在起草或签订合同时能够很好地把握两条原则，即小心谨慎和深思熟虑，那么，在将来可能发生的违约诉讼中，你可能已经抢先一步，胜券在握了。在签订合同时，注意以下十个方面的技巧，能让你的公司免受诉讼的困扰。

（一）合同名称与合同内容是否一致

有些企业使用合同统一文本，这本是好事，但由于对合同性质了解不细，会出现张冠李戴的事情。例如，本是加工承揽合同，却使用购销合同文本，为合同以后的履行和适用法律条款增添了争议。

（二）列明每项商品的单价

有些企业在购销合同中，标的是多类商品，却只在合同中明确各类商品的总价款，而不确定具体每种商品的单价,一旦合同部分履行后发生争议,就难以确定尚未履行的部分商品的价款。

(三)在合同中明确违约金和赔偿金计算方法

《合同法》虽然规定一方违约,另一方可以向其追索违约金和赔偿金,但如果合同中没有明确违约金的数额,法院就会视为双方当时放弃违约金权利,而不予支持。对赔偿金计算方法作出明确约定,有利于以后发生争议时迅速确定赔偿金额。

(四)确定管辖法院

现在一些案件,经常在诉讼管辖上耗费时间和精力。如何避免?不妨在合同中明确管辖法院。根据《民事诉讼法》有关规定,合同的双方当事人可以在书面合同中协议选择被告住所地、合同履行地、合同签订地、原告住所地、标的物所在地人民法院管辖,但不得违反诉讼法中对级别管辖和专属管辖的规定。在签订合同时,双方一般比较友好,容易达成一致意见,如果事先确定了管辖法院,就不必在以后为争管辖法院而斗得你死我活了。

(五)注意用词严谨

不要在合同中用模棱两可的词句或多义词。有这样一个案例,原告甲与乙口头约定,由乙向甲借款5万元。后来,乙归还了部分借款,甲为乙出具一张凭据"还欠款1万元"。后来,甲因乙迟迟不归还余款,遂向法院起诉,要求乙归还余款4万元。这就出现了两种理解方法:一种认为,甲为乙出具的是一张收条,其真实意思是,实际收到了乙归还的欠款1万元,乙仍然欠款4万元,这里的"还"应读为 huan;另一种意见认为,甲出具的条子是一张证明,它证明了甲与乙之间现存的欠款标的额,此处的"还"应当读为 hai,意思为乙还有1万元未归还,故应判令乙归还甲1万元。这个案例说明,用词不严谨只能给自己造成麻烦,而给别有用心之人钻了空子。

还有一份合同在结尾中这样写:合同在双方签字盖章后生效。但是一方只签了字而没有盖章,事后不久双方闹至法院,一方提出由于合同只签了字而没有盖章,双方约定合同成立的要件不全,因此合同不成立。

以上事例说明,如果当事人在签合同时多斟酌一下,这些问题应该可以避免。

(六)签约对象的主体资格

当前,经营单位的性质、种类、背景比较复杂,有关部门的管理不到位现象比较普遍。在此情况下,为防范欺诈行为,减少交易风险,非常有必要考虑交易对方的主体资格、履行合同能力、信用情况等。主体资格方面,应当查看一下对方的营业执照原件和企业参加年检的证明资料,不能仅凭其名片、介绍信、工作证、公章、授权书、营业执照复印件等证件。有的企业因连续两年不参加年检而已被工商部门吊销营业执照,如果你稍一疏忽,就可能掉进一些不法分子设置的陷阱。

(七)合同条款必须对等

合同是当事人之间设立、变更、终止权利义务关系的协议,《合同法》明确规定当事人应当遵循公平原则确定各方的权利和义务,一方享受权利,必须承担义务。合同条款的对等性是公平原则的重要内容。不要签订义务多、责任重、权利少这类一边倒的合同,例如,合同只规定我方违约要如何处理而无对方违约如何处理的内容。同样,也不要签订权利多、义务少、责任轻的合同,否则另一方可能以该合同违背公平原则对合同的有效性提出抗辩。

(八)注意定金与"订金"的区别

定金是债的一种担保方式,《合同法》规定当事人可以依照《中华人民共和国担保法》约定一方向对方给付定金作为债权的担保。债务人履行债务后,定金应当抵作价款或者收回。给付定金的一方不履行约定的债务的,无权要求返还定金;收受定金的一方不履行约定的债务的,应当双倍返还定金。可见,定金具有惩罚性,在《合同法》上称为"定金罚则"。在实践中,不少人将定金写成了"订金",而"订金"在法律上被认定为预付款,不具有担保功能。

(九)注意项目分包合同的特殊要求

公司承揽的有些项目是从其他承包商那里分包而来的,此类合同涉及的一个重要问题是发包方是否允许承包商对项目进行分包或转包,通常的情况是发包方禁止项目转包和分包,或者规定未经发包方同意,承包商不得将项目转包或分包给第三方。根据《合同法》的规定,转包、分包都要经过发包方的同意,否则转包或发包行为无效。对工程项目进行转包或分包的承包商往往对分包方隐瞒了原合同的规定,对此应当直接向承包商提出此问题,并要求其征得发包方同意将工程转包或分包给我方。

(十)仲裁机构名称要写具体、明确

有的合同在约定仲裁事项时,只是笼统地写:一旦发生纠纷,在甲方(或乙方)所在地仲裁部门解决。这样的仲裁条款只是约定了仲裁地点,而对仲裁机构没有约定,实际上不具有任何法律效力。根据《仲裁法》的规定,当事人在订立仲裁协议或约定仲裁条款时,应当选定仲裁委员会。所以对仲裁机构必须写具体的名称,如青岛仲裁委员会、烟台仲裁委员会。如果没有写具体名称,发生纠纷后只能由当事人协商签订补充协议予以明确,协商不成,原仲裁协议或合同仲裁条款无效。

以上技巧适用于各种合同,比如办公租赁合同、加工定做合同、买卖合同、劳动合同、设备租赁合同、工程承包合同等。只要你熟练掌握,并加以灵活运用,定能在激烈商战中立于不败之地。

课堂训练

道具:根据需要准备。

参加人数:6人以上。

规则:

(1)游戏组织者在游戏前拟定一份"合同",写明游戏参加者在游戏中可以做和不可以做的事。"合同内容"最好要详细,并写在纸上。

(2)最好在户外进行。将游戏参加者平均分成两组,分别为A组和B组,游戏组织者将"合同"交给游戏参加者传阅,有条件的话,可以给每人复印一份。

(3)游戏开始,每个游戏参加者可以做任何"合同"中允许的事情,也可以做"合同"中没有提到的事情,如果做了"合同"中不允许的事情则停止他的游戏。游戏组织者进行监督。

(4)最后剩下的游戏参加者所代表的组获胜。

目的:在游戏中体会在"合同"限制下应该怎样做事。

讨论:(1)游戏中你是不是能记得所有的"合同"要求?

(2)你是因为违反了合同中的哪条被淘汰的?有没有人能在不违反"合同"的情况下,总能做到他想做的事?

(3)坚持到最后的人,是因为做事少还是因为做事的时候小心翼翼?

(4)对比游戏想一想,谈判时双方签订的合同对双方行为的约束力有多强?

学习自测

一、选择题

1. 如果我们把不同的商品放在一起,会发现这些商品的价格各不相同,有的高,有的低;如果我们把视线集中在同一种商品上,也会发现这种商品的价格不是固定不变的,它有时高,有时低。对这两种情况出现的价格"高"、"低"的正确认识是(　　)。
   A. 本质是一样的,都是由生产商品的社会必要劳动时间不同造成的
   B. 本质是一样的,都是由市场供求关系的变化引起的
   C. 本质不同,前者是由价值量不同造成的,后者是由供求关系变化引起的
   D. 本质不同,前者是由供求关系变化引起的,后者是由价值量不同造成的

2. 在谈判让步时,下列做法中不正确的是(　　)。
   A. 不做无谓的让步
   B. 要与对方做同等幅度的让步
   C. 一次让步的幅度不要过大
   D. 先让步次要的,再让步较重要的

3. 你认为商务谈判在履约阶段的主要工作是(　　)。
   A. 签约即大功告成,此阶段不重要
   B. 协议的进一步修改、完善
   C. 处理违约索赔和争议仲裁等事务
   D. 后续合作,落实协议,做好总结

4. 不属于拖延技巧的是(　　)。
   A. 清除障碍　　B. 消磨意志　　C. 赢得好感　　D. 幽默法

5. 不属于拒绝技巧的是(　　)。
   A. 寻找借口法　　B. 充分理由法　　C. 给予补偿法　　D. 等待时机

二、判断题

1. 报价一方在报价时,不仅要以己方可能获得的利益为出发点,更要考虑对方可能的反应和能否被对方接受。(　　)

2. 在一般情况下,谈判人员都具有全权处理谈判中所有问题的权力。(　　)

3. 商务契约也称商务合同,在我国则称为经济合同,它是两个或两个以上的当事人之间为了实现一定的经济目的,依照法律规定,通过协商所达成的明确双方权利和义务的协议。(　　)

4. 拖延战术作为一种基本手段,在具体实施中是可以有许多变化的。(　　)

5. 首先,让步的本身也就是一种拒绝,因为让步是相对的,也是有条件或有限度的。(　　)

案例分析

贷款合同的谈判

中方 A 公司与美方 B 公司就某项条款进行谈判,美方 B 公司就该项条款与 A 方始终未达成协议,且始终不愿做出进一步的让步。在进一步的谈判中,A 方人员虽然耐心地重申了己方的有关要求,并希望双方都能在互利互惠的基础上做出进一步的让步,但 B 方人员却含糊其辞,顾左右而言他,一会儿说 A 方的有关要求还是不够明确,一会儿又借口有急事需要处理,希望谈判能够继续拖延,要么就是将谈判委托给无实际决策权的人员来进行。

(资料来源:百度文库—教育专区—高等教育—管理学—商务谈判试卷及答案.)

问题：(1)你认为 B 方人员的所作所为有何不妥之处？
(2)你认为谈判结果将如何？

实训项目

实训目的：运用商务谈判的技巧。

实训背景：李先生是苏州一家电子元件生产企业的销售人员，他新开发了上海一家客户，双方就供货事宜达成了长期合作协议。最近，李先生按公司的要求与客户签订了销售合同，合同中规定货到付款，支付方式是银行汇票，运费由卖方承担。李先生按客户要求按时送货上门，对方验货后以现金的方式支付了全部货款。在回公司的途中，李先生与驾驶员在高速公路服务区餐厅用餐时，他身旁装有货款的皮包被盗……

将参加实训的学生分成若干谈判小组，分别代表两家正在准备谈判的公司进行模拟谈判。

讨论：双方在合同履行中存在什么问题？

学习单元五

商务谈判的组织

职业素养

1. 提升一个合格商务谈判人员的综合素质；
2. 培养商务谈判人员的合作意识；
3. 养成商务谈判人员良好的习惯。

能力目标

1. 了解有效的商务谈判组织对商务谈判成功的影响；
2. 熟悉商务谈判组织与管理的过程；
3. 掌握商务谈判控制的关键环节与要点。

任务一　商务谈判人员的选择

学习导入

谈判班子的构成

某家电商场与某摄像机生产厂就追加购买摄像机的数量问题进行谈判。此前双方曾经进行过关于销售摄像机的谈判。由于该摄像机厂生产的摄像机性能优良、使用寿命长，很受客户青睐，家电商场最初购进的 50 台摄像机在一个月的时间内即销售一空。于是，家电商场准备再次购进 300 台，但希望价格能和以前一批一样。摄像机厂获得家电商场的销售情况后，决定抬高摄像机的价格。就这样，针对价格问题双方进行了一次谈判。家电商场派出了以销售经理为负责人的 5 人代表团，而摄像机厂却只有一人赴会。表面上看，这是一场众寡悬殊的谈判，但其实胜算的比例摄像机厂要大于商场。商场急于要货，因为摄像机销售得快，利润也高，如果耽搁时间过长将导致一笔不小的损失。厂家当然是把摄像机居为奇货,尽管只有一人在场,却成竹在胸,最终家电商场经过艰苦的谈判,只得适当地增加价格,才达成了追加进货的协议。

(资料来源:杨雪清.商务谈判与推销.北京交通大学出版社,2009.)

相关知识

谈判的主体是人,因此,筹备谈判的第一项工作内容就是人员准备,也就是说,组建谈判班子。谈判班子的素质及其内部协作与分工的协调对于谈判的成功是非常重要的。

一、谈判队伍的规模

组成谈判队伍,首先遇到的问题是应该选择多少人组成这一组织最为合适。根据谈判的规模,谈判可分为一对一的个体谈判和多人参加的集体谈判。从某种意义上说,谈判队伍的规模越小越好,最理想的规模是一个人,即个体谈判。所谓个体谈判,是指参加谈判的双方各派出一名谈判人员完成谈判的过程。美国人常常采取此种方式进行谈判,他们喜欢单独或在谈判桌上只有极少数人的情况下谈判,并风趣地称为"孤独的守林人"。个体谈判的好处在于:在谈判中,个体谈判者可以在授权范围内,随时根据谈判桌上的风云变幻以及对手的反应及时做出自己的判断,不失时机地做出决策以捕获转瞬即逝的机遇,而不必像集体谈判时那样,对某一问题的处理首先要在内部取得一致意见,而这一致意见的取得,有时需要经过多次的讨论,甚至争执而产生,然后才能做出相应的反应,因此常常会延误战机。同时,个体谈判中谈判者也不必担心对方向自己一方谈判成员中较弱的一人发动攻势以求个别突破,或利用计谋在己方谈判人员间制造意见分歧,从中渔利。一个人参加谈判独担责任,无所依赖和推诿,全力以赴,不会在协作和沟通上出现问题,可以使谈判完全控制在自己一人手中,因此会产生较高的谈判效率。谈判班子由一个人组成也有其缺点,由于谈判只有一个人,因此谈判者往往担负多方面工作,要对付多方面问题,可能影响其谈判工作效果。同时,由于个体谈判需要单独决策,面临决策压力较大,而且在谈判中,谈判者可能无法在维持良好的谈判形象的同时扮演多种角色,因而使谈判策略运用受限制。况且,在现代社会里,谈判往往是比较复杂的,涉及面很广。从涉及的知识领域来讲,包括商业、贸易、金融、运输、保险、海关、法律等多方面的知识,谈判中所要收集运用的资料也是非常之多,这些绝非个人的精力、知识、能力所能胜任的,何况还有"智者千虑,必有一失"之说。因此,个体谈判一般只能适用于谈判内容比较简单的情况。

在通常情况下,谈判班子的人数在一人以上。由多个人组成谈判班子,可以满足谈判多学科、多专业的知识需要,谈判人员之间取得知识结构上的互补,发挥综合的整体优势。同时,谈判人员分工合作、集思广益、群策群力,形成集体的进取与抵抗的力量,常言说得好,"三个臭皮匠,顶过一个诸葛亮"。因此,成功的谈判有赖于谈判人员集体智慧的发挥。研究日本问题的专家指出,日本人就像一群小鱼在鱼王的率领下在大海中游行。如果遇到危险的信号,不是四处逃散,而是随鱼王迅速调转方向集体脱险,这可以说是日本民族精神的形象描绘,从中也可悟到日本为什么会成为东方民族经商的代表。

那么,到底采用多少人组成谈判班子呢?一般而言,谈判班子人数的多少没有统一的标准,谈判的具体内容、性质以及谈判人员的知识、经验、能力不同,谈判班子的规模也不同。实践表明,直接上谈判桌的人不宜过多。国外大多数谈判专家认为,理想的谈判组人数应尽量控制在小范围内,人数越少,谈判人员越容易协同一致、越容易管理,理想的人数应在4人左右。当然,如果谈判涉及的内容较广泛、较复杂,需要由各方面的专家参加,则可以把谈判人员分为两部分:一部分主要从事背景材料的准备,人数可适当多一些,即台下当事人;另一部分直接上谈判桌,即台上当事人,这部分人数与对方相当为宜。在谈判中,应注意避免对方出场人数很少,而我方人数很多的情况。

二、谈判人员应具备的素质

谈判是一种对思维要求较高的活动,是谈判人员之间在知识、智慧、勇气、耐力等方面的较量。素质所包含的范围非常广泛,它不仅指谈判人员的文化、技术水平和业务能力,也包括谈判人员的心理承受能力等。

人是谈判的行为主体,谈判人员的素质是筹备和策划谈判谋略的决定性主观因素,它直接影响整个谈判过程的发展,影响谈判的成功与失败,最终影响谈判双方的利益分割。可以说,谈判人员的素质是事关谈判成败的关键。

那么,一个优秀的谈判人员应具备怎样的素质呢?

弗雷斯·查尔斯·艾克尔在《国家如何进行谈判》一书中写道:"根据十七八世纪的外交规范,一个完美无缺的谈判者,应该心智机敏,而且有无限的耐心;能巧言掩饰,但不欺诈行骗;能取信于人,而不轻信于人;能谦恭节制,但又刚毅果断;能施展魅力,而不为他人所惑;能拥有巨富、藏娇妻,而不为钱财和女色所动。"当然,对于谈判人员的素质,古今中外向来是仁者见仁、智者见智,但是一些基本的要求却是共同的,并被许多谈判者所遵奉。

(一) 良好的职业道德

这是谈判人员必须具备的首要条件,也是谈判成功的必要条件。谈判人员是作为特定组织的代表出现在谈判桌上的,商务谈判人员不仅代表组织的经济利益,而且在某种意义上还肩负着维护国家利益的义务和责任。因此,作为谈判人员必须遵纪守法、廉洁奉公,忠于国家、组织和职守,要有强烈的事业心、进取心和责任感。在商务谈判中,也存在见利忘义、损公肥私,为了自己的私利,通过向对手透露情报资料,甚至与外商合伙谋划等方式,使己方丧失有利的谈判地位,使国家、企业蒙受巨大的经济损失。为了防止这类情况的发生,谈判人员必须忠于职守,具有较高的思想素质。作为谈判人员,必须自觉维护国家、集体的利益,绝对不能见利忘义、损公肥私,在谈判中应以国家、企业的利益为重,始终把握"组织的利益就是最高利益,组织发展自己才能发展"的原则,积极谋求企业利益目标的实现。

(二) 健全的心理素质

谈判是各方之间精力和智力的较量,较量的环境在不断变化,对方的行为也在不断变化,要在较量中达到特定目标,谈判人员就必须具有健全的心理素质。

健全的心理素质是谈判者主体素养的重要内容之一,表现为谈判者主体应具备坚韧顽强的意志、高度的自制力和良好的协调能力等。

1. 坚韧顽强的意志

谈判的艰巨性,只有置身其中才能感受到。许多重大艰辛的谈判,就像马拉松运动一样,考验着参与者的意志。只有具有坚韧毅力的谈判者,才能在较量中获得最后胜利。

"宝剑锋从磨砺出,梅花香自苦寒来",一个杰出的谈判家只有经过艰苦卓绝的意志磨砺,才能胜任谈判这样艰巨而又复杂的任务。谈判者之间的持久交锋,不仅是一种智力、技能和实力的比试,更是一场意志、耐心和毅力的较量。因此,如果谈判者没有坚韧不拔、忍耐持久的恒心和泰然自若的精神,是难以适应的。正如一位谈判能手曾这样说过:"永远不轻易放弃,直到对方至少说了七次'不'。"谈判者只有具备了这样的素质,才能应付各种艰巨复杂的谈判。

2. 高度的自制力

自制力是谈判者在谈判环境发生巨大变化时克服心理障碍的能力。由于谈判始终是利益的对决,谈判双方在心理上处于对立,故而僵持、争执的局面不可避免,这会引起谈判者情绪的波动。如果谈判者出现明显的情绪变化,如发怒、沮丧等,可能会产生疏忽,给对手以可乘之机。所以作为一个优秀的谈判人员,无论是在谈判的高潮阶段还是低潮阶段,都要能心静如水,特别是当胜利在望或陷入僵局时,更要能够控制自己的情感。喜形于色或愤愤不平,不仅有失风度,而且会让对方抓住弱点与疏漏,给对方以可乘之机。

3. 良好的协调能力

协调能力是指谈判者善于与他人和睦相处,有良好的人际关系。在谈判中,谈判人员之间的协调行动是非常重要的。一个好的谈判者,既要尊重他人,虚心听取一切有利于谈判进行和谈判目标实现的合理意见,又要善于解决矛盾冲突,善于沟通,调动他人,使谈判人员为实现谈判目标密切合作、统一行动。

(三)合理的学识结构

商务谈判过程是测验谈判者知识、智慧、勇气、耐力的过程,更是谈判双方才能较量的过程。因此,商务谈判的参加者必须要有合理的学识结构。商务谈判人员既要知识面宽,又要在某些领域有较深的造诣。也就是说,不仅在横向方面有广博的知识,而且在纵向方面也要有较深的专门学问,两者构成一个"T"字形的知识结构。

1. 谈判人员的横向知识结构

从横向方面来说,商务谈判人员应当具备的知识包括:我国有关经济贸易的方针政策及我国政府颁布的有关法律和法规;某种商品在国际、国内的生产状况和市场供求关系;价格水平及其变化趋势的信息;产品的技术要求和质量标准;有关国际贸易和国际惯例知识;国外有关法律知识,包括贸易法、技术转让法、外汇管理法及有关国家税法方面的知识;各国各民族的风土人情和风俗习惯;可能涉及的各种业务知识、金融知识和市场营销知识;等等。

2. 谈判人员的纵向知识结构

从纵向方面来说,作为商务谈判的参与者,应当掌握的知识包括:丰富的专业知识,即熟悉产品的生产过程、性能及技术特点;熟知某种(类)商品的市场潜力或发展前景;丰富的谈判经验及处理突发事件的能力;掌握一门外语,最好能直接用外语与对方进行谈判;懂得谈判的心理学和行为科学;了解谈判对手的性格特点;等等。

上述的"T"字形知识结构,构成了一个称职的商务谈判人员的必备条件,也是一名合格的谈判人员应具备的最起码的个体素质要求;否则,将无法应付复杂的谈判局面,承担谈判任务,更谈不上维护本企业和国家的利益。一名称职的商务谈判人员,在力争将自己培养成全才的同时,还应当精通某个专业或领域;否则,对相关产品的专业知识知之甚少,就会导致在谈判技术条款时非常被动,提不出关键意见,这无疑将削弱本方的谈判实力。一个商务谈判人员应该是"全能型专家"。所谓"全能",即通晓技术、商务、法律和语言,涵盖上述纵横各方面的知识;所谓"专家",即指能够专长于某一个专业或领域的人。

总之,扩大知识视野,深化专业知识,猎取有助于谈判成功的广博而丰富的知识,能使谈判人员在谈判的具体操作中,左右逢源,运用自如,最终取得谈判的成功。

(四)谈判人员的能力素养

谈判者的能力是指谈判人员驾驭商务谈判这个复杂多变的"竞技场"的能力,是谈判者在谈判桌上充分发挥作用所应具备的主观条件。它主要包括以下内容:

1. 认知能力

善于思考是一个优秀的谈判人员所应具备的基本素质。谈判的准备阶段和洽谈阶段充满了多种多样、始料未及的问题和假象。谈判者为了达到自己的目的,往往以各种手段掩饰真实意图,其传达的信息真真假假、虚虚实实。优秀的谈判者能够通过观察、思考、判断、分析和综合的过程,从对方的言语和行为迹象中判断真伪,了解对方的真实意图。

2. 运筹、计划能力

谈判的进度如何把握?谈判在什么时候、什么情况下可以由准备阶段进入接触阶段、实质阶段,进而到达协议阶段?在谈判的不同阶段将使用怎样的策略?这些都需要谈判人员发挥其运筹、计划的能力,当然这种运筹和计划离不开对谈判对手背景、需要、可能采取的策略的调查和预测。

3. 语言表达能力

谈判是人类利用语言工具进行交往的一种活动。一个优秀的谈判者,应像语言大师那样精通语言,通过语言的感染力强化谈判的效果。谈判中的语言包括口头语言和书面语言两类。无论是哪类语言,都要求准确无误地表达自己的思想和感情,使对手能够正确领悟你的意思,这点是最基本的要求。另外,还要突出谈判语言的艺术性。谈判中的语言不仅应当准确、严密,而且应生动形象,富有感染力。巧妙地用语言表达自己的意图,本身就是一门艺术。

4. 应变能力

谈判中发生突发事件和产生隔阂是难以避免的,任何细致的谈判准备都不可能预料到谈判中可能发生的所有情况。千变万化的谈判形势要求谈判人员必须具备沉着、机智、灵活的应变能力,要有冷静的头脑从而正确地分析、迅速地决断,善于将灵活性与原则性结合起来,灵活地处理各种矛盾,以控制谈判的局势。应变能力主要包括处理意外事故的能力、化解谈判僵局的能力、巧妙袭击的能力等。

5. 交际能力

商务谈判是一项谈判过程,更是一项交际过程。真正的交际能力是与人沟通感情的能力,绝不是花言巧语的伎俩。

6. 创造性思维能力

创造性思维是以创新为唯一目的,并能产生创意的思维活动。它反映了人们解决问题的灵活性和创新性。谈判人员要具备强大的创造性思维能力,勇于开拓创新,拓展商务谈判的新思维、新模式和新方法。创造性可以提高谈判的效率。

延伸阅读　　　　　　*首席谈判必备的素质*

虽然世界上某些谈判是在大批专家之间进行的,但真正的交锋还是发生在两位首席谈判之间,拥有良好素质的首席谈判往往决定了谈判的成功。

1. 机敏

成功的首席谈判必须有能力让谈判对手看到"只有那样做才能得到最佳效果",这就要求其具备诚实和狡猾两者兼备的综合素质。在挑选首席谈判时,要避免"直率"的性格。

2. 耐心

谈判是相当令人疲劳的事情——每一次报价都会遇到一次讨价,每出一招都会遇到,它会不断地拖延从而耗尽时间和精力。因此,一些国家在经济工作中将耐心作为一项"修养要求"。不管在哪里,一个处理事情急躁的首席谈判在国际谈判中都将是不合格的。

3. 适应能力

除了已预计的意外情况外,首席谈判还必须能够对未预见到的事态发展做出迅速和果断的反应,只会坚持己见的人要想在谈判桌上获得成功可谓是难上加难。

4. 耐力

虽说谈判基本上是一种脑力劳动,但也是对体力的考验。首席谈判要出现在谈判的全过程中,每天工作8个小时是很少见的。此外,旅途的劳累、气候的改变、飞行时的时差反应、异国的饮食、夜间的社交应酬及工作压力,这些都会使你筋疲力尽。许多民族都有运用体力和脑力来消耗对手从而使对方让步的战术,因此,首席谈判和整个谈判小组必须提防这种疲劳战术,谈判之前首先要做的是选择最佳的谈判程序。

5. 擅长交际

虽然让步是迫于对方的压力,但也同样可以来自朋友的给予。谈判本质上是一种社交过程。许多国家没有关于商业合同方面的法律,在这种环境下做成生意是基于信任和友谊。即使有生意合同约束,但在履行合同的过程中,"关系"也将起到巨大的作用。

6. 清晰的表达能力

不能交流自己的想法,或不理解对方所提观点的人,在谈判桌上是毫无用处的。出色的首席谈判必须是训练有素的听众,同时又是表达清晰的演讲家。

7. 组织能力

首席谈判必须具备高度的组织能力。他必须在工作压力很大的环境中,能选择、激励、控制谈判小组。要事先就预见到可能出现的问题;小组成员应分别被派有自己的任务,没有出错的余地;每一次谈判前都有战略碰头会;每一次谈判后都应有总结调整会。

8. 必需的专业知识

政府法规和企业技术构成了谈判的关键技术要求。对首席谈判来说,对谈判中的技术问题事先有全面、扼要的了解是必需的,但这并不意味着要求他们成为技术专家。

(资料来源:邓有佐.商务谈判综合实训教程.北京交通大学出版社,2011.)

三、谈判人员的配备

在一般的商务谈判中,所需的知识大体上可概括为以下几个方面:(1)有关价格、交货、支付条件等商务方面的知识;(2)有关合同法律方面的知识;(3)有关语言翻译方面的知识。

根据谈判对知识方面的要求,谈判班子应配备相应的人员。

(一)技术精湛的专业人员

熟悉生产技术、产品性能和技术发展动态的技术员、工程师,在谈判中负责有关产品技术方面的问题,也可以与商务人员配合,为价格决策作技术参谋。

专业人员是谈判组织的主要成员之一。其基本职责是:

(1)同对方进行专业细节方面的磋商;

(2)修改草拟谈判文书的有关条款;

(3)向首席代表提出解决专业问题的建议；
(4)为最后决策提供专业方面的论证。

(二)业务熟练的商务人员

商务人员是谈判组织中的重要成员,商务人员由熟悉贸易惯例和价格谈判条件、了解交易行情的有经验的业务人员或公司主管领导担任。其具体职责是：

(1)阐明己方参加谈判的愿望和条件；
(2)弄清对方的意图和条件；
(3)找出双方的分歧或差距；
(4)掌握该项谈判总的财务情况；
(5)了解谈判对手在项目利益方面的期望指标；
(6)分析、计算修改中的谈判方案所带来的收益变动；
(7)为首席代表提供财务方面的意见和建议；
(8)在正式签约前提供合同或协议的财务分析表。

(三)精通经济法的法律人员

法律人员是一项重要谈判项目的必需成员,如果谈判小组中有一位精通法律的专家,将会非常有利于谈判所涉及的法律问题的顺利解决。法律人员应由律师,或由既掌握经济知识又精通法律专业知识的人员担任,通常由特聘律师或企业法律顾问担任。其主要职责是：

(1)确认谈判对方经济组织的法人地位；
(2)监督谈判在法律许可范围内进行；
(3)检查法律文件的准确性和完整性。

(四)熟练业务的翻译人员

翻译人员一般由熟悉外语和企业相关情况、纪律性强的人员担任。翻译是谈判双方进行沟通的桥梁。翻译的职责在于准确地传递谈判双方的意见、立场和态度。一个出色的翻译人员不仅能起到语言沟通的作用,而且必须能够洞察对方的心理和发言的实质,既能改变谈判气氛,又能挽救谈判失误,增进谈判双方的了解、合作和友谊。因此,对翻译人员有很高的素质要求。

(五)首席代表

首席代表是指那些对谈判负领导责任的高层次谈判人员。他在谈判中的主要任务是领导谈判组织的工作。这就决定了他们除具备一般谈判人员必须具备的素养外,还应阅历丰富、目光远大,具有审时度势、随机应变、当机立断的能力,有善于控制与协调谈判小组成员的能力。因此,无论从什么角度来认识他们,都应该是富有经验的谈判高手。其主要职责是：

(1)监督谈判程序；
(2)掌握谈判进程；
(3)听取专业人员的建议和说明；
(4)协调谈判班子成员的意见；
(5)决定谈判过程中的重要事项；
(6)代表单位签约；
(7)汇报谈判工作。

(六)记录人员

记录人员在谈判中也是必不可少的。一份完整的谈判记录既是一份重要的资料,也是进一步谈判的依据。为了出色地完成谈判的记录工作,要求记录人员要有熟练的文字记录能力,并具有一定的专业基础知识。其具体职责是准确、完整、及时地记录谈判内容。

这样,由不同类型和专业的人员就组成了一个分工协作、各负其责的谈判组织群体。

课堂训练　　　　　　**联合对外谈判的效果**

江苏某工厂、贵州某工厂、东北某工厂、北京某工厂要引进环形灯生产技术,各家的产量不尽相同。北京某进出口公司是其中某一工厂的代理,知道其他三家的计划后,主动联合这三家,在北京开会,建议联合对外、统一谈判,这三家觉得有意义,同意联合。于是,该公司代表将四家工厂召集在一起做谈判准备。根据市场调查,日本有两家环形灯生产厂,欧洲有一家,有的曾来过中国,有的还与其中工厂做过技术交流。进出口公司组织与外商谈了第一轮后,谈判就中止了。外商主动找到熟悉的工厂直接谈判,工厂感到高兴,这样更直接,而且外商与工厂谈判的条件比与公司谈时更灵活、更优惠。有的工厂一看联合在一起自己好处不多,于是提出退伙。有的外商故意不报统一的价格,也与自己欲成交的工厂直接联系,请工厂代表吃饭、单独安排见面等,工厂认为这对自己有好处,来者不拒。进出口公司的代表知道后劝说工厂,工厂不听,于是最终这四家各自为政,联合对外谈判也宣告失败。

(资料来源:白远. 国际商务谈判. 中国人民大学出版社,2002.)

问题:(1)这种"联合"算不算联合?为什么?

(2)外商的主持谈判成功在哪儿?

(3)北京进出口公司的主持谈判失败在哪儿?

(4)是否有可能将这些不同省市的工厂联合起来?怎么做才能实现联合目标?

任务二　商务谈判中的团队合作

学习导入

协调一致的谈判

2006年元宵节刚过,代表中国钢厂的宝钢谈判人员马上就迎来了与世界三大矿业巨头的第三轮正式谈判。节前两轮预备性质的谈判和一轮非正式交流传出了"谈判只能慢慢来"的消息,到了节后,谈判一下子进入了关键阶段。同时,"僵持"这个主调却依然不变。

据各方汇总的情况显示,当时钢铁业和矿业对2006年度全球铁矿石市场走势的判断"方向相反"。矿业坚持涨价,而钢铁业坚持矿价必须下降。

针对市场上传出"中国钢厂可能接受不超过10%的铁矿石涨价"的传闻,熟悉谈判情况的人士认为这种可能性不大。目前日本新日铁、中国宝钢和欧洲阿塞洛的态度前所未有地坚决和一致,坚持认为铁矿石必须降价。

目前关键的障碍是市场判断和市场视角上的分歧,只有克服了这个基本分歧,寻找到双方共赢的结合点,才能顺利进入报价阶段。

(资料来源:宝钢与矿业巨头第3轮谈判开始—搜狐新闻.http://news.sohu.com/20060216/n241859819.shtml.)

相关知识

当挑选出合适的人组成谈判班子后,就必须在成员之间,根据谈判内容和目的以及每个人的具体情况做出明确适当的分工,明确各自的职责。此外,各成员在进入谈判角色、尽兴发挥时,还必须按照谈判目的与其他人员彼此相互呼应、相互协调和配合,从而真正赢得谈判。这就好像一场高水准的交响音乐会,之所以最终赢得观众雷鸣般的掌声,除了指挥家的精湛技术外,更离不开每位演奏家的配合。

1999年美国宇航局发射到火星轨道的气象人造卫星任务失败,就是因为一组工程师使用公制单位编写程序,而另一组却使用英制单位运算。这个例子说明协调与配合的重要性。

一、主谈和辅谈的分工与配合

所谓主谈,是指在谈判的某一阶段,或针对某些方面的议题时的主要发言人,或称谈判首席代表;除主谈以外的小组其他成员处于辅助配合的位置上,故称之为辅谈或陪谈。

主谈是谈判工作能否达到预期目标的关键性人物,其主要职责是将已确定的谈判目标和谈判策略在谈判中得以实现。主谈的地位和作用对其提出了较高的要求:深刻理解各项方针政策和法律规范、本企业的战略目标和商贸策略,具备熟练的专业技术知识和较广泛的相关知识,有较丰富的商务谈判经验,思维敏捷,善于分析和决断,有较强的表达能力和驾驭谈判进程能力,有权威气度和大将胸怀,并能与谈判组织其他成员团结协作、默契配合,统领谈判队伍共同为实现谈判目标而努力。

主谈必须与辅谈密切配合才能真正发挥主谈的作用。在谈判中,己方一切重要的观点和意见都应主要由主谈表达,尤其是一些关键的评价和结论更得由主谈表述,辅谈绝不能随意谈个人观点或下与主谈不一致的结论。辅谈要配合主谈起到参谋和支持作用。例如,在主谈发言时,自始至终都应得到辅谈的支持。这可以通过口头语言或肢体语言做出赞同的表示,并随时拿出相关证据证明主谈观点的正确性。当对方集中火力,多人从多角度刁难主谈时,辅谈要善于使主谈摆脱困境,从不同角度反驳对方的攻击,加强主谈的谈判实力。当主谈谈到涉及辅谈所熟知的专业问题时,辅谈应给予主谈更详尽、更充足的证据支持。例如,在进行合同商务条款谈判时,商务人员为主谈,其他人员处于辅谈地位,专业技术人员和法律人员应从技术的角度和法律的角度为论证谈判问题提供依据,给予主谈有力的支持。当然,在谈判合同商务条款时,有关商务条件的提出和对对方条件的接受与否都应以商务主谈为主。主谈与辅谈的身份、地位、职能不能发生角色越位,否则谈判就会因为己方乱了阵脚而陷于被动。

二、"台上"和"台下"的分工与配合

在比较复杂的谈判中,为了提高谈判的效果,可组织"台上"和"台下"两套班子。台上人员是直接在谈判桌上谈判的人员,台下人员是不直接与对方面对面地谈判,而是为台上谈判人员出谋划策或准备各种必需的资料和证据的人员。一种台下人员是负责该项谈判业务的主管领导,可以指导和监督台上人员按既定目标和准则行事,维护企业利益。也可以是台上人员的幕后操纵者,台上人员在大的原则和总体目标上接受台下班子的指挥,敲定谈判成交时也必须征得台下人员认可,但是台上人员在谈判过程中仍然具有随机应变的战术权力。另一种台下人员是具有专业水平的各种参谋,如法律专家、贸易专家、技术专家等,他们主要起参谋职能,向台上人员提供专业方面的参谋建议,台上人员有权对其意见进行取舍或选择。当然,台下人员

不能过多、过滥,也不能过多地干预台上人员,要充分发挥台上人员的职责权力和主观能动性,及时地、创造性地处理好一些问题,争取实现谈判目标。

有配合就有分工,合理的分工也是很重要的。

(一)洽谈合同技术条款时的分工与合作

在洽谈合同技术条款时,专业技术人员处于主谈的地位,相应的商务人员和法律人员则处于辅谈的地位。

技术主谈人要对合同技术条款的完整性、准确性负责。在谈判时,对技术主谈人来讲,除了要把主要的注意力和精力放在有关技术方面的问题上外,还必须放眼谈判的全局,从全局的角度来考虑技术问题,要尽可能地为后面的商务条款和法律条款的谈判创造条件。对商务人员和法律人员来讲,他们的主要任务是从商务和法律的角度向技术主谈人提供咨询意见,并适时地回答对方涉及商务和法律方面的问题,支持技术主谈人的意见和观点。

(二)洽谈合同商务条款时的分工与合作

很显然,在洽谈合同商务条款时,商务人员应处于主谈的地位,而技术人员与法律人员则处于辅谈的地位。

合同的商务条款在许多方面是以技术条款为基础的,或者是与之紧密联系的。因此在谈判时,需要技术人员给予密切的配合,从技术角度给予商务人员以有力的支持。比如,在设备买卖谈判中,商务人员提出了某个报价,这个报价是否能够站得住脚,首先取决于该设备的技术水平。对卖方来讲,如果卖方的技术人员能以充分的证据证明该设备在技术上是先进的、一流水平的,即使报价比较高,也是顺理成章、理所应当的。而对买方来讲,如果买方的技术人员能提出该设备与其他厂商的设备相比在技术方面存在的不足,就会动摇卖方报价的基础,而为本方谈判人员的还价提供了依据。

(三)洽谈合同法律条款时的分工与合作

事实上,合同中的任何一项条款都是具有法律意义的,不过在某些条款上,法律的规定性更强一些。在涉及合同中某些专业性法律条款的谈判时,法律人员则以主谈的身份出现,法律人员对合同条款的合法性和完整性负主要责任。由于合同条款法律意义的普遍性,因而法律人员应参加谈判的全部过程。只有这样,才能对各项问题的发展过程了解得比较清楚,从而为谈判法律问题提供充分的依据。

应该指出,谈判小组成员之间的相互配合,不仅在谈判桌上需要,在其他场合也一样需要,这一点我国以往是不太注意的。例如,有位领导同志在与外商谈判前,把谈判组的成员介绍给对方时说:"这是小王,刚上任的财务科长,大学毕业没几年,没什么谈判经验,这次带他来长长见识。"这样一来,对方在谈判中对小王的意见就不重视了。如果换一种讲法:"这是王××先生,本厂的财务科长,负责本厂的资金调度,是一个精力充沛、聪明能干的小伙子。"效果就会大不一样。

延伸阅读　　　　　　**中日公司关于电石的谈判**

日本某公司向中国某公司购买电石,此时是它们之间交易的第五个年头,上年谈价时日方压了中方30美元/吨,今年又要压20美元/吨,即从410美元/吨压到390美元/吨。据日方讲,他们已拿到多家报价,有430美元/吨,有370美元/吨,也有390美元/吨。据中方了解,370美元/吨是个体户报的价,430美元/吨是生产能力较小的工厂供的货。供货厂的厂长与中方公司的代表共4人组成了谈判小组,以中方公司代表为主谈。谈判前,工厂厂长与中方公司代表达成了对价格共同的意见,工厂可以在每吨390美元成交,因为工厂需要订单连续生产。公司代表讲,对外不能说,价格水平公司会掌握。公司代表又向其主管领导汇报,分析价格形势;主管领导认为价格不能取最低,因为我们是大公司,讲质量、讲服务,谈判中可以灵活,但步子要小。若在400美元/吨以上拿下则可成交,拿不下时把价格定在每吨405～410美元之间,然后主管领导再出面谈,请工厂配合。

中方公司代表将此意见向工厂厂长转达,并达成共识,和工厂厂长一起在谈判桌上争取该条件。中方公司代表为主谈,经过交锋,价格仅降了10美元/吨,以400美元/吨成交,比工厂厂长的成交价高了10美元/吨。工厂代表十分满意,日方也满意。

(资料来源:白远.国际商务谈判.中国人民大学出版社,2002.)

任务三　商务谈判过程的控制

学习导入

谁来建游泳池

美国有一位谈判专家,想在家中建个游泳池。谈判专家对游泳池的造价和建筑材料、质量方面是个外行。于是谈判专家先在报纸上登了要造游泳池的广告,结果有3位承包商来投标,并递交了投标书,里面有各项工程的费用及总费用。谈判专家仔细看了他们的投标书,发现他们所提供的水温设备、过滤网、抽水设备、设计和付款条件都不一样,总费用也有差距。于是,谈判专家就约这3位承包商来他家里谈判。第一位约好在9点钟,第二位约在9点15分,第三位则约在9点30分。第二天,3位承包商如约而来,他们都没有得到主人的马上接见,只得坐在客厅里彼此交谈着等候。

10点钟的时候,主人出来请第一个承包商A先生进到书房去商谈。A先生一进门就说他的游泳池一向是造得最好的,好游泳池的设计标准和建造要求他都符合,顺便还告诉主人,B先生经常使用陈旧的过滤网,而C先生曾经丢下许多未完成的工程,并且他正处在破产的边缘。接着,谈判专家同B先生谈话,从他那里了解到其他人提供的水管都是塑料管,他提供的才是真正的铜管。而C先生则告诉谈判专家,其他人所使用的过滤网都是品质低劣的,并且往往不能彻底做完,拿到钱之后就不管了,而他则是绝对保证质量。

谈判专家通过静静地倾听和旁敲侧击地提问,基本上弄清了游泳池的建筑要求及3位承包商的基本情况,结果发现C先生的价格最低,而B先生的设计和建筑质量最好。最后他选中了B先生来建造游泳池,而只给C先生提供的价格。经过一番讨价还价,终于达成一致。

(资料来源:杨雪清.商务谈判与推销.北京交通大学出版社,2009.)

相关知识

商务谈判的控制主要是对商务谈判进程的控制,包括谈判目标的确定、谈判信息的收集、谈判人员的选择、谈判时间和地点的确定等。

谈判方案是指在谈判开始前对谈判目标、议程、对策预先所做的安排。谈判方案是指导谈判人员行动的纲领，在整个谈判过程中起着重要的作用。

从原则上说，一个好的谈判方案必须做到简明、具体和灵活。谈判方案应尽可能简明，目的是便于谈判人员记住其主要内容与基本原则，以使他们能根据方案的要求与对方周旋。不过，这里的简明必须与谈判的具体内容相结合，以谈判的具体内容为基础，否则，将会使谈判方案显得空洞和含糊，反倒使谈判人员不知所措。此外，谈判方案还必须有弹性，以使谈判人员能在谈判过程中根据具体情况采取灵活措施。

一、调查研究阶段

调查研究的对象和范围包括整个市场行情、自身实力及谈判对手的各种状况。

在调查研究阶段所搜集的信息及对这些信息的分析必须是客观的，以摆正自己的位置，选择最佳的谈判对手，从而掌握最新的情况，并制订出最佳谈判方案。

首先要了解自己。调查研究最主要的就是要"知己知彼"，正确估计自身的实力，调整谈判人员的精神状态，还要对谈判对手进行研究。既不能高估自己，也不能低估自己，只有客观公正地进行估价，才能保证谈判成功。

其次要充分掌握对方。只有摸清对手的实际情况才能对症下药，制定相应策略，使自己处于谈判的主动地位。

二、确定谈判的目标

制订谈判计划的核心问题是确定谈判目标，任何一项谈判都是以目标的实现为导向，目标是谈判的前提，只有在具体明确的目标指引下，谈判才可能处于主动、有利的地位。

谈判目标是对主要谈判内容的具体要求，是己方进行谈判的动机，是期望通过谈判而达到的目的，即说明为什么要坐在一起来谈判。比如，为了探讨双方合作或交易的可能性、解决经济纠纷、达成一笔交易的协议等。

一般来说，谈判目标要有弹性，如果在谈判中缺乏回旋余地，那么稍遇分歧就会使谈判流产。因此，通常谈判目标分为最低限度目标、可接受目标和最优期望目标三个层次。

（一）最低限度目标

即谈判者期待通过谈判所要达成的最低目标，它对一方的利益具有实质性作用，是谈判的底线，没有讨价还价的余地，宁可破裂谈判，也不能放弃这一目标。

（二）可接受目标

指谈判一方根据主客观因素，考虑到各方面情况，经过认真分析后纳入谈判计划的目标。这种目标能使谈判一方获得实际需要的利益，是一方希望达到的目标，谈判人员应努力争取实现。但它也具有一定的弹性，当争取该目标的谈判陷入僵局时也可以放弃。

（三）最优期望目标

即谈判者希望通过谈判达成的上限目标，是对谈判一方最有利的理想目标，它能在满足一方的实际需求之外，还能获得额外的利益。这种目标带有很大的策略性，在谈判中，一般很难实现。这是因为谈判是各方利益分配的过程，没有哪个谈判方甘愿将利益全部让给他人。尽管如此，不应忽略该目标的构建，理由有二：一方面，它可以作为谈判的筹码，用以换取对己方有利的其他条件，起到交易作用；另一方面，它又有迷惑对手的烟幕弹作用，对己方的其他谈判目标起保护作用。

当然,要具体确定某个项目的谈判目标是一件复杂的事情,主要依据对许多因素的综合分析才能做出判断。首先,要对谈判双方各自优势、劣势进行分析。例如,如果对方是我方唯一可选择的合作伙伴,则对方处于十分有利的地位,我们的目标水平就不要定得太高;反之,如果我方有许多潜在的买主(或卖主),那么对方显然处在较弱的地位,我们的目标水平就可相应定高些。其次,要考虑今后是否会与谈判对手保持长期的业务往来。如果这种可能性很大,就要着眼于与对方建立友好、持久的关系,对于谈判目标的确定应本着实事求是的态度,确定合理的水平。此外,交易本身的性质与重要程度、谈判与交易的时间限制等因素,在制定具体谈判目标时也是必须考虑的。

三、明确谈判的地点和时间

（一）谈判地点

谈判总是要在某一个具体的地点展开。商务谈判地点的选择往往涉及一个谈判环境心理因素的问题,它对于谈判效果具有一定的影响,谈判者应当很好地加以利用。有利的地点、场所能够增强己方的谈判地位和谈判力量。

商务谈判的地点选择与足球比赛的赛场安排有相似之处,一般有四种选择:一是在己方国家或公司所在地谈判;二是在对方所在的国家或公司所在地谈判;三是在双方所在地交叉谈判;四是在谈判双方之外的国家或地点谈判。不同地点对于谈判者来说,均各有其优点和缺点,谈判者要根据不同的谈判内容具体问题具体分析,正确地加以选择,充分发挥谈判地点的优势,促使谈判取得圆满成功。

1. 在己方地点谈判

谈判的地点最好选择在己方所在地,因为人类与其他动物一样,是一种具有"领域感"的高级动物,谈判者才能的发挥程度、能量的释放与自己所处的环境密切相关。在己方地点谈判的优势表现在:谈判者在自己领地谈判,地点熟悉,具有安全感,心理态势较好,信心十足;谈判者不需要耗费精力去适应新的地理环境、社会环境和人文环境,可以把精力集中地用于谈判;可以利用种种便利条件,控制谈判气氛,促使谈判向有利于自己的方向发展;可以利用现场展示的方法向对方说明己方产品水平和服务质量;在谈判中"台上"人员与"台下"人员的沟通联系比较方便,可以随时向高层领导和有关专家请示、请教,获取所需资料和指示;利用东道主的身份,可以通过安排谈判之余的各种活动来掌握谈判进程,从文化习惯上、心理上对对方产生潜移默化的影响,处理各类谈判事务比较主动;谈判人员免除旅途疲劳,可以以饱满的精神和充沛的体力去参加谈判,并可以节省去外地谈判的差旅费用和旅途时间,降低谈判支出,提高经济效益。

对己方的不利因素表现在:在己方公司所在地谈判,不易与公司工作彻底脱钩,经常会有公司事务分散谈判人员的注意力;离高层领导近,联系方便会产生依赖心理,一些问题不能自主决断,而频繁请示领导也会造成失误和被动;己方作为东道主主要负责安排谈判会场以及谈判中的各项事宜,要负责对客方人员的接待工作,安排宴请、游览等活动,所以己方负担比较重。

商务谈判最好争取安排在己方所在地点谈判。犹如体育比赛一样,在主场获胜的可能性大。有经验的谈判者都设法把对方请到本方地点,热情款待,使自己得到更多的利益,如日本与澳大利亚的煤铁谈判。

日本的钢铁和煤炭资源短缺,渴望购买煤和铁。澳大利亚生产煤和铁,并且在国际贸易中不愁找不到买主。按理来说,日本的谈判者应该到澳大利亚去谈生意,但日本人总是想尽办法把澳大利亚人请到日本去谈生意。

澳大利亚人一般都比较谨慎,讲究礼仪,而不会过分侵犯东道主的权益。澳大利亚人到了日本,日本方面和澳大利亚方面在谈判桌上的相互地位就发生了显著的变化。澳大利亚人过惯了富裕的舒适生活,他们的谈判代表到了日本之后没几天,就急于想回到故乡别墅的游泳池、海滨和妻儿身旁去,在谈判桌上常常表现出急躁的情绪;而作为东道主的日本谈判代表则不慌不忙地讨价还价,他们掌握了谈判桌上的主动权。结果日本方面仅仅花费了少量款待作"鱼饵",就钓到了"大鱼",取得了大量谈判桌上难以获得的东西。

从该案例中,我们可以看到日本人在了解了澳大利亚人恋家的特点之后,宁可多花招待费用,也要把谈判争取到自己的主场进行,并充分利用主场优势掌握谈判的主动权,使谈判的结果最大限度地对己方有利。

2. 在对方地点谈判

在对方地点谈判,对己方的有利因素表现在:己方谈判人员远离家乡,可以全身心投入谈判,避免主场谈判时来自工作单位和家庭事务等方面的干扰;在高层领导规定的范围内,更有利于发挥谈判人员的主观能动性,减少谈判人员的依赖性;可以实地考察一下对方公司及其产品的具体情况,能获取直接的、第一手的信息资料;当谈判处于困境或准备不足时,可以方便地找到借口(如资料欠缺、身体不适、授权有限需要请示等),从而拖延时间,以便做出更充分的准备;己方省去了作为东道主所必须承担的招待宾客、布置场所、安排活动等事务的繁杂工作。

对己方的不利因素表现在:与公司本部的距离遥远,某些信息的传递以及资料的获取比较困难,某些重要问题也不易及时与本公司磋商;谈判人员对当地环境、气候、风俗、饮食等方面会出现不适应,再加上旅途劳累、时差不适应等因素,会使谈判人员身体状况受到影响;在谈判场所的安排、谈判日程的安排等方面处于被动的地位;己方也要防止对方过多安排参观旅游景点等活动而消磨谈判人员的精力和时间。因此,到对方地点去谈判必须做好充分的准备,比如摸清领导的意图要求、明确谈判目标、准备充足的信息资料、组织好谈判班子等。

3. 在双方所在地交叉轮流谈判

有些多轮大型谈判可在双方所在地交叉谈判。这种谈判的好处是对双方来说至少在形式上是公平的,同时也可以各自考察对方的实际情况。各自都担当东道主和客人的角色,对增进双方相互了解、融洽感情是有好处的。它的缺点是这种谈判时间长、费用大、精力耗费大,如果不是大型的谈判或是必须采用这种方法谈判,一般应少用。

4. 在第三地谈判

在第三地谈判对双方的有利因素表现在:在双方所在地之外的地点谈判,对双方来讲是平等的,不存在偏向,双方均无东道主优势,也无作客他乡的劣势,策略运用的条件相当,可以缓和双方的紧张关系,促成双方寻找共同的利益均衡点。

对双方的不利因素表现在:双方首先要为谈判地点的确定而谈判,而且地点的确定要使双方都满意也不是件容易的事,在这方面要花费不少时间和精力。第三地点谈判通常被相互关系不融洽、信任程度不高,尤其是过去敌对、仇视、关系紧张的双方的谈判所选用,可以有效地维护双方的尊严、脸面,防止下不了台。

(二)谈判时间

谈判总是在一定的时间内进行的。这里所讲的谈判时间,是指一场谈判从正式开始到签订合同时所花费的时间。在一场谈判中,时间有三个关键变数:开局时间、间隔时间和截止时间。

1. 开局时间

也就是说,选择什么时候来进行这场谈判。它的得当与否,有时会对谈判结果产生很大影响。例如,如果一个谈判小组在经过长途跋涉、喘息未定之时,马上便投入紧张的谈判中去,就很容易因为舟车劳顿导致精神难以集中、记忆和思维能力下降而误入对方圈套。所以,我们应对选择开局时间给予足够的重视。

一般来说,我们在选择开局时间时,要考虑以下几个方面的因素:

(1)准备的充分程度。俗话说,"不打无准备之仗",在安排谈判开局时间时也要注意给谈判人员留有充分的准备时间,以免到时仓促上阵。

(2)谈判人员的身体和情绪状况。谈判是一项精神高度集中、体力和脑力消耗都比较大的工作,要尽量避免在身体不适、情绪不佳时进行谈判。

(3)谈判的紧迫程度。尽量不要在自己急于买进或卖出某种商品时才进行谈判,如果避免不了,应采取适当的方法隐蔽这种紧迫性。

(4)考虑谈判对手的情况。不要把谈判安排在让对方明显不利的时间进行,因为这样会招致对方的反对,引起对方的反感。

2. 间隔时间

一般情况下,一场谈判极少是一次磋商就能完成的,大多数的谈判都要经历过数次,甚至十多次的磋商洽谈才能达成协议。这样,在经过多次磋商没有结果,但双方又都不想中止谈判的时候,一般都会安排一段暂停时间,让双方谈判人员暂作休息,这就是谈判的间隔时间。

谈判间隔时间的安排,往往会对舒缓紧张气氛、打破僵局具有很明显的作用。常常有这样的情况:在谈判双方出现了互不相让、紧张对峙的时候,双方宣布暂停谈判两天,由东道主安排旅游和娱乐节目,在友好、轻松的气氛中,双方的态度和主张都会有所改变,结果,在重新开始谈判以后,就容易互相让步、达成协议了。

当然,也有这样的情况:谈判的某一方经过慎重地审时度势,利用对方要达成协议的迫切愿望,有意拖延间隔时间,迫使对方主动做出让步。

可见,间隔时间是时间因素在谈判中又一个关键变数。

3. 截止时间

也就是一场谈判的最后限期。一般来说,每一场谈判总不可能没完没了地进行下去,总有一个结束谈判的具体时间。而谈判的结果却又往往是在结束谈判的前一点点时间里才能出现。所以,如何把握截止时间去获取谈判的成果,是谈判中一种绝妙的艺术。

截止时间是谈判的一个重要因素,它往往决定着谈判的战略。

首先,谈判时间的长短,往往迫使谈判者决定是选择克制性策略还是速决性策略。其次,截止时间还构成对谈判者本身的压力。由于必须在一个规定的期限内做出决定,这将给谈判者本身带来一定的压力。谈判中处于劣势的一方,往往在限期到来之前,对达成协议承担着较大的压力。他往往必须在限期到来之前,在做出让步、达成协议、中止谈判或交易不成之间做出选择。一般来说,大多数的谈判者总是想达成协议的,为此,他们唯有做出让步了。

四、确定谈判的议程和进度

谈判的议程是指有关谈判事项的程序安排。它是对有关谈判的议题和工作计划的预先编制。谈判的进度是指对每一事项在谈判中应占时间的把握,目的在于促使谈判在预定的时间内完成。这方面,重点应解决以下几个问题:

首先是议题。凡是与本次谈判有关的、需要双方展开讨论的问题,都可以成为谈判的议题。我们应将与本次谈判有关的问题罗列出来,然后再根据实际情况,确定应重点解决哪些问题。

其次是顺序。安排谈判问题先后顺序的方法是多种多样的,应根据具体情况来选择采用哪一种顺序:其一,可以首先安排讨论一般原则问题,达成协议后,再具体讨论细节问题;其二,也可以不分重大原则问题和次要问题,先把双方可能达成协议的问题或条件提出来讨论,然后再讨论会有分歧的问题。

最后是时间。至于对每个问题安排多少时间来讨论才合适,应视问题的重要性、复杂程度和双方分歧的大小来确定。一般来说,重要的问题、较复杂的问题、双方意见分歧较大的问题占用的时间应该多一些,以便让双方能有充分的时间对这些问题展开讨论。

在谈判的准备阶段中,我方应率先拟定谈判议程,并争取对方同意。在谈判实践中,一般以东道主为先,经协商后确定,或双方共同商议。谈判者应尽量争取谈判议程的拟定,这样对己方来讲是很有利的。谈判议程的拟定大有学问。首先,议程安排要根据己方的具体情况,在程序上能扬长避短,即在谈判的程序安排上,保证己方的优势能得到充分的发挥。其次,议程的安排和布局要为自己出其不意地运用谈判手段埋下契机,对一个经验丰富的谈判者来讲,是绝不会放过利用拟定谈判议程的机会来运筹谋略的。最后,谈判议程的内容要能够体现己方谈判的总体方案,统筹兼顾,还要能够引导或控制谈判的速度以及己方让步的限度和步骤等。典型的谈判议程至少包括以下三项内容:

(1)谈判应在何时举行、为期多久,若是一系列的谈判,则分几次谈判为好,每次所花时间大约多少、休会时间多久等。

(2)谈判在何处举行。

(3)哪些事项列入讨论、哪些不列入讨论,讨论的事项如何编排先后顺序,每一事项应占多少讨论时间等。

谈判议程的安排与谈判策略、谈判技巧的运用有着密切的联系,从某种意义上讲,安排谈判议程本身就是一种谈判技巧。因此,我们要认真检查议程的安排是否公平合理,如果发现不当之处,就应该提出异议,要求修改。

五、制定谈判的对策

谈判桌上风云变幻,任何情形都会发生,而谈判又是有时间限制的,不容许无限期地拖延谈判日程。这就要求我们在谈判之前应对整个谈判过程中双方可能做出的一切行动作正确的估计,并选择相应的对策。

谈判的对策是指谈判者为了达到和实现自己的谈判目标,在对各种主客观情况充分估量的基础上,拟采取的基本途径和方法。

谈判对策的确定应考虑下列影响因素:

(1)双方实力的大小;

(2)对方的谈判作风和主谈人员的性格特点;

(3)双方以往的关系;

(4)对方和己方的优势所在;

(5)交易本身的重要性;

(6)谈判的时间限制;

(7)是否有建立持久、友好关系的必要性。

以上谈判方案的制订,有赖于对双方实力及其影响因素的正确估量和科学分析,否则,谈判计划就没有什么意义。

六、谈判物质条件的准备

当谈判双方经过协调,选择其中一方所在地为谈判地点时,按照惯例,所在地一方即谈判的东道主应负责谈判物质条件的准备,即谈判地点的场景布置以及准备与谈判相关的各种物品。此时,作为谈判中的东道主,如果能巧妙地运用"地利"之便,使空间环境因素真正发挥其作用,则可以有效地促进谈判走向成功。东道主对空间因素的利用,主要体现在对谈判地点和谈判场景的精心选择与巧妙安排上。东道主通过这种精心的选择与安排,创造出一种有利于达成协议和取得谈判成功的气氛,这一点受到中外诸多谈判名家的重视,并且这方面也有很多成功的例证。

谈判物质条件准备的目的是为了创造出一种有利于达成协议和取得谈判成功的环境和气氛。因此,创造谈判和谐氛围必须适宜,要综合各方面因素进行周密考虑,不可脱离具体情况妄加渲染;否则,矫枉过正,过犹不及,反而起不到好效果。

谈判物质条件的准备,包括两个方面的内容:一是谈判室及室内用具的准备;二是谈判人员的食宿准备。

(一)谈判室及室内用具的准备

一般来说,谈判室应选择在距谈判人员住宿地较近的地方,否则会造成诸多不便。另外,要远离闹市区和街道,嘈杂的周围环境会影响谈判人员的情绪和谈判技巧的发挥。

谈判最好能安排在两个房间,一间作为主谈室,另一间作为备用室,有可能的话再配一间休息室。

主谈室作为双方进行谈判的主要场地,应当宽敞、舒适、光线充足、通风设备良好,并且要有良好的通信设备,谈判人员能够很方便地打电话。还应设有类似黑板的视觉设备,供谈判双方进行计算和图表分析时使用。除非征得双方同意,否则主谈室不要安装录音、录像设备,因为这会增加双方的心理压力,言行举止都会谨小慎微,很难畅所欲言。

备用室是双方都可以使用的单独房间,它既可以作为某一方谈判小组内部协商的场所,又可供双方进行小范围讨论之用。备用室最好能靠近主谈室,内部也要配备应用设备和接待用品。

休息室应布置得轻松、舒适,条件允许也可以适当配置些娱乐设施,以便能使双方松弛一下紧张的神经,缓和彼此之间的气氛。

房间的布置也很重要。如选择什么样的谈判桌,是圆形的还是长方形的等。一般来讲,比较重要的、大型的谈判选用长方形的谈判桌,双方代表各居一面,相对而坐,无形中增加了双方谈判的分量;在规模较小或双方谈判人员较熟悉的情况下,多选用圆形谈判桌,这样就可以消除谈判双方代表的距离感,双方团团围坐,会加强双方关系融洽、共同合作的印象,使谈判容易进行。所配椅子尽量要舒适,会谈所需的其他设备和服务也应周到,如烟缸、茶水及饮料等。

谈判座位的安排也是值得考虑的。最常见的排位方法是双方人员各自坐在谈判桌的一边,主人居背门一侧,客人居面对正门一侧。主谈人居中,译员一般坐在主谈人旁边,其他人按礼宾顺序排列。这种排位法使谈判小组容易产生安全感和实力感,便于查阅一些不想让对方知道的资料,并可以就近和本方人员交换意见。但这也容易造成双方的冲突感和对立感。另一种排位方法是双方人员随意就座。这种方法能减少对立感,体现双方谋求一致的指导思想,利于形成轻松、合作、友好的气氛。但谈判人员内部的信息传递比较困难,不利于主谈人对本方人员言行的控制,如果事先没有这方面的心理准备,还会产生谈判人员被分割、包围、孤立的感觉。

总之,谈判现场的布置及座位的安排,都应该为谈判的总目标服务,并且根据双方之间的关系、己方谈判人员的素质和谈判实力等因素而定。

(二)谈判人员的食宿准备

谈判是一项艰苦复杂、体力消耗大、精神高度紧张的工作,对谈判人员的精力及体力有较高的要求。因此,东道主一定要妥善安排谈判人员的食宿问题,应体现周到细致、舒适的原则。要根据谈判人员的饮食习惯,尽量安排可口的饭菜。本着友好的态度,尽量提供方便、安全的住宿条件,这样才有利于谈判者精力、体力的恢复,也是东道主应持的态度。

七、进行模拟谈判

在正式谈判开始前,虽然我们尽力收集了各方面与谈判有关的信息资料,在此基础上拟订了详细的谈判方案,并进行了人员的准备,选择了相关的谈判策略,但这还不够,要保证谈判成功,常常需要采取模拟谈判的方法来改进和完善谈判的准备工作,检查方案可能存在的漏洞。尤其对一些重要的谈判、难度较大的谈判,模拟更显得必要。模拟谈判是商务谈判,尤其是大型商务谈判、国际商务谈判准备工作中不可或缺的重要组成部分。

所谓模拟谈判,就是将谈判小组成员一分为二,或在谈判小组外,再建立一个实力相当的谈判小组,由一方实施本方的谈判方案,另一方以对手的立场、观点和谈判作风为依据,进行实战操练、预演或彩排。

(一)模拟谈判的作用

模拟谈判能使谈判人员获得一次临场的操作与实践,经过操练达到磨合队伍、锻炼和提高本方协同作战能力的目的。在模拟谈判中,通过相互扮演角色会暴露本方的弱点和一些可能被忽略的问题,以便及时找到出现失误的环节及原因,使谈判的准备工作更具有针对性。

在找到问题的基础上,及时修改和完善原订方案,使其更具实用性和有效性。

通过模拟谈判,使谈判人员在相互扮演中,找到自己所充当角色的比较真实的感觉,可以训练和提高谈判人员的应变能力,为临场发挥做好心理准备。

(二)模拟谈判的主要任务

首先是检验本方谈判准备工作是否到位、各项安排是否妥当、计划方案是否合理。寻找本方被忽略的环节,发现本方优劣势,提出如何发挥优势、弥补劣势的策略。

其次是准备各种应变对策。在模拟谈判中,必须对各种可能发生的变化进行预测,并在此基础上制定各种相应的对策。在以上工作的基础上,制定出谈判小组合作的最佳组合及其策略等。

(三)模拟谈判的方法

1. 全景模拟法

这是指在想象谈判全过程的前提下,企业有关人员扮成不同的角色所进行的实战性排练。这是最复杂、耗资最大,但也往往是最有效的模拟谈判方法。这种方法一般适用于大型的、复杂的、关系到企业重大利益的谈判。在采用全景模拟法时,应注意以下两点:

(1)合理地想象谈判全过程。要求谈判人员按照假设的谈判顺序展开充分的想象,不只是想象事情发生的结果,更重要的是事物发展的全过程,想象在谈判中双方可能发生的一切情形;并依照想象的情况和条件,演绎双方交锋时可能出现的一切局面,如谈判的气氛、对方可能提出的问题、我方的答复、双方的策略和技巧等问题。合理的想象有助于谈判的准备更充分、更准确。所以,这是全景模拟法的基础。

(2)尽可能地扮演谈判中所有会出现的人物。这有两层含义:一方面是指对谈判中可能会出现的人物都有所考虑,要指派合适的人员对这些人物的行为和作风加以模仿;另一方面是指主谈人员(或其他在谈判中准备起重要作用的人员)应扮演一下谈判中的每一个角色,包括自己、己方的顾问、对手和他的顾问。这种对人物行为、决策、思考方法的模仿,能使我方对谈判中可能会遇到的问题、人物有所预见;同时,处在别人的角度上进行思考,有助于我方制定更完善的策略。

2. 讨论会模拟法

这种方法类似于"头脑风暴法"。它分为两步:第一步,企业组织参加谈判人员和一些其他相关人员召开讨论会,请他们根据自己的经验,对企业在本次谈判中谋求的利益、对方的基本目标、对方可能采取的策略、我方的对策等问题畅所欲言。不管这些观点、见解如何标新立异,都不会有人指责,有关人员只是忠实地记录,再把会议情况上报领导,作为决策参考。第二步,请人针对谈判中种种可能发生的情况,以及对方可能提出的问题等提出疑问,由谈判组成员一一加以解答。

讨论会模拟法特别欢迎反对意见。这些意见有助于己方重新审核拟订的方案,从多种角度和多重标准来评价方案的科学性和可行性,并不断完善准备的内容,以提高成功的概率。国外的模拟谈判对反对意见加倍重视,然而这个问题在我国企业中长期没有得到应有的重视。讨论会往往变成"一言堂",领导往往难以容忍反对意见。这种讨论不是为了使谈判方案更加完善,而是成了表示赞成的一种仪式。这就大大地违背了讨论会模拟法的初衷。

3. 列表模拟法

这是最简单的模拟方法,一般适用于小型、常规性的谈判。具体操作过程是这样的:通过对应表格的形式,在表格的一方列出我方经济、科技、人员、策略等方面的优缺点和对方的目标及策略;另一方则相应地罗列出我方针对这些问题在谈判中所应采取的措施。这种模拟方法的最大缺陷在于它实际上还是谈判人员的一种主观产物,它只是尽可能地搜寻问题并列出对策。对于这些问题是否真的会在谈判中发生,这一对策是否能起到预期的作用,由于没有通过实践的检验,因此不能百分之百地讲这一对策是完全可行的。

(四)模拟谈判时应科学地做出假设

模拟谈判实际就是提出各种假设情况,然后针对这些假设,制定出一系列对策,采取一定措施的过程。因此,假设是模拟谈判的前提,又是模拟谈判的基础,它的作用是根本性的。

按照假设在谈判中包含的内容,可以分为三类:一是对客观环境的假设;二是对自身的假设;三是对对方的假设。

为了确保假设的科学性,首先,应该让具有丰富谈判经验的人提出假设,相对而言,这些人的假设准确度较高,在实际谈判中发生的概率大;其次,假设的情况必须以事实为基础,所依据的事实越多、越全面,假设的精度也越高,假设切忌纯粹凭想象的主观臆造;再次,假设必须按照正确的逻辑思维进行推理,遵守思维的一般规律;最后,我们应该认识到,再高明的谈判专家的假设也不会全部在谈判中出现,而且这种假设归根结底只是一种推测,带有或然性,若是把或然性奉为必然去指导行动,那就是冒险。

(五)模拟谈判的总结

模拟谈判结束后要及时进行总结。

模拟谈判的目的是为了总结经验、发现问题、弥补不足、完善方案。所以,在模拟谈判告一段落后,必须及时、认真地回顾在谈判中我方人员的表现,如对对手策略的反应机敏程度、自身班子协调配合程度等一系列问题,以便为真正的谈判奠定良好的基础。

模拟谈判的总结应包括以下内容:
(1)对方的观点、风格、精神;
(2)对方的反对意见及解决办法;
(3)自己的有利条件及运用状况;
(4)自己的不足及改进措施;
(5)谈判所需情报资料是否完善;
(6)双方各自的妥协条件及可共同接受的条件;
(7)谈判破裂与否的界限等。

学习自测

一、选择题

1. 一个优秀的谈判人员应具备的素质是(   )。
   A. 良好的职业道德   B. 健全的心理素质
   C. 合理的学识结构   D. 良好的能力素养
2. 谈判组的法律人员主要职责是(   )。
   A. 确认谈判对方经济组织的法人地位   B. 监督谈判在法律许可范围内进行
   C. 检查法律文件的准确性和完整性   D. 同对方进行专业细节方面的磋商
3. 通常谈判目标分为(   )。
   A. 最低限度目标   B. 可接受目标   C. 最优期望目标   D. 一般目标
4. 选择谈判地点的一般方式有(   )。
   A. 在己方地点谈判   B. 在对方地点谈判
   C. 在双方所在地交叉轮流谈判 D. 在第三地谈判

二、判断题

1. 在通常情况下,谈判班子的人数就是一人。   (   )
2. 主谈人作为谈判班子的灵魂,应具有上下沟通的能力。   (   )
3. 截止时间是谈判的一个重要因素,它往往决定着谈判的战略。   (   )
4. 模拟谈判能使谈判人员获得实际的操作经验。   (   )

三、简答题

1. 优秀的谈判人员应具备怎样的能力素养?
2. 一个谈判组中主谈和辅谈如何配合?
3. 典型的谈判议程至少包括哪些内容?

案例分析

谈判过程像谈恋爱——可口可乐落户温州的幕后故事

"丁零零……"2003年10月的一个上午,温州经济技术开发区招商局办公室里电话响起。"喂……"正在工作的陈女士像往常一样客气地接起了电话,那时,陈女士并没想到自己接的这个电话后来竟然成为促成温州首次引进世界500强工业企业的线索来源。

电话是可口可乐驻温州办事处的一位工作人员打来的。他在电话里称,可口可乐公司有意在经济技术开发区投资建立生产基地,想先了解一下开发区的总体环境和投资政策。

"可口可乐!想在温州建立生产基地!"这个电话让陈女士一阵兴奋。虽然温州经济技术开发区是浙江南部唯一的国家级开发区,目前开发区已初步形成了以服装、皮鞋、眼镜、制笔为主导的温州传统产业和以机电一体化、生物医药等高新技术产业配套的格局,而且招商成绩在国家级开发区中名列前茅,但长期以来经济技术开发区招商局都在有意识地搜罗世界500强企业中的制造业大客商资料,希望能吸引一些国际制造业大户在经济技术开发区落户,促成一段高质量的"跨国姻缘"。然而,要让国际知名企业在温州落户谈何容易。现在,国际上大名鼎鼎的可口可乐的下属机构居然自动找上门来。不过,陈女士兴奋之余又产生了一丝疑问:这个消息到底可不可靠?因为所有搞招商工作的人员每天都可能接到许多这样的电话,这些电话有的故意夸大其词,希望能得到最优惠的政策待遇;有的纯粹是子虚乌有,属于行骗性质;有的则只是打探性的咨询,并不诚心实意。所以对于人员十分有限的开发区招商局来说,每一条信息他们都要去伪存真,尽量不要卷入一些没有意义的线索跟踪,浪费有限的精力、财力和物力。

为了证实"可口可乐要在温州建立生产基地"线索的可靠性,招商局的工作人员马上行动起来:上网搜索到了可口可乐的背景资料、在中国的投资概况。另外,还通过各种途径了解到可口可乐在温州确有这么一个办事处。各种资料和线索迅速集中到开发区招商局的有关领导手里。他们对掌握到的信息线索做了初步判断:这极有可能是一个潜在的大客商,并下了"命令"——千万不能把它漏掉!

事不宜迟,当天下午,招商局有关人员立即带着相关资料送"货"上门。不过,那天可口可乐温州办事处的人不在,于是招商局局长决定第二天再次亲自登门拜访。

- **苛刻的国际标准化操作**

第二天,局长一行总算没有白走,终于碰到了可口可乐温州办事处的有关负责人,并向他们介绍了温州经济技术开发区的有关情况。

一个月以后,可口可乐方技术部的人员来了,目的是了解开发区的投资环境。对招商局来说,这是他们从未碰到过的一次来访,来访的技术部人士先是对招商局工作人员提出了一个要求——你们所说的每句话都必须提供相应的书面材料!不仅如此,这些技术部人员所问之处事无巨细,有的还让人瞠目结舌。"你们说温州经济技术开发区在全国国家级技术开发区中综合排名第16位,有证书吗?""滨海园区属于经济技术开发区吗?要有文件证明!"有个问题甚至提到:"经济技术开发区管委会是否享有对滨海园区的管辖权?"招商局的有关人员告诉记者,这十年来招商局从没有遇到过这么苛刻的客商,竟然对管委会的管辖权都提出了质疑,真是匪夷所思!

不过对于提出的每个问题,招商局人员都尽量在当场就给出答案,一下子没办法解决的则在事后通过传真、电子邮件等方式处理。就在大家刚刚松了一口气的时候,可口可乐方派来的工程部人员又来了,之后,又派来了财务部、法务处、律师、财务总监……不断前来的专业人士们要从投资环境、配套设施、政策法规、成本测算等各个方面对滨海园区进行综合评估,而且每位来访者都是这么"苛刻"和面面俱到。虽然烦琐,但是负责招商的人员一点都不敢马虎,每个问题都回答得十分仔细,同时提供详细的书面资料。

● 谈判过程像谈了一场恋爱

不过,这些苛刻的交涉只不过是前奏而已。对于这场长达一年多的招商谈判而言,真正的较量还在后头。

当时美国可口可乐公司直接在国内投资的生产基地仅上海一家,它在中国其他区域的市场由与其签约、被授权享有其商标使用权的太古、嘉利和三粮三大公司"三分天下",协议规定三家公司的生产原料都向上海可口可乐购进。其中,太古可口可乐饮料有限公司在中国设有11个生产基地,杭州中萃食品有限公司是由太古控股、在浙江地区负责可口可乐各项业务的一家企业。最后"出山"与温州经济技术开发区谈判的便是可口可乐在浙江投资方的总经理。

从2004年5月这位可口可乐谈判代表来温州到最后在中国香港达成协议,他与开发区管委会及招商局之间的谈判大大小小足有二十余场。谈判大多围绕地价、税收、过路费等敏感问题展开。因为问题敏感,所以每次谈判都十分激烈,谈到接近双方底线的时候就变成了将声音提高八度、语速加快一倍的大声"争吵"。有关人员回忆说,整个谈判过程双方就像恋爱中的男女一样,吵吵闹闹,分分合合。有时谈到"痛"处,管委会和招商局方就大喊:"这么苛刻的条件,我们不干了!"有时可口可乐方也会因为管委会不降低门槛而"翻脸",可一旦有一方强硬起来,另一方就会"软"下来,好言相劝,降低价码,以维系双方之间的关系。"整个过程既像谈了一场恋爱,又像孕育了一个孩子,既痛苦又快乐!"有人这么告诉记者。

就像恋爱中的人,不是走向婚姻,就是走向分手,温州经济技术开发区招商局与可口可乐投资方的谈判也是如此,不过最后它们在彼此的妥协和谅解中走向了"联姻"的殿堂。

(资料来源:温州新闻网,2005年2月4日.)

问题:(1)双方在谈判过程中的地位如何?

(2)出现僵局后,双方是怎样处理的?

实训项目

实训目的:能够进行商务谈判的组织。

实训背景:武汉某工艺雕刻厂原是一家濒临倒闭的小厂,经过几年的努力,发展为产值规模200多万元的大厂,产品打入日本市场,战胜了其他国家在日本经营多年的厂家,被誉为"天下第一雕刻"。有一年,日本三家株式会社的老板同一天接踵而至,到该厂订货。其中一家资本雄厚的大商社要求原价包销该厂的佛坛产品。

讨论:该工艺雕刻厂应如何接待客户呢?请为该工艺雕刻厂设计一个三天的接待计划。

学习单元六

商务谈判的沟通

职业素养

1. 认识沟通的内涵及基本原理；
2. 了解加强有效沟通的途径；
3. 掌握商务谈判沟通的基本知识和基本方法；
4. 掌握倾听的要求、常见的提问方法，以及谈判答复方法与技巧。

能力目标

1. 具有运用沟通基本原理和基本方法进行商务洽谈的能力；
2. 善于自觉防止或化解沟通的障碍。

任务一 实施商务谈判有效沟通

学习导入

真诚是谈判沟通的基础

世界第一位女大使柯伦泰被任命为苏联驻挪威全权贸易代表。当时，苏联国内急需大量食品，柯伦泰奉命与挪威商人洽谈购买鲱鱼生意，但因挪威商人要价太高而使谈判陷入僵局。此时，柯伦泰主动做出让步。她十分慷慨地说："好吧，我同意你们提出的价格。如果我的政府不批准这个价格，我愿意用自己的薪水来支付差额。"挪威商人被她的态度惊呆了。柯伦泰继续说："不过，我的工资有限，这笔差额要分期支付，可能要支付一辈子。如果你们同意的话，就这么决定吧！"

挪威商人为她的言语所感动，终于答应降低售价，签订协议。

谈判需要良好的沟通,而真诚则是谈判沟通的基础。柯伦泰就是凭着真诚的心感动了挪威商人,才化解了谈判僵局,获得了良好的谈判结果。

(资料来源:杨雪清.商务谈判与推销.北京交通大学出版社,2009.)

相关知识

一、为什么要沟通

沟通是谈判的基础。商务谈判中,沟通贯穿始终。它既是谈判的前奏,也是谈判中的必需,更是巩固谈判成果必不可少的,是商务谈判的关键。因此,研究沟通问题,不仅是认识它,更重要的是利用它为谈判服务。

（一）理解沟通

沟通（Communication）就是向有关人员传递信息,是人与人之间思想感情的交流。

沟通过程是指沟通主体对沟通客体进行有目的、有计划、有组织的思想、观念、信息交流,使沟通成为双向互动的过程。

（二）商务谈判沟通的现实意义

商务谈判沟通,是把广泛意义的沟通界定在商务谈判上,是指买卖双方为了达成某项协议,在与有关方面磋商及会谈过程中彼此加深理解、增进交流所使用的手段和方法。

二、商务谈判沟通的关键

沟通贯穿于商务谈判的始终,而沟通最重要的方式是听、问、答。所以,商务谈判沟通的关键是要掌握怎样听、如何问、如何答的技巧。这个技巧就是倾听、善问、巧答。这些综合性的技巧不仅贯穿于商务谈判的始终,也贯穿于商务活动的全过程。

（一）商务谈判中的"倾听"

古时候有个国王,想考考他的大臣,就让人制作了三个一模一样的小金人让大臣分辨哪个最有价值。最后一位老臣用一根稻草试出了三个小金人的价值,他把稻草依次插入三个小金人的耳朵,第一个小金人稻草从另一个耳朵出来,第二个小金人稻草从嘴巴里出来,只有第三个小金人,稻草放进去以后,什么动静也没有,于是老臣认定第三个小金人最有价值。

同样的小金人却存在着不同的价值,第三个小金人之所以被认为是最有价值因为其能倾听。其实,人也一样,最有价值的人,不一定是最能说会道的人。善于倾听,消化在心,这才是一个有价值的人具有的最基本的素质。

在谈判中,倾听是重要的,也是必需的。一个优秀的谈判者,必定是一个很好的倾听者。那么,在谈判中,我们怎样倾听才能获得比较好的效果呢?

1. 克服"听"的障碍

拉夫·尼可拉斯是位专门研究如何"听"的大学问家。他发现,即使是积极地听对方讲话,听者也仅仅能记住不到50%的讲话内容,而且其中只有1/3的讲话内容按原意听取了,1/3被曲解地听取了,另外1/3则丝毫没有听进去。并且不同的人对于自己听取的1/3的理解也是不同的。一系列试验表明,"听"是存在听力障碍的。

(1)判断性障碍。心理学家通过多年的实践得出结论:人们喜欢对别人的话进行判断、评价,然后决定赞成或不赞成,这是造成不能有效倾听的重要原因之一。人们总是从自己的立场出发来判断别人的话,但根据个人的信念作出的反应往往是有效倾听的严重障碍。

(2)精力分散或思路较对方慢,或观点不一致而造成少听、漏听。一般来说,谈判人员的精力和注意力的变化是有规律的:在开始时精力比较充沛,但持续的时间较短,约占整个谈判时间的8.3%~13.3%。如果是一个小时的谈判,精力旺盛的阶段也只有最初的5~8分钟;如果是一个超过6天的谈判,那么只有前3天为精力旺盛期。

如果谈判日程安排得紧张,而谈判人员得不到充分休息,特别是在谈判的中后期,如连日征战,则消耗更大,此时即便是精力十分旺盛的人,也会出现因为精力不集中而产生少听或漏听的现象。

(3)带有偏见的听。主要分为三种情况:①自己先把别人要说的话定个标准或作价值上的估计,再去听别人的话;②因为讨厌对方的外表而拒绝听对方讲话的内容;③有些谈判者喜欢假装自己很注意听。

(4)受听者的文化知识、语言水平等的限制。商务谈判总是针对专业知识进行的,因此,如果谈判人员对专业知识掌握有限,在谈判中一旦涉及这方面的知识,就会造成由于知识水平的限制而形成的收听障碍。特别是国际商务谈判,由于语言上的差别,也会造成收听障碍。如英语中常用的词语大约有500个,但有些词可能有20~25种不同的解释。这会给翻译人员带来困惑,形成听力障碍。

(5)环境的干扰形成听力障碍。如天气突然变化出现电闪雷鸣、过往行人以及飞过的鸟、修建房屋的噪声、两个人同时讲话等情形下都会产生干扰,对听力造成障碍。

【案例】　　　　　　　　倾听和谈话一样具有说服力

有一家美国汽车公司,想要选用一种布料装饰汽车内部,有三家公司提供样品,供汽车公司选用。公司董事会经过研究后,请他们每一家来公司做最后的说明,然后决定与谁签约。

三家厂商中,有一家的业务代表患有严重的喉头炎,无法流利地讲话,只能由汽车公司的董事长代为说明。董事长按公司的产品介绍讲了产品的优点、特点,各单位有关人员纷纷表示意见,董事长代为回答。而布料公司的业务代表则以微笑、点头或各种动作来表达谢意,结果,他博得了大家的好感。会谈结束后,这位不能说话的业务代表却获得了50万码布的订单,总金额相当于160万美元,这是他有生以来获得的最大的一笔订单。

事后,他总结说,如果他当时没有生病,嗓子还可以说话的话,他很可能得不到这笔大数目的订单,因为他过去都是按照自己的一套办法去做生意,并不觉得让对方表示意见比自己头头是道地说明更有效果。

2. 如何做到有效倾听
(1)倾听的规则
①要搞清楚自己听的习惯;
②要全身心地注意;
③要把注意力集中在对方所说的话中;
④要努力表达出理解;
⑤要倾听自己的讲话。
(2)倾听的技巧
①要专心致志、集中精力地听;

②要通过做笔记来集中精力；
③要有鉴别地倾听对手发言；
④要克服先入为主的倾听做法；
⑤要创造良好的谈判环境，使谈判双方能够愉快地交流。

先入为主是指人们习惯于在没有得出结论之前就主观地下结论。常见的有不等某人说完话就打断他，想当然地认为对方就是这个结论。这是由于人们日常生活的经验、定向思维和习惯作用的影响。先入为主的结果可能是正确的，也可能是错误的。

在倾听的过程中，做好五不要：一是不要因轻视对方而抢话或急于反驳而放弃听；二是不要使自己陷入争论；三是不要为了急于判断问题而耽误听；四是不要回避难以应付的话题；五是不要逃避交往的责任。

另外，在谈判过程中，我们要让对方感觉到我们是在诚恳、专注地听，我们在谈判过程中就要做好以下五个方面的工作：

第一，眼睛注视正在讲话的人，不时与对方交流眼神。

第二，根据对方谈话的内容，适时地用点头、摇头、微笑或手势来呼应对方的感情。

第三，口头上讲一些表示积极应和的话，作适当的迎合，如"我明白！""是这样啊！""是吗？"或发出音，如"嗯"。

第四，适当地复述对方一句话的最后几个字。

第五，当对方说话中有错误要作出反应。

（二）商务谈判中的"善问"

商务谈判中，我们首先要把握好"善问"的四点要诀：(1)注意提问的对象；(2)明确提问的内容；(3)选择提问的时机；(4)巧用提问的方式。

【案例】　　　　　　　　教堂里的故事

据传在某国的教堂里曾发生这么一件事。一天，A教士在做礼拜时忽然觉得烟瘾难熬，便问主教："我祈祷时可以抽烟吗？"主教狠狠地训了他一顿。一会儿，B教士觉得烟瘾难熬，便问主教："我抽烟时可以祈祷吗？"主教笑着答道："当然可以！"

对于同一个问题，不同的问法，效果迥异。

1. 商务谈判中发问的类型

(1)封闭式发问是指在一定的范围内，在特定的领域得到特定的答复，一般引出用"是"或"否"答复的问法。

(2)澄清式发问是指针对对方的答复重新措辞，使对方证实或补充原先答复的一种问法。这种问法可以让对方对自己说的话进一步表明态度、澄清事实。

(3)强调式发问旨在强调自己的观点和己方的立场。

(4)探索式发问是针对谈判对方答复问题的内容，准备继续引申的一种问法。

(5)借助式发问是借助第三者的意见来影响或改变对方意见的发问方式。

(6)强迫选择式发问旨在将己方的意见抛给对方，让对方在一个规定的范围内进行选择回答。

(7)证明式发问旨在通过己方的提问，使对方对问题作出证明或理解。

(8)多层式发问是含有多种主题的问句，即一个问句中包含多种内容。

(9)诱导式发问旨在开渠引水，对对方的答案给予强烈暗示，使对方的回答符合己方预期的目的。

(10)协商式发问为使对方同意自己的观点,采用商量的口吻向对方发问。

2. 提问的时机

(1)在对方发言完毕之后提问;

(2)在对方发言停顿、间歇时提问;

(3)在议程规定的论辩时间提问;

(4)在自己发言前后提问。

3. "问"的要诀

(1)预先准备好问题;

(2)避免提出那些可能会阻碍对方让步的问题;

(3)不强行追问;

(4)既不要以法官的态度来询问对方,也不要问起问题接连不断;

(5)提出问题后应闭口不言,专心致志地等待对方的回答;

(6)要以诚恳的态度来提问;

(7)提出问题的句子应尽量简短。

4. 提问的其他注意事项

(1)在谈判中一般不应提出的问题:①不应提出带有敌意的问题;②不应提出有关对方个人生活、工作方面的问题;③不要直接指责对方品质和信誉方面的问题;④不要为了表现自己而故意提问。

(2)注意提问的速度。

(3)注意对手的心境。

【案例】   提问的技巧

你想到一家公司担任某一职务,希望年薪20万元,而老板最多只能给你15万元。老板如果说"要不要随便你"这句话,就有攻击的意味,你可能扭头就走。而实际上老板往往不那样说,而是这样跟你说:"给你的薪水,那是非常合理的。不管怎么说,在这个等级里,我只能付给你10万元到15万元,你想要多少?"很明显,你会说"15万元",而老板又好像不同意说:"13万元如何?"你继续坚持15万元。其结果是老板投降。表面上看,你好像占了上风,沾沾自喜,实际上,老板运用了选择式提问技巧,你自己却放弃了争取20万元年薪的机会。

(三)商务谈判中的"巧答"

回答与提问、倾听一样重要。商务谈判中有问必有答,提问是主动的,回答是被动的。一般来说,回答必须遵循所提的问题。正是这一点,人们普遍觉得回答谈判问题不是一件容易的事。因为不但要根据对方的提问来回答,并且还要把问题尽可能地说明白、讲清楚,使提问者的问题得到答复,更重要的是回答代表着一种承诺,所回答的每句话都有责任。这就给回答问题的人带来一定的精神压力。

美国谈判专家尼尔伦伯格在他的《谈判的奥秘》一书中曾举了这样一个例子:美国大财阀摩根想从洛克菲勒手中买一大块明尼苏达州的矿地,洛氏派了手下一个叫约翰的人出面与摩根交涉。见面后,摩根问:"你准备开什么价?"约翰答道:"摩根先生,我想你说的话恐怕有点不对,我来这儿并非卖什么,而是你要买什么才对。"几句话,说明了问题的实质,并掌握了谈判的主动权。

第一,回答问题之前,要给自己留有思考的时间。

"三思而后行",回答问题前,要进行认真的思考。有些提问者会不断催问,迫使你在对问题没有进行充分思考的情况下仓促作答。这种情况下,作答者更要沉着,不必顾忌谈判对手的催问,而是转告对方你必须进行认真思考,因而需要时间,或者要求对方把问题再复述一遍,如"先生,请您把问题再说一遍好吗?"这样可以为自己赢得思考问题的时间。可以点一支烟,倒茶喝一口,整理文件,拖延回答时间。

第二,针对提问者的真实心理答复。

美国代表团访华时,曾有一名官员当着周总理的面说:"中国人很喜欢低着头走路,而我们美国人却总是抬着头走路。"此言一出,语惊四座。周总理不慌不忙,面带微笑地说:"这并不奇怪。因为我们中国人喜欢走上坡路,而你们美国人喜欢走下坡路。"美国官员的话里显然包含着对中国人的极大侮辱。周总理的回答让美国人领教了什么叫做柔中带刚,最终尴尬窘迫的是美国人自己。

第三,不要彻底地回答问题,因为有些问题不必回答。

许多谈判专家认为,谈判时针对问题的回答并不一定就是最好的回答。回答问题的要诀在于知道该说什么和不该说什么,而不必考虑所答的是否对题。

例如,对方问"你们打算购买多少?"如果你考虑先说出订数不利于讲价,那么就可以说"这要根据情况而定,看你们的优惠条件是什么?"这类回答通常采用比较的语气——"据我所知……""那要看……而定。""至于……就看你怎么看了。"当然,用外交活动中的"无可奉告"一语来拒绝回答,也是回答这类问题的好办法。

第四,对于不知道的问题不要回答。

参加谈判的人并不是全能全知的人。谈判中尽管我们准备得充分,也经常会遇到陌生难解的问题,这时,谈判者切不可为了维护自己的面子强作答复。因为这样不仅有可能损害自己利益,而且对自己的面子也是丝毫无补。

有这样一个实例,我国某公司与美国外商谈判合资建厂事宜时,外商提出有关减免税收的请求。中方代表恰好对此不是很有研究,或者说是一知半解,可为了能够谈成,就盲目地答复了,结果使己方陷入被动的局面。

经验和教训一再告诫我们:谈判者对不懂的问题要坦率地告诉对方不能回答,或暂不回答,以避免付出不应付出的代价。

第五,逃避问题的方法是避正答偏,顾左右而言他。

当对方提出的某个问题很难直接从正面回答,但又不能拒绝回答,这时,谈判高手往往用避正答偏的办法来回答,即在回答这类问题时,故意避开问题的实质,而将话题引向歧路,借以破解对方的进攻。

例如,对方问:"你们准备开价多少?"己方可以闪烁其词,所答非所问,如谈下产品质量、交货期限等,这样效果会更理想。

【案例】

一位美国记者采访周恩来时,看见桌上放着一支美国派克钢笔。他以一种讥讽的口气问道:"请问总理阁下,你们堂堂中国为什么还要用美国的钢笔呢?"周恩来淡淡一笑,答道:"谈起这支派克钢笔话就长了。这是一个朝鲜朋友的抗美战利品,他是作为礼物赠送给我的。我想,无功不受禄,就推辞。朋友说,留下做个纪念吧,我觉得有意义,就收下了贵国的这支派克钢笔。"美国记者一听,顿时哑口无言。这位记者的本意是想挖苦周总理:你们中国人怎么连好一点的钢笔都不能生产,还要从我们美国进口。结果周总理说这是朝鲜战场的战利品,反而使这位记者丢尽颜面。

【案例】

1959年,苏共中央第一书记、苏联部长会议主席赫鲁晓夫与时任美国总统艾森豪威尔参加一次首脑会议。喜好辩论的赫鲁晓夫不时向美国总统提出一些问题。

但是军人出身的艾森豪威尔每被问及时,并不马上回答他的对手,而是看着他的国务卿杜勒斯,等后者把一张张便条递过来之后,他才开始作答。反之,当艾森豪威尔向赫鲁晓夫询问一些问题时,赫氏却不假思索像演员背诵台词一样口不打奔儿地回答对方。

赫鲁晓夫对自己的脑瓜儿和口才非常得意。他在后来撰写的回忆录中认为,他既然是大国苏联的领袖,理所当然地应当知道所有问题的答案,不需要旁人指点他如何回答和回答些什么。赫鲁晓夫同时不无讽刺地问道:"究竟谁是(美国)真正的最高领袖?是杜勒斯还是艾森豪威尔?"

然而,国际谈判圈中对此却另有评价:

艾森豪威尔作为美国代表团团长,事事要听助手的主意才敢作答当然不足为训,但是在个人弱点和国家利益之间屈己事大却表现了他的睿智和严肃。

艾氏显然明白,他虽然是第二次世界大战战场上的赫赫英雄,又贵为当时美国的行政首脑,但在外交谈判桌上,他的经验毕竟不如久经外事沙场的国务卿杜勒斯,更何况他所面对的是另一个超级大国的一位能言善辩且集党政大权于一身的领袖人物。艾森豪威尔在谈判桌上听取自己部下的意见,既表现了他求实认真、沉着稳重的统帅作风,也为他争取了思考问题的时间,避免了回答上的差错。

(四)商务谈判中的"说服"

谈判中能否说服对方接受自己的观点,是谈判能否成功的一个关键。谈判中的说服,就是综合运用听、问、叙等各种技巧,改变对方的起初想法而心甘情愿地接受己方的意见。在谈判中,说服工作常常贯穿始终。

一是先想好几个理由,然后才去和对方辩论;

二是站在领导者的角度上,以教训人的口气,指点他人应该怎样做;

三是不分场合和时间,先批评对方一通,然后强迫对方接受其观点等。

以上这些做法,其实未必能够说服对方。因为这样做,其实质是先把对方推到错误的一边,也就等于告诉对方,"我已经对你失去信心了",因此,效果往往十分不理想。

在谈判过程中,我们怎样才能说服对方呢?

一是要取得他人的信任。在说服他人的时候,最重要的是取得对方的信任。只有对方信任你,才会正确地、友好地理解你的观点和理由。社会心理学家们认为,信任是人际沟通的"过滤器"。只有对方信任你,才会理解你友好的动机;否则,如果对方不信任你,即使你说服他的动机是友好的,也会经过"不信任"的"过滤器"作用而变成其他的东西。

二是要站在他人的角度设身处地地谈问题。要说服对方,就要考虑到对方的观点或行为存在的客观理由,即要设身处地地为对方想一想,从而使对方对你产生一种"自己人"的感觉。这样,对方就会信任你,就会感到你是在为他着想,说服的效果将会十分明显。

三是要创造出良好的"是"的氛围。从谈话一开始,就要创造一个说"是"的气氛,而不要形成一个"否"的气氛。比如,"我知道你是能够把这件事情做得很好,却不愿意去做而已","你一定会对这个问题感兴趣的"等。苏格拉底是2 000多年前古希腊的哲学家,他以辩论见长,他创立的问答法至今还被世人公认为"最聪明的劝诱法"。其基点是:与人辩论,开始不要讨论分歧的观点,而是着重强调彼此共同的观点,取得一致后,再自然地转向自己的主张。这一方法的特点是,提出一系列的问题让对方称"是",同时要避免对方说"不",进而促使对方发生态度转变。

四是说服用语要推敲。说服对方,用语一定要推敲。事实上,说服他人时,用语的色彩不一样,说服的效果就会截然不同。在谈判中,维护面子与自尊是一个极其敏感而又重要的问题。许多专家指出,在洽商中,如果一方感到失了面子,即使是最好的交易,也会留下不良后果。当一个人的自尊受到威胁时,他就会全力防卫自己,对外界充满敌意,有的人反击,有的人回避,有的人则会变得十分冷淡。这时,要想与他沟通交往,则会变得十分困难。曾有一个保险公司的推销员,在几次拜访了一个客户后,却未能说服他,临走时,他说了一句话:"我将来会说服你的,老家伙!"这句话表明了他值得称赞的决心,但这却是他绝不该说的话。对方立刻嚷道:"不,你做不到——绝无希望!"后来,尽管这位推销员在近十年的时间里持续不断地拜访他,却始终没有成功。

【案例】 说服的技巧

第二次世界大战期间,一些美国科学家试图说服罗斯福总统重视原子弹的研制,以最有效地打击德国法西斯,尽快结束战争,减少无谓的人员伤亡。他们委托总统的私人顾问——经济学家萨克斯——出面说服总统。但不论是科学家爱因斯坦的长信,还是萨克斯的陈述,总统一概不感兴趣,为了表示歉意,总统邀请萨克斯次日共进早餐。

第二天早上一见面,罗斯福就以攻为守地说:"今天不许再谈爱因斯坦的信,一句也不谈,明白吗?"萨克斯说:"英法战争期间,在欧洲大陆上不可一世的拿破仑,在海上屡战屡败。这时,一位年轻的美国发明家富尔顿来到了这位法国皇帝面前,建议把法国战船的桅杆砍掉,撤去风帆,装上蒸汽机,把木板换成钢板。可是拿破仑却想,船没有帆就不能航行,木板换成钢板就会沉没,于是他二话没说就把富尔顿轰了出去。历史学家们在评论这段历史时认为,如果拿破仑采纳了富尔顿的建议,19世纪的欧洲史就得重写。"

萨克斯说完,目光深沉地望着总统。罗斯福总统默默沉思了几分钟,然后取出一瓶拿破仑时代的法国白兰地,在酒杯中斟满了酒后递给萨克斯,轻缓地说:"你胜利了。"萨克斯顿时热泪盈眶,他终于成功地说服了总统做出美国历史上最重要的决策。

和对方谈判时,我们要注意语言的表达,需要避免的言辞如下:

(1)极端性的语言。这类语言如"肯定如此"、"绝对不是那样",即使自己看法正确,也不要使用这样的词汇。

(2)针锋相对的语言。这类语言特别容易引起双方的争论、僵持,造成关系紧张。如"开价5万元,一分钱也不能少"、"不用讲了,事情就这样定了"。

(3)涉及对方隐秘的语言。这类语言如"你们为什么不同意,是不是你的上司没点头?"与国外客商谈判尤其要注意这一点。

(4) 有损对方自尊心的语言。这类语言如"开价就这些,买不起就明讲"。
(5) 催促对方的语言。这类语言如"请快点考虑"、"请马上答复"。
(6) 赌气的语言。这类语言往往言过其实,会造成不良后果,如"上次交易你们已经多赚了5万元,这次不能再占便宜了"。
(7) 言之无物的语言。这类语言如"我还想说……""正像我早些时候所说的……""是真的吗……"许多人有下意识的重复习惯,俗称口头禅,它不利于谈判,应尽量克服。
(8) 以我为中心的语言。过多地使用这类语言,会引起对方的反感,起不到说服的效果。如"我的看法是……""如果我是你的话……"在必要的情况下,应尽量把"我"变为"您",一字之差,效果会大不相同。
(9) 威胁性的语言。这类语言如"你这样做是不给自己留后路"、"如果你这样做,后果自负"。
(10) 模棱两可的语言。这类语言如"可能是……""好像……""听说……""似乎……"

任务二　谈判组内部沟通

学习导入

为什么被罚款

2005年,某纺织企业和某家客户合作3年以来,一直做"乳白"布匹,每年几百万元金额的订单。但是,2005年10月客户突然下了一个"洁白"布匹20万元的订单,十万火急! 客户同时发过来一份资料,让企业的营销经理签字确认后,传真回去存档。但是,结果布匹做出来发给客户后,客户在退货同时对企业罚款20万元。

为什么营销经理签字的订单,最后做出来却不是"洁白",又变成"乳白"的呢?

按理应该是"洁白"的才对,什么地方出了问题呢? 原来别的没有任何问题,只是"沟通"出了问题。

第一,企业与企业之间的沟通出了问题:公司一向为客户做"乳白"的布匹,这一次是"洁白"的布匹,很可能出现误会。因此,作为客户,一定要向企业营销经理强调这次的差异,是"洁白"而不是"乳白"。

第二,企业内部沟通出了问题:重点问题不仅仅是在企业之间强调,作为企业的营销经理在下单时,或在开订单评审会议时,一定要向生产系统强调,重点强调、反复强调这一重大的差异——是"洁白",不是"乳白"!

第三,企业内部核实出现问题:如何能够出仓、出厂? 公司的品质稽核是如何评估、盖章、签字的? 以什么为依据? 没有订单复印件的核实,就凭一贯的"乳白"的印象吗?

(资料来源:http://blog.chinaceot.com/blog－htm－do－showone－type－blog－uid－1125266－itemid－595261.html。)

相关知识

一、谈判组内部沟通的意义和内容

（一）内部沟通的意义

企业在经营管理和日常事务中，由于人与人之间、部门与部门之间缺乏沟通和交流，常常会遇到一些摩擦、矛盾、冲突、误解。这将影响到公司的气氛、员工的士气、组织的效率，使企业难以凝聚，人为内耗成本增大，甚至导致企业衰亡。因此，企业文化建设的一个主要内容就是沟通。

"企业即人"，每一项经营管理事务都需要人去调研、决策、执行、反馈。人是企业最珍贵的资源，也是最不稳定的资源，关键在于开发和整合，因为人是有感情的、有思想的，任何行为无不受到观念和情感的支配。随着人本经济和企业文化管理模式的深入，内部沟通具有日益重要的战略意义：它有利于企业文化氛围的形成，有利于职能部门之间的协作配合；有利于员工共识的实现，形成统一的价值观和强大的凝聚力；有利于满足员工的心理需要，实现自主管理和人本管理；有利于增强员工的主人翁责任感，调动员工参与公司经营管理的积极性和创造性，使人力资源向人力资本转变；有利于保持企业文化网络畅通和信息资源共享；有利于建立沟通、学习、交流、协作的奋进平台，打造出一支学习型员工队伍。

有团队、有管理，就必然需要沟通，唯有沟通才能减轻摩擦、化解矛盾、消除误解、避免冲突，发挥团队和管理的最佳效能。人有悲欢离合，市场有起有落，当企业处于不利的市场环境、面临威胁甚至危机时，会造成员工士气普遍低落和群体离心力，这时就需要大范围地交流沟通，鼓动员工的战斗精神，激励他们的信心和忠诚，恢复士气。当企业有重大举措，如领导班子更替、经营战略重大调整、大项目上马、新规章制度出台等，除商业秘密外，事先要尽可能地让更多的员工知情、参与，听听他们的意见，增强员工的主人翁责任感；决策后，要迅速地作出详细的解释说明，排除员工的疑虑，统一认识，坚定信心。"人上一百，形形色色"，由于员工之间的思想观念、价值取向、知识结构、性格气质、思维能力、工作方法等方面存在差异，甚至当一个团队内部存在巨大差异时，必然导致相互不理解、不信任、不合作，造成各自为战的紧张关系。这时需要沟通疏导，属于思想观念和工作态度的，要进行耐心细致的说服教育和帮助引导；属于人际关系问题的，要巧妙地去协调，化解矛盾；属于能力问题的，要采取组织措施，尽量不小材大用或大材小用，尽量做到"一室不容二虎"。

沟通无处不在，是双向互动的。但如果一个组织内部缺乏沟通氛围，其领导人是有很大责任的。沟通是领导的基本素质，是管理工作的基本内容。沟通是文化的交流，是情感的共鸣，在价值取向多元化和性格气质个性化的今天，沟通更需要科学的技巧和正确的方法。用正确的方法做正确的事，事半功倍；用正确的方法做不正确的事，事半祸倍。

（二）内部沟通的内容

企业要搞好内部沟通应注意以下几点：

第一，通过现代企业文化建设，打破等级制度，树立全员沟通理念，创造人人能沟通、时时能沟通、事事能沟通的良好氛围。

第二，建立健全有效的沟通渠道。企业领导人、部门主管要带头沟通，有民主作风，定期开展接待日、座谈会、企业形势通报会、联欢活动。尽可能与下属员工多联系、多谈心，增进了解和信任，通过双向交流和信息互动反馈，使内部沟通渠道畅通无阻。也可以通过内部刊物、内部网络系统等形式上情下达、下情上传,做到信息收集制度化、信息内容系统化、信息传递规范化、信息处理网络化。

第三,用同理心作思想沟通。遇到沟通障碍时,不管是个人与个人之间还是部门与部门之间,双方要多做自我批评,换位思考,肯定对方的长处,善于聆听各方面的看法和意见,即使自己有理有据也要谦让三分,不要得理不饶人,要给他人一个改正错误、统一认识的机会,要帮助辅导对方而不是打击报复。企业领导人、部门主管要放下架子、俯下身子,下属要直起脖子、壮起胆子,双方坦诚平等地交流各自的思想和看法。领导的心胸要开阔些,品德要大度无私,不要与下属斤斤计较,工作作风要正派,以自己的人格魅力去为下属带好头、服好务。

第四,公正地解决问题。首先要及时掌握事态的来龙去脉,分析原因,对症下药。当问题出现时,不要急于判定谁是谁非,不要让它扩散传播,尽可能控制在一定范围内,否则只会进一步扩大问题。在解决问题时,要尊重事实,尊重人性和个性差异,要有理、有据、有节,争取双方都能接受,不计前嫌,握手言和。

第五,有效运用手中掌握的文化网络。企业文化网络是企业内部一种非正式的联系手段,网络中人没有等级的界限,他们通过非正式渠道传递并解释企业的各种信息,有机而又无形地把企业的各部分员工联系起来。网络中人有其特殊的身份和作用,他们一头与企业高层关系密切,一头直接活动在员工之中对话,可以起到上情下达、下情上传、左右辐射的信息载体作用。

第六,对权力和制度的思考。现代企业管理中,企业文化和价值理念等软约束力对员工的规范作用已经超越了过去过分信赖的权力、等级、制度等硬约束力。企业领导人、部门主管要与时俱进地树立以人为本、让员工自主管理的理念,对下属的管理主要体现在工作方向和团队目标上,手段体现在文化引导和人格魅力感染上,合理运用手中的职权。一般情况下,不要过多地干涉他们的"内政",要学会当教练而不是当家长,信任下属并放权给他们,让他们在企业统一价值理念和整体目标的前提下,放开手脚自主地开展工作,以激励他们的主动性、创造性,锻炼他们独立办事能力,充分发掘自身潜能。同时要扩大下属的知情权和参与权,不要有"武大郎开店"的哲学,怕下属超越、取代自己而在工作上疏远甚至压制他。还有,在用人上要有公开、公正、平等、择优的竞争机制,打破"论资排辈"、"平衡照顾"的陋习。分管领导不要搞小帮派、小团伙,不要讲亲疏好恶、安插亲信、排斥异己,要一切为了企业利益不拘一格用真才,避免大材小用、小材大用,避免"一室二虎"的人才内耗,否则很难营造良好的沟通氛围。

二、职业人必须学会与别人相处

人与人相处的方式主要有以下四种:(1)以暴力、威胁、欺骗等操纵手段,从别人身上强取所需;(2)以奉承、依赖强者、苦肉计等手段来博取同情、关心,以获得自己所求的东西;(3)"站在公平对待条件上"与人交往,既能给予对方所需要的,也能从对方获得自己所需;(4)能与别人和乐相处而无损于自己和他人的自我管理的一种艺术,即良好的人际关系。

【案例】
很多企业内部都挂了一条横幅,内容是:"今天工作不努力,明天努力找工作。"这是威胁。以前挂还可以,现在千万要摘下来。因为员工一边工作一边想,我今天就不努力工作,今天就努力去找工作。一个星期以后,找到工作便辞职了。所以,不要威胁人。

【案例】
　　某著名相声演员有一次被摄像机拍到进入某个场所,拍的那个人就威胁他说:"你给我20万元,否则我就把你的录像带公开。"那个相声演员不仅没给他20万元,且将他告上法庭,他被判坐了一年半的牢。

　　因此,在组织内部,上司不要威胁下属,部下也不要威胁上司。不要用威胁的手段,这不是一个好的方法。

　　组织内部与人沟通不畅,与人的本性有关系,毕竟都是性情中人。因此,要牢牢树立两种观念:第一个观念,不会做人,只会做事,是很难做出成绩来的;第二个观念,我们要尽量与不同性格、不同思想的人沟通。

三、组织内部与人相处之道

(1)了解别人是群我之道。你越了解对方,你与他的沟通就越顺畅。

(2)宽容别人是和睦之道。如果你只记住别人对你的好,你会感谢全世界所有你认识的人;如果你只记住别人对你的不好,你会恨全世界所有你认识的人,包含你的父母亲。仇恨就是用自己的痛苦来折磨自己,宽容别人就等于宽容自己。

(3)接纳别人是体谅之道。接纳别人就是要与别人同流,不要管他是什么想法、什么宗教。

(4)关怀别人是友爱之道。关心别人的人会容易得到机会,也会容易与别人建立良好的关系。

【案例】
　　有一个大学生,在A市某家企业做职员,工作很努力,也很想得到提升,但是没有机会。工作了三四年后,还是没有晋升职位。有一个星期六,他在高速公路上开车,看到前面有一辆车抛锚了,有两个中年人满头大汗在那儿修车。他就把车靠边,过去问要不要帮忙。那两位中一位恰巧是大学生所在企业集团领导,另一位是其司机,招了很多人都没人帮忙,见一个小伙子来帮忙,就问他是干什么的。这位大学生回答了自己的名字与单位。过了不到半个月,一纸调令升他做科长。

四、组织内部与人相处的法则

第一,尊重个别差异。对不同的人,说不同的话,这是人际关系沟通的诀窍之一,是人际关系沟通的最高境界。

第二,了解对方的需求。对方与你沟通,当了解他的需求之后,你与他的沟通就顺畅了。

第三,懂得激励别人。沟通也是一种激励的方式。

第四,积极做人处世。心态要积极,心态积极的人,与别人沟通会比较顺畅。

第五,保持参与互动。多与别人交流。

五、组织内部沟通的障碍与技巧

(一)常见的沟通障碍

(1)语言障碍:表达不清、使用不当;

(2)过滤障碍:报喜不报忧;
(3)心理障碍:个性特征和个性倾向造成的沟通困难;
(4)时间压力障碍:只有很短时间理解后接收的信息;
(5)信息过多障碍:管理者从上、下、左、右接收的信息不一致;
(6)地位障碍:是由于地位差别造成的。

(二)组织内部常见的沟通障碍

(1)正式沟通渠道(会议、文书)不畅。人的三种境界:①当面不说,背后说,即最低境界;②当面说,背后也说,即中等境界;③当面说,背后不说,即最高境界。

(2)员工沟通的心态与观念不正确。

(3)企业文化中没有鼓励沟通的内容。

(4)员工缺乏一些企业中常用的沟通技巧。

(三)组织内部的沟通技巧

(1)说话技巧。①谨慎,考虑周到再说,说者无意,听者有心,说话要小心;②不可以太快,一句一句讲清楚;③不可啰嗦,不可一直重复;④站在对方的立场上去说;⑤不可以太抽象;⑥多称赞,少批评;⑦声音要抑扬顿挫,重点要加强。

(2)倾听技巧。①少讲多听;②不插嘴,不打断对方讲话;③控制自己的情绪,保持冷静;④轻松点,不要有压力;⑤不争论,不批评;⑥认真听,不可不耐烦;⑦可以发问,表示认真听;⑧站在对方的立场想。

六、如何与上司沟通

与上司沟通好的前提是要理解上司,而理解上司必须站在上司的立场去考虑问题。上司的难处你要透彻了解,公司的整体性你必须要了解,企业和上司所受的压力你必须了解。这时,你信息全面,思维才不会出错,才能完全理解上司,且站在上司的立场去考虑问题、解决问题。

(一)企业中向上沟通要点

1. 怎么与上司说"不"

一名不对上司说"不"的人不可能成为优秀的职业经理人,对上司说"不"前一定要深思熟虑,力求正确。对上司每说一次正确的"不",你晋升的台阶便上升一步;对上司每说一次错误的"不",你晋升的台阶便退后一步。上司即使暂不采纳你正确的意见也会对你欣赏有加,最优秀的向上沟通是想办法将自己的看法变成上司的看法,即使自己的正确意见被采纳获得了成功,也要把功劳标在上司的头上,而不是放在自己头上。要理解上司,有时在你的局部范围内正确的想法和做法,到了上司的全局范围内可能会变为不正确,有时因时机不成熟,上司会将你的正确看法"冷藏",你必须有耐心等待。

【案例】

第二次世界大战时,斯大林与希特勒打仗,最后斯大林赢了。很多军事学家研究发现,不应该是斯大林赢,为什么?因为斯大林的性格不可能会赢,他从来不听取别人的意见,怎么会赢?后来发现是苏军的总参谋长起了主要作用,他是这样影响斯大林的:每次开统帅会议之前他就与元帅们收集意见,他提出两个方案,一个是正确方案,另一个是错误方案。每

> 次开会都坐在前排,离斯大林很近。他先说正确方案,说正确方案的时候他声音很低,吐字不清,别人都没听到,但斯大林听到了。他讲错误方案的时候声音洪亮,吐字清晰,斯大林每次等他说完错误方案后,便站起来把他的错误方案狠批了一通,把他臭骂了一顿,然后就说:"我的方案应该是他第一个方案。"于是,他就把自己的方案变成了斯大林的方案。

2. 组织内部向上沟通要点

应在工作进行之中不断地提出报告,报告是建立上下级关系的基础,不断地报告,其实也是你与上司沟通的机会。重要的事情要告诉上司,不是你权责范围内的事情在做之前要汇报。需要分清楚的三类事情:第一类,做了也不用汇报;第二类,做了要汇报;第三类,先汇报再做。

(二)会见上司要点

(1)尊重上司,但不要害怕,事先整理好要谈的内容,分轻重缓急做笔记;
(2)要有数据观念,不可乱讲,好好听取上司的暗示做笔记;
(3)不发牢骚,不要只提出问题,而不提出解决问题的方案;
(4)与上司意见相左时,问明原因,讨论但不顶嘴;
(5)见上司时,应选对时机,不宜在上司急忙时;
(6)进行工作之中,应不断提出报告,报告是建立上下级关系的基础。

此外,在与上司的沟通中除了要掌握上述组织内部的沟通技巧外,特别要注意上下级之间的等级关系,说话把握分寸,倾听留意细节。

(三)影响上司要点

(1)注意不要未经考虑随便地进言,这样不但不能影响上司,反而让上司认为你轻率冲动,从而丧失影响上司的机会,多用写的方式给上司进言;
(2)不要试图去改变上司做人做事的原则,不要试图去改变上司的习惯和性格;
(3)不能用教训的口吻去对上司进言,一定要用很谦虚、低调的语言来说话;
(4)进言以后要认真听上司的解释,要用开放的心态与上司讨论;
(5)进言的时候不可以带私心与偏心;
(6)勇于承认错误;
(7)在合适的场合、时间进言,讲得早不如讲得巧。

七、如何与同级沟通

(一)爱同仁

我们与其他同仁或者与其他部门,或者与亲友们产生矛盾的时候,我们都认为是对方错而不是自己错了,其中有一个最重要的原因是我们的思维方式出了问题。

存在三种思维方式如下:

第一种,非黑即白。不是对的就是错的,其实黑与白中间还有很多东西,世界是多元的,不是非黑即白的。

第二种,谁都有理。每个人都只站在自己的角度考虑问题。

第三种,开放式思维。

【案例】

　　2006年广州有一个报道,有一个老板被绑匪绑架了,通过讲道理平安回来。那个绑匪把他绑架后向其要钱,老板和绑匪说了三句话。第一句,"你怎么看都不像个坏人"。他明明就是个坏人,听这个老板一说自己都觉得自己不是坏人。第二句讲他感兴趣的东西,"你一定缺钱花了,你缺钱花可以问我要,你为什么要用这种方式,你知不知道你这么做会毁掉你的一生的"。这个老板完全站在绑匪的角度,完全不考虑自己。第三句话说过之后,这个绑匪就号啕大哭:"先生,我真还不是什么坏人,我母亲病重,在医院里面躺着需要手术费,差5万块钱,如果我下个星期五之前找不到5万块钱,我母亲就没命了,我没办法才用这种办法。"那个老板说:"小数目,才5万块钱,不早说。"松绑后,请他到家里面吃个饭,开了张支票给他。这个老板的沟通能力救了三条命。

(二)组织内部换位思考的关键点
(1)换位思考是克服人性的弱点;
(2)换位思考是日常生活常识;
(3)换位思考须在企业中形成一种氛围;
(4)换位思考须从我做起,从现在做起。

【案例】

　　美国有一种新产品,专门给不理解怀孕老婆的老公使用。有的老婆怀了孕与老公说怀孕好难受,老公说:"没有啊,看你抱着个大肚子晃来晃去好像蛮舒服的。"老婆就把怀孕的模拟装置让他抱一抱,下了班戴上去,上班时摘下来,让他背十个月,它会让他恶心、呕吐,让他睡觉不知道往哪边翻身,十个月以后整个怀孕的痛苦他都尝到了,他才知道老婆怀孕不容易。

(三)处理组织内部冲突
(1)我们要了解冲突、正视冲突。人各有不同,意见无法达成一致,非常正常,这叫做了解冲突。面对冲突,我们不能回避,应勇于表达不同意见,积极面对。
(2)组织内一定要进行提高 EQ 和 AQ 的培训。EQ 高、AQ 高的人冲突不会多,就会把冲突控制在过程中。比如两个 EQ 高的人,有一方情绪一激动,另外一方会说"我们今天先讨论到这里,下次再谈",这就避开了过度的冲突;但是 EQ 低的人在一起一冲突,就像火焰般燃烧起来,互不相让。
(3)在组织内部要进行跨部门沟通的培训。帮助他们如何去面对别人,如何去换位思考和学习 EQ、AQ。
(4)营造和谐的企业文化氛围。
(5)不断修改并完善组织架构和考核制度。

【案例】

　　有些企业中的考核制度是将品管部和制造部分开来考核,品管部考核质量,制造部考核产量,这样会造成两个部门之间经常有冲突。制造部为了产量不讲质量,品管部宁可错杀一千也不放走一个,这个冲突是不可避免的,是组织架构与考核制度激发的冲突。要避免这个冲突只有修改考核制度,品管部经理既要考核质量也要考核产量,制造部经理既要考核产量

> 也要考核质量,这个时候就不会有冲突。一个制度或者一个考核,使 A 与 B 两个人对立,A 好 B 就不好,B 好 A 就不好,那是挑起冲突。

八、如何与下属沟通

> 【案例】
> 　　2003年3月8日,电视上有一个栏目在采访一位"新新女性",这位女性是一家服装公司的女老板,32岁,一般私企的老板一周工作七天,一天工作十几个小时以上,但是那位女老板,一周只工作两天,每天8小时。她的工作方式是:每周星期一早上到企业,把上星期设计师设计的服装拿出来,让内部的模特走台,看看哪个服装好、哪个服装不好,决定选择的产品。第二天到企业开会,把大家召集来,第一句话就问:"有没有什么事情需要我协调的?"如果没有就散会。她在办公室,谁有事就去找她,没事就没人找她,下午五点半以后,女老板人间蒸发了,谁都找不到她,下个星期一再回来。主持人问她:"你这样管企业会不会出问题?"老板说:"我开始也担心出问题,后来我发现我把工作交给他们做,他们做得比我还好。"
> 　　该案例中女老板授权实际上也是一种沟通。授权成功最主要在于两点:(1)授权之前要与部下做良好的沟通,要对部下非常了解才能授权;(2)定好游戏规则。

(一)有效地下达指示

1. 下达指示时需注意的要点

(1)给下属留有发挥余地。给别人的自主权宁可多一点,书面指示的规定不应过细,要让下属有发挥的余地。有两种方案:第一,按部下的正确方式去做;第二,按你的正确方式使部下理解了以后去做。

(2)适时跟进项目。如果执行原来的指示,项目进展不顺利,那你一定要重新指示,否则部下就无所适从,不知道如何去做。

2. 与下属单独沟通

(1)注意做好准备,特别是面对比较难沟通的部下要做好沙盘推演,与部下沟通时准备得越充分,效果就越好。

(2)倾听员工心声。许多令人不满的问题可以通过辅导和咨询得到解决。

(3)了解员工的情绪。主管不了解员工的情绪,会造成很恶劣的后果。

(4)留心员工面临的问题。这些问题可能影响到他们的工作。

(二)如何责骂、表扬与批评下属

1. 如何责骂下属

(1)责骂什么事情要明确指出;

(2)把事情搞清楚后再责骂;

(3)不可当众人之面责骂;

(4)只就事论事,不搞人身攻击;

(5)不可骂粗话,不可伤人自尊心;

(6)暴怒时最好不要责骂下属。

2. 表扬、批评注意要点

(1)表扬时,人越多越好;批评时,人越少越好。
(2)情绪:平和时。
(3)时机:越及时越好。
(4)原因:越清楚、越具体越好。
(5)适合的表情模式。

3. 善于对下属发问

善于发问可以引导下属,扳回下属的思路;通过发问、观察和倾听,了解下属的真实想法、疑虑和问题。

(三)创造轻松愉快的工作环境

愉快的工作环境会让员工情绪平稳,减少矛盾。要观察员工的情绪变化,如果员工的情绪有失控的迹象,应在失控之前将其控制住。对不同性格的下属,要采用不同的方法去沟通。

员工的很多事情如果你发现得早,就不会因小失大,特别是能避免引发群体事件。一名牧师在布道的时候说:"公安局与宗教的区别在于,前者是在罪恶树发芽、开花、结果了以后采取措施;后者是在罪恶树还没发芽的时候就不让其发芽。"作为主管此两者皆要学习,尤其是后者,可以帮助避免一些事情的发生,比如罢工事件。

(四)培养下属的团队意识

要培养下属的团队意识,须做好三点:(1)包容、欣赏、尊重团队成员的个别差异性;(2)设定共同的目标,尽量让团队内每一个人参与;(3)公平地分派任务和报酬,有福同享,有难同当。

任务三　与谈判对手沟通

学习导入

糟糕的翻译

某跨国公司总裁访问一家中国著名的制造企业,商讨合作发展事宜。中方总经理很自豪地向客人介绍说:"我公司是中国二级企业……"此时,翻译人员在翻译这句话时很自然地用"Second-class Enterprise"来表述。不料,该跨国公司总裁闻此,原本很高的兴致突然冷淡下来,敷衍了几句立即起身告辞。在归途中,他抱怨道:"我怎么能同一家中国的二流企业合作?"在我国,企业档案工作目标管理考评分为"省(部)级"、"国家二级"、"国家一级"三个等级。"省(部)级"是国家对企业档案工作的基本要求,"国家一级"为最高等级。可见,一个小小的沟通障碍会直接影响到合作的可能与否。

(资料来源:http://www.dginfo.com/xinwen-93469/.)

相关知识

一、谈判前的准备

首先就谈判背景进行调查,包括政治状况、法律制度、社会文化、商业做法、财政金融状况、基础设施与后勤保障。另外,还要做好其他几方面的准备工作:

(一)收集整理对方信息

即了解谈判对方的主体资格、谈判对方的权限、对方是否把你当成唯一谈判对手、对方个人情况和单位现状。通常包括下列内容:

(1)谈判对手的声誉及信用度。

(2)谈判对手当前的经营状况与财务状况。

(3)谈判对手惯常采用的付款方式和付款条件。

(4)谈判对手的企业管理系统运作状况。

(5)谈判对手参与本次谈判的人员情况。谈判对手谈判班子的组成情况,即对方谈判班子的人数、主谈人、谈判组长以及谈判班子内部的相互关系、谈判班子成员的个人情况,包括谈判成员的知识、能力、需要、动机、个人目标、信念、爱好与兴趣、家庭状况、个人品质、性格、做事风格、心理类型等。

(6)对手对这项业务的重视程度以及其所追求的谈判的主要利益和特殊利益。

(7)谈判对手的最后期限。

(8)谈判对手对己方的信任程度,包括对己方的经营与财务状况、付款能力、信誉、谈判能力等多种因素的评价和信任程度。

(二)确认谈判目标

谈判目标主要分为理想目标、最低限度目标和可接受目标。

(1)确定为获得你所想要的东西而应付出的成本或者说是目标价格。

(2)确定可接受的谈判极限。

(3)确定为达成协议你可以做出哪些让步并按先后顺序排列。

(4)如有可能,确定为获得对方让步你可以放弃些什么。

(5)批示达成协议应有怎样的时间限制。

(6)找出能决定这次谈判成败的外部影响因素。比如与这次谈判有关的银行、政府代理机构、企业员工等。

(7)估计对方可能提出哪些虚假话题并提出克服方案。

(8)考虑当谈判陷入僵局时你可以提出哪些有创造性的建议。例如,是否可以暗示给对方一些次要的东西来使己方的报盘具有吸引力。

(9)决定参与谈判人员。

(10)确定初谈不成时你可以提出哪些不同方案。

(三)谈判的议程

进行时间安排并确定谈判议题、通则议题与细则议程的内容。

(四)组织谈判班子

班子成员包括主谈人员、专业人员、法律人员、财务人员、翻译人员和其他人员。第一层次的人员即主谈人。其具体职责是:监督谈判程序;掌握谈判进程;听取专业人员的说明、建议;协调谈判班子的情况;决定谈判过程的重要事项;代表单位签约;汇报谈判工作。第二层次的人员即专家和专业人员。其具体职责是:阐明己方参加谈判的意愿、条件;弄清对方的意图、条件;找出双方的分歧或差距;同对方进行专业细节方面的磋商;修改、草拟谈判文书的有关条款;向主谈人提出解决专业问题的建议;为最后决策提供专业方面的论证。第三层次的人员是指谈判必需的工作人员,如速记或打字员。他们的职责是准确、完整、及时地记录谈判内容,包括双方讨论过程中的问题,达成的协议,谈判人员的表情、用语、习惯等。

（五）制订谈判计划

谈判计划是谈判前预先对谈判目标、谈判方略和相关事项所做的设想及其书面安排。它既是谈判前各项主要准备的提纲挈领，又是正式谈判阶段的行动指南。谈判计划是谈判的重要文件，应注意它的保密性，最好限于主管领导和谈判班子成员才可参阅。其主要内容一般包括谈判的基本目标、主要交易条件、各方地位分析、人员分工职责、时间和地点安排、谈判成功预算、谈判策略谋划、必要说明及附件等。谈判议程的安排要视情况而定。第一种是先易后难，这样可以为讨论困难的问题打下基础，给谈判创造友好的气氛。第二种是先难后易，先集中精力和时间讨论重要的、困难的问题，突出重点，以主带次。第三种是混合型，即不分主次把所有的问题都提出来加以讨论，从而取得一致意见。

二、谈判阶段

（一）谈判的开局

开局是指参加谈判的各方人员从开始谈判时第一次见面到正式讨论有关议题之间的一段时间。对于一场谈判而言，开局是至关重要的。它基本上决定了以后的谈判方向和形式，诸如谈判各方的地位、等级、情绪等。所以，谈判者必须重视开局。

在开局阶段，谈判者要把握好两个工作重点。

首先，建立良好的谈判气氛。谈判人员应做到以下几点：(1)谈判者应径直步入会场，以开诚布公、友好的态度出现在对方面前。神态要自然，目光的接触要表现出可亲和自信，不要大大咧咧，更不要盛气凌人。(2)服饰仪表上，谈判人员要塑造符合自己身份的形象。服饰在美观、大方、整洁、得体的同时，最好能做到兼顾对方的审美习俗和审美心理，尽量给人以诚实、智慧、可信的感觉。(3)在双方接触时，要注意礼节，应毫不迟疑地伸手与对方相握，同时友善地注视对方，通过目光传递忠实可靠的信息。(4)要进行简短的问候、致意。说话要得体、自在，不要结巴或词不达意。首次交谈时可与对方说一些中性话题，以便活跃气氛、引起共鸣。包括参加者的旅途见闻、个人经历、体育文艺消息、个人爱好、天气情况、某地的风土人情等。当然，谈判者也可根据需要，人为地制造一种敌对、对峙、冷淡、平静、严肃的气氛。

开局气氛的作用是为即将开始的谈判奠定良好的基础，传达友好合作的信息，能减少双方的防范情绪，有利于协调双方的思想和行动，显示主谈人的文化修养和谈判诚意等。

其次，谈判者在开局阶段应注意察言观色。据行为学家论述，双方初次见面的前十分钟内85%的信息是靠彼此的神态和动作来传递的。如对方在开局之初就瞻前顾后、优柔寡断或是锋芒毕露，他就很可能是一个初出茅庐的新手；相反，若对方从容不迫，想方设法调动我方的兴趣或刺探我方的实力，他肯定就是一个谈判的行家里手。总之，开局主要是通过随意的闲聊找到共同的语言和情感，营造一个轻松愉快的气氛，为进一步相互沟通和正式谈判奠定良好的基础。与此同时，可以对对方的性格、态度、意向加以利用。更为重要的是，通过察言观色可以分析出某种假象和伪装，捕捉和观察对方真实的内心世界。

（二）开局的方式

开局方式主要有以下三种：(1)提交书面材料，不做口头解释；(2)提交书面材料并做口头解释；(3)面谈提出交易条件。

（三）商务谈判的开局策略

1. 一致式开局策略

一致式开局策略是指在谈判开始时为使对方对自己产生好感，以"协商"、"肯定"的方式创造或建立起对谈判的"一致"的感觉,从而使谈判双方在愉快、友好的气氛中不断地将谈判引向深入的一种开局策略。例如,1972年尼克松总统访问中国,他在中国欢迎他的仪式上竟然听到了他十分喜爱的一支乐曲《美丽的亚美利加》,他没想到在中国能听到这支赞美他家乡的乐曲,不禁为中国方面的热情友好所感动。中美两国的外交谈判也由此增加了几分良好的气氛。

2. 保留式开局策略

保留式开局策略是指在开局时对谈判对手提出的关键性问题不做彻底、确切的回答,而是有所保留,从而给对手造成神秘感,以吸引对手步入谈判的一种开局策略。采用该策略时,不要违反商务谈判的道德原则,传递的信息可以是模糊信息,但不能是虚假信息;否则,会使自己陷入非常难堪的局面。它适用于低调气氛和自然气氛,而不适用于高调气氛。保留式开局策略还可以将其他的谈判气氛转为低调气氛。

3. 坦诚式开局策略

坦诚式开局策略是指以开诚布公的方式向谈判对手陈述自己的观点或想法,从而为谈判打开局面的一种开局策略。该策略适用于有长期业务合作关系的双方,以往的合作方比较满意,双方彼此又互相比较了解,不用太多的客套,减少了很多外交辞令,节省了时间,直接坦率地提出自己一方的观点、要求,反而更能使对方对己方产生信任感。采用这种策略时,要综合考虑多种因素,例如自己的身份、与对方的关系、当时的谈判形势等。该策略有时也可用于谈判实力弱的一方谈判者。当本方的谈判实力明显不如对方并为双方所共知时,坦率地表明自己一方的弱点让对方加以考虑,既能表明己方对谈判的真诚,同时也表明对谈判的信心和能力。

4. 进攻式开局策略

进攻式开局策略是指通过语言或行为来表达己方强硬的姿态,从而获得谈判对手必要的尊重,并借以制造心理优势使得谈判顺利进行下去的一种开局策略,如索赔谈判。采用这一策略时一定要谨慎,因为在谈判开局阶段就设法显示自己的实力会使谈判开局处于剑拔弩张的气氛之中,对谈判进一步发展不利。进攻式开局策略可以扭转不利于己方的低调气氛,使之走向自然气氛或高调气氛。但是,进攻式开局策略也可能使谈判陷入僵局。

(四)策划开局策略时应考虑的因素

不同内容和类型的谈判,需要有不同的开局策略与之对应。谈判开局策略的选择,会受到谈判双方实力对比、谈判形式、谈判气氛营造等一系列因素的制约和影响。选择谈判开局策略必须全面考虑这些因素,并且在实施时还要依据谈判经验对其进行调整。一般来说,确定恰当的开局策略需要考虑以下几个因素:

(1)双方过去有过业务往来,且关系很好。这种情况下开局阶段的气氛应是热烈、真诚、友好和轻松愉快的,语言应是热情洋溢的。

(2)双方过去有过业务往来,但关系一般。开局目标应是争取创造一个比较友好、和谐的气氛,但在语言的热情程度上有所控制。

(3)双方有过业务往来,但我方对对方印象不好。开局阶段谈判气氛应是严肃、凝重的。我方谈判人员在语言上注意礼貌的同时,应该比较严谨甚至可以带一点冷峻;在内容上可以就过去双方的关系表示不满和遗憾,以及希望通过磋商来改变这种状况;在态度上应充满正气,与对方保持一定距离。例如,"过去我们双方有过一段合作关系,但遗憾的是并不是那么令人愉快,我们希望这一次能成为一次令人愉快的合作。千里之行,始于足下。让我们从这里开始吧。"

(4)双方从来没有业务往来。第一次交往应力争创造一个真诚、友好的气氛,以淡化和消除双方的陌生感及由此带来的防备,为之后的实质性谈判奠定良好的基础。

(五)报价

报价泛指谈判一方向对方提出的所有要求,包括商品的质量、数量、价格、包装、运输、保险、支付、商检、索赔、仲裁等各项交易条件。其中,价格条款最为显著,地位最为重要。

1. 报价的形式

包括书面报价和口头报价。

2. 报价的原则

对卖方来讲,开盘价必须是"最高的";相应地,对买方来说,开盘价必须是"最低的"。这是报价的首要原则。开盘价必须合乎情理,报价应该坚定、明确、完整且不加解释或说明。

3. 报价策略

(1)报价时机策略。买主首先关心的是此商品能否给他带来价值、带来多大的价值,其次才是带来的价值与价格的比较。所以在价格谈判中,应首先让对方充分了解商品的使用价值和能为对方带来多少收益,待对方对此产生兴趣后再谈价格问题。实践证明,提出报价的最佳时机一般是对方询问价格时,因为这说明对方已对商品产生了购买欲望,此时报价往往水到渠成,比较自然。在谈判刚开始时对方就询问价格,这时的策略应当是听而不答。因为此时对方对商品或项目尚缺乏真正的兴趣,过早报价会增加谈判的阻力。这时应先谈该商品或项目的功能和作用、能为交易者带来什么样的好处和利益,待对方对此商品或项目产生兴趣和交易欲望已被调动起来时再报价比较合适。当然,如果对方坚持即时报价也不能故意拖延,否则就会使对方感到不被尊重甚至反感,此时应善于采取建设性的态度,把价格同对方可获得的好处和利益联系起来一起介绍效果较好。

(2)报价起点策略。通常是卖方报价起点要高,买方报价起点要低。这种做法也是谈判中的惯例。

(3)报价表达策略。报价无论是采取书面形式或是口头形式,表达都必须十分肯定、干脆,似乎不能再做任何变动和没有任何可以商量的余地。

(4)报价差别策略。由于购买数量、付款方式、交货期限、交货地点、客户性质等方面的不同,同一商品的购销价格不同。这种价格差别体现了商品交易中的市场需求导向,在报价策略中应重视运用。

(5)价格解释策略。在谈判一方报价后,另一方可要求其作价格解释,即对报价的内容构成、价格的计算依据、价格的计算方式所作的介绍或解释。价格解释原则有不问不答、有问必答、答其所问、简短明确、能言不书。

(6)价格分割策略。价格分割是一种心理策略。卖方报价时采用这种技巧能制造买方心理上的价格便宜感。价格分割包括两种形式:一是采用较小的单位报价;二是用较小单位的商品的价格进行比较。

(7)心理价格策略。人们在心理上一般认为9.9元比10元便宜不少,而且认为零头价格精确度高,给人以信任感,容易使人产生便宜的感觉,如市场营销中常用的奇数定价法。

(8)中途变价策略。是指在报价的中途改变原来的报价趋势从而争取谈判成功的报价方法。例如,卖方在一路下降的报价中突然报出一个上升的价格,从而改变了原来的报价趋势,促使对方考虑接受你的价格。

(9)假出价策略。假出价是一种不道德的商业行为,但在市场上经常遇到。有的买主利用出高价的手段消除其他买主的竞争,先取得购买的权利,然后再进行讨价还价。面对这种假出价的诡计,卖方应该有效地阻止。首先揭露假出价的阴谋,然后利用各种手段或方法避免假出价带来的损失,如要求对方付大笔定金致使对方不易反悔,签订合同明确价格、成交条件、交易期限,以及买主的姓名、单位或地址等,查询买主过去的商业档案,切记警惕买主优厚条件的诱惑。

(六)讨价还价

讨价还价是指谈判中的一方首先报价之后,另一方认为离自己的期望目标太远而要求报价方改善报价的行为。这种讨价要求既是实质性的,也是策略性的。其策略性作用是误导对方对己方的判断、改变对方的期望值,并为己方的还价做准备。讨价策略的运用包括讨价方式的选择和讨价之后对谈判对手的分析。讨价一般分为三个阶段,不同的阶段采用不同的讨价还价方式。第一阶段由于讨价刚开始,对卖方价格的具体情况尚欠了解,因而讨价的策略是全面讨价,即要求对方从整体上改善报价。第二阶段讨价进入具体内容,这时的讨价策略是针对性讨价,即在对方报价的基础上找出明显不合理、虚头、含水分多的项目,针对这些明显不合理的部分要求把水分挤出去以改善报价。第三阶段是讨价的最后阶段,讨价方在做出讨价表示并得到对方反应之后,必须对此进行策略性分析。讨价要对事不对人,对人和蔼,对事坚决。要注意采用循循善诱的办法启发对方,诱使对方降价并为还价做好准备。如果在讨价还价的阶段就采取硬挤硬压的手段会使谈判过早进入僵局阶段,不利于谈判的顺利进行,应尽可能使谈判保持和气生财的气氛,以求取得最好的效果。此外,为使谈判进行下去,卖方在作了数次调价以后往往会要求买方还价。

当一方报价之后,另一方不要马上回答,而应根据对方的报价内容再对自己先前的想法加以调整,准备好一套方案后再进行还价以实现"后发制人"。还价策略的精髓就在于"后发制人"。要想发挥后发制人的威力,就必须在还价前对对方的报价做出周密的筹划。

(1)根据对方对己方讨价所做出的反应和自己所掌握的市场行情及商品比价资料,对报价内容进行全面的分析,推算出对方所报价格中水分的多少,并尽力揣摩对方的真实意图,从中找出对方报价虚头最大、我方反驳论据最充分的部分作为突破口,同时找出报价中相对薄弱的环节作为己方还价的筹码。

(2)根据所掌握的信息对整个交易做出通盘考虑,估量对方及己方的期望值和保留价格,制定出己方还价方案中的最高目标、中间目标、最低目标。把所有问题都列出来分清主次、先后和轻重缓急,设计相应的对策,以保证在还价时自己的设想、目标可以得到贯彻执行。

(3)根据己方的目标设计出几种不同的备选方案,明确方案中哪些条款不能让步、哪些条款可以灵活掌握以及灵活掌握的幅度有多大,这样才便于保持己方在谈判立场上的灵活性,使谈判的斗争与合作充满各种可能性,使谈判协议更易于达成。

三、笔谈的沟通

(一)发盘(报价、要约、Offer)

发盘是指交易一方欲出售或购买某种商品,而向交易的另一方提出买卖该商品的各项具体交易条件,并表示愿意按所列条件签订合同。如"报 C514,300 吨,即期装船,不可撤销即期信用证支付,每吨 CIF 鹿特丹港 900 美元,7 月 25 日前电复有效"。

发盘的特点:发盘有特指对象;发盘应开列具体交易条件;发盘具有法律效力。

（二）实盘和虚盘

实盘的交易条件完整、明确、无保留,而虚盘与此相反。实盘具有法律效力,虚盘难以约束。

实盘的无效和撤销:受盘人拒绝、还盘、回电超过有效期,则发盘失效。发盘人如赶在受盘人之前申明撤销,实盘即为撤销。

虚盘的作用:试探对手;拉住客户,自己做进一步准备;让对手完善交易条件。

（三）还盘（还价、反要约、Counter-offer）

还盘是指受盘人接到发盘后,对原发盘的交易条件不同意或不完全同意,而提出自己的交易条件。还盘表示原发盘失效,还盘构成新的发盘,发盘人与受盘人的地位转换。

还盘的虚实:对主要交易条件不同意或不完全同意为实还盘;再次在条件上要求进一步磋商或提出另外的"希望"和"请求",可视为虚还盘,原发盘仍然有效,这在实战中要注意。

（四）接受（拍板、承诺、Acceptance）

接受是指谈判的一方对另一方的发盘或还盘的交易条件表示完全同意,愿意按此条件订立合同。接受文本即可为合同。

接受的有效性:接受无保留;接受必须在有效期内作出并送达发盘人;接受必须是受盘人作出,第三者无效;接受必须以口头、书面或行为作出对方认可的表示,沉默无效。

接受注意事项:接受一定要审查双方的发盘或还盘,慎之又慎;接受一定要在有效期内作出;接受要以书面形式作出,并重复自己接受的条件。

课堂训练

一对夫妻在浏览杂志时看到一幅广告中当背景的老式座钟,非常喜欢。经讨论之后,他们决定要寻找那座钟,并且商定能出500元的价格。经过三个月的找寻后,终于在一家古董店的橱窗里看到那座钟,他们走近那座钟,妻子说道:"时钟上的标价是750元,太贵了。"夫妻私下商量,由丈夫作为谈判者,争取500元买下。随后丈夫对售货员说:"我注意到你们有座钟要卖,定价就贴在座钟上,而且蒙了不少灰,显得有些旧了。"之后又说:"告诉你我的打算吧,我给你出一个价,只出一次价,就这么说定,想你可能会吓一跳。"他停了一下以增加效果,"你听着——250元。"那位营业员连眼睛都没眨一下,说道:"卖了,这钟就是你们的了。"

那一对夫妻的第一反应是什么呢?得意扬扬?不,绝不!他的第一反应是:"我真蠢!我该出150元才对!"他的第二反应可能是:"怎么这么便宜?一定有什么问题!"然而,他们还是把那座老式钟放在客厅里,看起来非常美丽,好像也没什么毛病。但是,夫妻俩却始终不安,那晚他们睡觉后,半夜曾三度起来,因为他们没有听到时钟的声响。这种情景持续了好几个晚上,他们的健康迅速恶化,开始感到紧张过度并且患上了高血压的毛病。随后,他们卖掉了这个他们曾经非常喜欢的老式座钟。

考核目的:价格是商务谈判的核心。谈判双方都要针对价格等因素进行讨价还价。本案例使学生了解商务谈判开局阶段的主要环节、磋商阶段的主要环节、报价的技巧、讨价还价的技巧等。

要求(不少于400字):

(1)商务谈判的基本程序包括哪些环节?

(2)本案例在交易中存在什么问题?

(3)如果你是本案例中的售货员,应怎样与顾客进行谈判?

学习自测

一、选择题

1. 商务谈判语言的特征主要有（　　）。
   A. 针对性　　　　B. 客观性　　　　C. 严密性　　　　D. 逻辑性
2. 影响商务谈判语言运用的主要因素有（　　）。
   A. 谈判议题　　　B. 谈判对手　　　C. 谈判目标　　　D. 谈判进程
   E. 谈判时间
3. 运用商务谈判语言可采取的表达策略有（　　）。
   A. 含蓄委婉　　　B. 转移话题　　　C. 最后通牒　　　D. 正话反说
4. 陈述的技巧主要表现在（　　）三个部分。
   A. 寒暄　　　　　B. 入题　　　　　C. 阐述　　　　　D. 结束
5. "提问"的时机主要有（　　）。
   A. 在对方发言完毕后提问　　　　　B. 在议程规定的辩论时间内提问
   C. 在对方发言停顿或间歇时提问　　D. 在对方讨论时提问
6. 商务谈判答复的技巧主要有（　　）等。
   A. 有的放矢　　　B. 点到为止　　　C. 以问代答　　　D. 借故拖延
   E. 笑而不答
7. 商务谈判中非语言沟通的表现形式主要有（　　）三大类。
   A. 时空语言　　　B. 类语言　　　　C. 暗示语言　　　D. 无声语言

二、简答题

1. 影响倾听的因素主要有哪些？
2. 简述有效倾听的技巧。
3. 在谈判中提问时，有哪些注意事项？
4. 简述谈判中成功说服他人的常用技巧。
5. 商务谈判中非语言沟通的主要作用有哪些？

案例分析

建筑物内的座椅采购

美国著名的柯达公司创始人乔治·伊斯曼成为美国巨富之后，不忘社会公益事业，捐赠巨款在罗切斯特建造一座音乐堂、一座纪念馆和一座戏院。为承接这批建筑物内的座椅，许多制造商展开了激烈的竞争。但是，找伊斯曼谈生意的商人无不乘兴而来，败兴而归，毫无所获。正是在这样的情况下，美国优美座位公司的经理亚当森前来会见伊斯曼，希望能够得到这笔价值9万美元的生意。

伊斯曼的秘书在引见亚当森前就对亚当森说："我知道您急于得到这笔生意，但我现在可以告诉您，如果您占用了伊斯曼先生5分钟以上的时间，您就完了。他是一个很严厉的大忙人，所以您进去以后要快快地讲。"

亚当森微笑着点头称"是"。

亚当森被引进伊斯曼的办公室后，看见伊斯曼正在埋头于桌上的一堆文件，于是静静地站在那里,仔细地打量起这间办公室来。

过了一会儿,伊斯曼抬起头来,发现亚当森,便问道:"先生有何见教?"

秘书对亚当森作了简单的介绍后,便退了出去。这时,亚当森没有谈生意,而是说:"伊斯曼先生,在我们等您的时候,我仔细地观察了您的这间办公室。我本人长期从事室内的木工装修,但从来没有见过装修得如此精致的办公室。"

伊斯曼回答说:"哎呀!您提醒了我差不多忘记了的事情。这间办公室是我自己亲自设计的,当初刚建好的时候,我喜欢极了。但是后来太忙了,一连几个星期都没有机会仔细欣赏一下这个房间。"

亚当森走到墙边,用手在木板上一擦,说:"我想这是英国橡木,是不是?意大利橡木的质地不是这样的。"

"是的。"伊斯曼高兴得站起来回答说,"那是从英国进口的橡木,是我的一位专门研究室内细木的朋友专程去英国为我订的货。"

伊斯曼心情极好,便带着亚当森仔细地参观起办公室来。

他把办公室内所有的装饰一件件向亚当森作介绍,从木质谈到比例,又从比例谈到颜色,从手工艺谈到价格,然后又详细介绍了他设计的经过。

此时,亚当森微笑着聆听,饶有兴味。

亚当森看到伊斯曼谈兴正浓,便好奇地询问起他的经历。伊斯曼便向他讲述了自己苦难的青少年时代的生活,如母子俩如何在贫困中挣扎的情景、自己发明柯达相机的经历,以及自己打算为社会所做的巨额捐赠。

亚当森由衷地赞扬他的美德。

本来秘书警告过亚当森,会谈不要超过5分钟。结果,亚当森和伊斯曼谈了一个小时又一个小时,一直谈到中午。

最后,伊斯曼对亚当森说:

"上次我在日本买了几把椅子,放在我家的走廊里,由于日晒都脱了漆。昨天我上街买了油漆,打算由我自己把它们重新漆好。您有兴趣看看我的油漆表演吗?好了,到我家里和我一起吃午饭,再看看我的手艺。"

午饭以后,伊斯曼便动手把椅子一一漆好,并感到自豪。

直到临别的时候,两人都未谈及生意。

最后,亚当森不但得到了大批的订单,而且和伊斯曼结下了终生的友谊。

(资料来源:杨雪清. 商务谈判与推销. 北京交通大学出版社,2009.)

问题:本案例说明了什么?

实训项目

实训目的:能够和谈判对手进行良好的沟通。

实训背景:中国某公司与美国公司谈判投资项目。其间,双方对原工厂的财务账目反映的原资产总值有分歧。

美方:中方财务报表上有模糊之处。

中方:美方可以核查。

美方:核查也难,因为被查的依据就不可靠。

中方：美方不应该空口讲话，应有凭据证明查账依据不可靠。

美方：所有财务证据均系中方工厂所造，我作为美国人无法一一核查。

中方：那贵方可以请信得过的中国机构协助核查。

美方：目前尚未找到可以信任的中国机构帮助核查。

中方：那贵方的断言只能是主观的、不令人信服的。

美方：虽然我方没有法律上的证据证明贵方账面数字不合理，但我们有经验，贵方的现有资产不值账面价值。

中方：尊敬的先生，我承认经验的宝贵，但财务数据不是经验，而是事实，如果贵方诚意合作，我愿意配合贵方查账，到现场一一核对物与账。

美方：不必贵方做这么多工作，请贵方自己纠正后，再谈。

中方：贵方不想讲理？我奉陪！

美方：不是我方不想讲理，而是与贵方的账没法说理。

中方：贵方是什么意思，我没听明白，什么"不是、不想，而是、没法"？

美方：请原谅我方的直率，我方感到贵方欲利用账面价值来扩大贵方所占股份。

中方：感谢贵方终于说出了真心话，给我指明了思考方向。

美方：贵方应理解一个投资者的顾虑，尤其像我公司与贵方诚心合作的情况下，若让我们感到贵方账目有虚占股份之嫌，实在会使我方却步不前，还会产生不愉快的感觉。

中方：我理解贵方的顾虑。但在贵方心理恐惧面前，我方不能只申辩这不是"老虎账"，来说它"不吃肉"。但愿听贵方有何"安神"的要求。

美方：我通过与贵方的谈判，深感贵方代表的人品，由于账面价值让人生畏，不能不请贵方考虑修改问题，或许会给贵方带来麻烦。

中方：为了合作，为了让贵方安心，我方可以考虑账面总值的问题，至于怎么做账是我方的事。如果我没理解错的话，我们双方将就中方现有资产的作价进行谈判。

美方：是的。

讨论：该和美方如何沟通呢？为中方重新设计谈判语言。

学习单元七

商务谈判礼仪与文化差异

职业素养

1. 树立学生注重商务礼仪的意识；
2. 树立学生注重个人礼仪的意识；
3. 提高学生的个人修养。

能力目标

1. 能够在商务谈判各阶段实施正确的仪式和礼节规范；
2. 能够在商务谈判中有着得体的仪表；
3. 能够在商务谈判中礼貌待人；
4. 熟知世界各地主要国家或地区商人的谈判风格。

任务一 商务谈判中的仪表与仪式

学习导入

时髦的"行头"

郑伟是一家大型国有企业的总经理。一次，他获悉一家著名的德国企业的董事长正在本市进行访问，并有寻求合作伙伴的意向。他于是想尽办法，请有关部门为双方牵线搭桥。让郑总经理欣喜若狂的是，对方也有兴趣同他的企业合作，而且希望尽快与他见面。到了双方会面的那一天，郑总经理对自己的形象刻意地进行了一番修饰，他根据自己对时尚的理解，上穿夹克衫，下穿牛仔裤，头戴棒球帽，足蹬旅游鞋。无疑，他希望自己能给对方留下精明强干、时尚新潮的印象。然而事与愿违，郑总经理自我感觉良好的这一身时髦的"行头"，却偏偏坏了他的大事，最后的合作没有成功。郑总经理的仪表给德方的印象是：此人着装随意，个人形象不合常规，尚欠稳妥，因此合作之事当再做他议。由此可见正确的着装礼仪对于商务场合的重要性。

（资料来源：刘华，陈艳，魏文娟．商务谈判及礼仪实务．清华大学出版社，2013．）

相关知识

商务谈判礼仪是日常社交礼仪在商业活动中的具体体现。商务谈判礼仪是指谈判各方在参与谈判活动过程中所应遵守的各种礼仪规范，具体表现为谈判中谈判人员的仪表、礼貌、礼节和规范的仪式等。礼貌是指人们在谈判中表示尊重友好的行为规范；礼节是指在谈判中送往迎来、相互问候及致意等方面惯用的形式；仪表是指人的外表，包括容貌、姿态、服饰等；仪式是指在特定场合举行的、具有专门规定的程序化行为规范的活动，如签字仪式等。商务谈判，由于本身的商业性和正规性，对礼仪方面有着一些特殊的要求。商务谈判人员在谈判过程中遵守谈判礼仪的规范是至关重要的。注重商务谈判礼仪可以有效维护企业形象，有助于谈判的顺利进行。

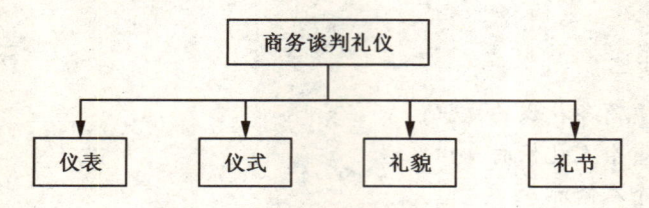

图 7-1 商务谈判中礼仪的具体表现

一、着装、仪容与姿态礼仪

（一）着装

得体的着装不仅可以增强仪表美、体现人的气质，而且还能反映出个人的性格和文化。英国前首相丘吉尔曾说过："衣着是最好的名片。"商务谈判者的服饰，要从自己的经济状况、职业特点、体型、气质出发，与环境相和谐。若在国外参加谈判，服饰要尽可能与谈判对手的相匹配，尊重当地的习惯与东道主的要求。

1. 男士着装礼仪

男士商务着装中最重要的部分是西装，即商务西服套装（Business Suit），一般为上衣和裤子两件套，有些时候还会多一件马甲变为三件套。西装的基本款式有单排扣和双排扣两种。欧洲人偏向于选择双排扣的西装，而亚洲人则多选择单排扣的款式。单排扣也有不同数量的纽扣，作为商务西装，多以单排两粒扣或单排三粒扣为主。剪裁得体的西服套装，可以选择藏青色、灰色、黑色、米色、棕色或者带有暗条纹的。在庄重、正式的场合中，男士应该穿着正式商务着装，即西装应该是深色的，一般来说，藏青色适用于正式商务场合，而黑色西装则更适合在商务正式晚宴或聚会时穿着。西装的口袋各有用处，但不能装鼓囊之物。上衣左胸的外口袋专供插装饰性手帕之用，上衣左右的内袋主要用于存放重要的证件凭据之类，有的上衣在有腰节间设有一小口袋，主要用来放车钥匙、打火机之类的小物品。马甲上所设的 4 个口袋，用来放名贵的小件物品。西裤的 2 个后口袋，左袋专供放手帕用，有纽扣的右袋用于放钱包、笔记本之类的东西。

除此之外,男士着装还需要配上衬衫、领带、皮鞋、袜子和皮带。

系领带时,衬衫的纽扣必须全系上。领带的颜色应该比衬衫的颜色深一些。打好的领带长度应该刚好到皮带扣上。如果西装和衬衫看上去比较平淡,可以系一条有图案的领带,但不要太过花哨。

穿西装裤时要系上皮带,皮带要选择质量好的,颜色要与衣服相配。通常穿藏青色、灰色或黑色的西装裤适合配黑色皮带,米色或棕色的西装裤适合配棕色皮带。皮带扣的金属颜色可以是金色或银色的。其他金属配饰,比如手表、袖扣等,应该与皮带扣的颜色一致。

男士至少应该有两双质量好的皮鞋,皮鞋的颜色要与皮带一致。正式的场合最好穿系带的皮鞋。皮鞋的鞋跟和鞋底不能是橡胶质地的,最好是皮质地的或木质地的鞋跟及鞋底。袜子的颜色可以选择与皮鞋同色或接近的颜色。对于职业男士而言,公文包的颜色应该与身上其他的皮具保持一致。

至于衬衫,白色的长袖衬衫是搭配西装最好的选择,其次是浅蓝色带有细致的条纹或小格子图案的衬衫。有领扣的衬衫只适合较随意的场合。衬衫袖口应露出西装外约1~2厘米,衬衫衣领应高出西装衣领0.5~1厘米。这样既美观,又可以起到保护西装的作用。与西装相配套的衬衫必须挺括整洁且无皱折,尤其是领口。在正式场合,不管是否与西装合着,长袖衬衫的下摆必须塞在西裤里,袖口必须扣上,不可翻起。不系领带时,衬衫领口可以敞开;如系领带,应着有座硬领衬衫,领围以合领后可以伸过一个手指为宜。夏季穿着短袖衬衫时,一般也要将下摆塞在裤内,但着无座软领短袖衬衫除外。

男士商务着装全身衣着的颜色加起来应保持在三种颜色之内。

2. 女士着装礼仪

女士的商务着装可以不像男士那样受颜色的限制,但款式还是要选择简洁、大方的。在比较庄重的正式商务场合中,建议女士穿着深色的西服套装。套装的首选是裙装,其次是裤装。搭配的衬衣最好是纯色的,颜色以淡雅为佳。职业套装讲究合身,太宽松的衣服显得人不干练。

女士用来搭配西服的配饰并不像男士那样有明确的规定,除搭配传统款式的衬衫以外,也可以选择无领的衬衫。一般情况下,衬衫可以是纯色的,也可以是花色的,但不要太鲜艳、抢眼。在正式的商务场合中,无论什么季节,正式的商务套装都必须是长袖的。

穿商务套装时,女士最好穿丝袜,肉色的丝袜可以搭配任何服装。穿深色套装时也可以搭配黑色丝袜,但切忌搭配渔网、暗花之类过于性感的丝袜。丝袜的长度很重要,切忌穿裙子时搭配短丝袜。

皮裙、迷你裙、吊带衫(裙)、七分裤等服装不适合商务场合。职业裙装的裙子应该长及膝盖,坐下时直筒裙会自然向上缩短,如果裙子缩上后离膝盖的长度超过10厘米,就表示这条裙子过短或过窄。

至于配饰,商务场合中,职业女士佩戴的饰物与服装要协调搭配,款式简单、精致,饰物不宜夸张过大,也不宜过多,最好保持在三件以内。

鞋子可以选择中高跟的,船鞋最适合搭配女士的职业套装。露出脚趾和脚后跟的凉鞋并不适合商务场合。没有后帮的鞋子也只能在非商务场合穿着。任何有亮片或水晶装饰的鞋子都不适合商务场合,这类鞋子只适合正式或半正式的社交场合。冬天,很多女士喜欢穿长筒的皮靴,在商务场合尤其是参加正式的商务活动时,应该避免穿着靴子。鞋子的颜色最好与手提包一致,并且要与衣服的颜色相协调。

3. 着装的禁忌

在国际商务谈判活动中，绝不可以穿任何表明自己的某些社会联系或信仰的服饰，包括外出戴的戒指、领带、胸针、政治性徽章、宗教象征等。在挂件的佩戴上，一般以心形、几何形、动物形为宜，须注意特殊的禁忌。涉外商务洽谈中十字形的挂件是不允许佩戴的，西方人认为它是不祥之兆。

延伸阅读　　　　　　　　　着装的作用

中国某企业与德国某公司洽谈某种产品的出口业务。按照礼节，中方提前10分钟到达会议室。德国客人到达后，中方人员全体起立，鼓掌欢迎。德方谈判人员，男士个个西装革履，女士个个都身穿职业装；反观中方人员，只有经理和翻译身穿西装，其他人员有穿夹克衫的，有穿牛仔服的，更有甚者穿着工作服。现场没有见到德方人员脸上出现期待的笑容，反而显示出一丝的不快。更令人不解的是，预定一上午的谈判日程，在半个小时内就草草结束，德方人员匆匆而去。

从中方人员提前10分钟来到会议室，可以看出中方还是比较重视这次谈判的，并且在德方人员到达时全体起立，鼓掌欢迎，这些并没有问题。但实际上一见面德方人员就不愉快，其原因在于中方代表的着装上，因中方代表着装混乱，在德方看来，中方不重视这次谈判，因此心中产生不快，只好匆匆结束谈判。

（资料来源：http://www.fkkxs.com/files/article/52/52323/7218316.html。）

（二）仪容

1. 个人卫生要求

无论男女，在商务谈判场合都应做到讲究个人卫生，头发与面部清洁，无头皮屑，身体无异味，可适当喷洒香味淡雅的香水，切忌使用香味浓烈的香水，容易给人不快的感觉。女士应化淡妆，不化妆是不礼貌的行为，但切忌浓妆艳抹。中途补妆应到洗手间或避开他人进行。男士应修面剃须。如果一定要留胡须，也应保持卫生与整洁，还应注意经常修剪鼻毛。同时，应注重口腔卫生，随时保持口气清新。

2. 发式要求

发式的选择应与自己的脸型、肤色、体型相匹配，与自己的气质、职业、身份相吻合。男士应经常理发，在商务谈判场合，头发不应过长，前不遮眉，侧不盖耳，后不及肩，不留鬓角。女士则选择的余地更大，但要注意发型整洁大方，长头发的女士可以佩戴简单的发夹，切忌夸张的头饰。

（三）姿态

谈判者的姿态是指谈判者在谈判过程中坐、站、行所持的姿态。在商务谈判中，对举止的要求是举止适度。那么，怎样的坐姿、站姿和行姿才算适度呢？

1. 坐姿

谈判者应从椅子的左边入座，坐下后，身体应尽量保持端正，并把两腿平行放好，自然并拢。双手可掌心向下放置于腿上，或轻放于两侧的扶手上，女士还可以两手掌相握，掌心向下置于腿面上。坐在椅子上转动或将腿向前伸或向后靠，都是违反正常礼仪的表现。女性若着裙装，落座时应整理裙摆。谈判中，不同的坐姿传递着不同的信息：

(1) 挺着腰笔直的坐姿，表示对对方或对谈话有兴趣，同时也是一种对人尊敬的表示。

(2) 弯腰曲背的坐姿，是对谈话不感兴趣或感到厌烦的表示。

(3) 斜着身体坐，表示心情愉快或自感优越。

(4)双手放在跷起的腿上,是一种等待、试探的表示。
(5)一边坐着一边双手摆弄手中的东西,表示一种漫不经心的心理状态。

2. 站姿

谈判者正确的站立姿势应该是两脚脚跟着地,两脚呈45°,腰背挺直,自然挺胸,两臂自然下垂。在谈判中,不同的站姿会给人不同的感觉:

(1)背脊笔直给人充满自信、乐观豁达、积极向上的感觉。
(2)弯腰曲背给人缺乏自信、消极悲观、甘居下游的感觉。

3. 行姿

行走的姿态男女有不同的要求。

男性走路的姿态应当是:昂首、闭口、两眼平视前方,挺胸、收腹、直腰。行走间上身不动、两肩不摇、步态稳健,以显示出刚强、雄健、英武、豪迈的男子汉风度。

女性走路的姿态应当是:头部端正,但不宜抬得过高,目光平和,直视前方。行走间上身自然挺直、收腹,两手前后摆动幅度要小,两腿并拢,小步前进,走成直线,步态要自如、匀称、轻柔,以显示出端庄、文静、温柔、典雅的女子窈窕美。有急事时可加快步伐,但不要慌张奔跑;两人同行不要搭肩而行,多人行走不要横向排成一排。

二、谈判中的签约仪式

谈判后的重点项目是签约。签字仪式,通常是指订立合同、协议的各方在合同、协议正式签署时所正式举行的仪式。举行签字仪式,不仅是对谈判成果的一种公开化、固定化、合法化,而且也是有关各方对自己履行合同、协议所做出的一种正式承诺。

(一)座次排列

从礼仪上讲,举行签字仪式时,在力所能及的条件下,一定要郑重其事、认认真真。其中最为引人注目的,当属举行签字仪式时座次的排列问题。

一般而言,举行签字仪式时,座次排列的具体方式共有三种基本形式,它们分别适用于不同的情况:

1. 并列式

并列式排座,是举行双边签字仪式时最常见的形式。它的基本做法是:签字桌在室内面门横放。双方出席仪式的全体人员在签字桌之后并排排列,双方签字人员居中面门而坐,客方居右,主方居左。

2. 相对式

相对式签字仪式的排座,与并列式签字仪式的排座基本相同。两者之间的主要差别,只是相对式排座将双边参加签字仪式的随员席移至签字人的对面。

3. 主席式

主席式排座,主要适用于多边签字仪式。其操作特点是:签字桌仍需在室内横放,签字席仍需设在桌后面对正门,但只设一个,并且不固定其就座者。举行仪式时,所有各方人员,包括签字人在内,皆应背对正门、面向签字席就座。签字时,各方签字人应以规定的先后顺序依次走上签字席就座签字,然后即应退回原处就座。

(二)基本程序

在具体操作签字仪式时,可以依据下述基本程序进行运作:

1. 宣布开始

此时,有关各方人员应先后步入签字厅,在各自既定的位置上正式就座。

2. 签署文件

通常的做法是,首先签署应由己方所保存的文本,然后再签署应由他方所保存的文本。依照礼仪规范,每一位签字人在己方所保留的文本上签字时,应当名列首位。因此,每一位签字人均须首先签署将由己方所保存的文本,然后再交由他方签字人签署。此种做法,通常称为"轮换制"。它的含义是:在文本签名的具体排列顺序上,应轮流使有关各方均有机会居于首位一次,以示各方完全平等。

3. 交换文本

各方签字人此时应热烈握手,互致祝贺,并互换方才用过的签字笔,以志纪念。全场人员应热烈鼓掌,以表示祝贺之意。

4. 饮酒庆贺

有关各方人员一般应在交换文本后当场饮上一杯香槟酒,并与其他方面的人士一一干杯。这是国际上所通行的增加签字仪式喜庆色彩的一种常规性做法。

任务二　商务谈判中的礼节

学习导入

迟到的让座

一位在天津经济技术开发区工作的日商想在开发区内买住房,在翻译的陪同下来到了一家房地产公司。销售部的门开着,屋里面七扭八歪地坐着几个人,日商与翻译进屋后,与其中的一位销售人员交谈了起来。大约过去了20分钟,这位销售人员才想起支走室内两人并给客人让座。他们继续在谈购房生意,屋里另外几位销售人员仍然我行我素,对于日商提出的问题,还七嘴八舌地抢答,意见不一致时还争论不休……日商离开时摇摇头说:"他们怎么这样!"一段时间后,该房地产公司的销售人员按照日商留的名片上门推销,从翻译处得到的回答是:"总经理让我转告,我们已经和另外一家房地产公司接触,进展得很顺利,基本上已选定他们的房产。感谢你们的来访,但总经理现在很忙,非常抱歉不能接待你们。"显而易见,由于初次见面的恶劣印象,使这项到手的生意没有做成,再想补救已来不及了。所以初次见面讲究正确的礼节,有助于谈判的成功。

(资料来源:http://www.fkkxs.com/files/article/52/52323/7218316.html。)

相关知识

一、初次见面的礼节

初次见面是双方联系的开始,初次见面给对方的第一印象怎么样,对以后谈判能否顺利进展将起到重要的作用。初次见面的礼节主要有以下几点:

(一)介绍礼节

谈判双方的相识首先是通过介绍来实现的。介绍分为自我介绍、被他人介绍和介绍他人。

不管何种情况,介绍都是有一定的礼节规范的,正确的介绍有助于相互了解参与谈判人员的姓名、职务、简历以及在谈判中的地位与背景。

在大型的商务谈判中,一般由双方的主谈人或主要负责人互相介绍各自的组员,在双方主谈人或负责人互不了解的情况下,则由第三者介绍双方的情况。如果是一方的代表同时介绍双方的谈判人员,应该先介绍己方人员,然后再介绍他方人员,以示对对方的尊重。介绍时应注意,当两位客人正在交谈时,切勿立即介绍第三者;除非有极特殊的理由,不要拉住即要离去的客人为他介绍刚刚到达的客人。介绍时要有礼貌地以手掌示意,而不要用手指点人。为他人做介绍时,应先准确了解被介绍双方的身份、地位、姓氏,最好还应介绍一些被介绍人与众不同的优势与特长。介绍的程序与握手相似,应先向女士、身份高者、年长者、主人、先到者介绍男士、身份低者、年轻者、客人、后到者。社交场合突出女士优先和长者优先;在本单位、本系统内,应以身份、职务为尊。介绍前可说"请允许我为您介绍……"等礼貌用语。

被介绍到的人应起立微笑示意,可以礼貌地回道"幸会"、"请多关照"……然后落座。如果你是主人或身份高者,应在介绍后立即与对方握手,表示欢迎;如果自己是做客、身份低者,就应根据对方态度作出相应反应。对方伸手握手,也积极伸手;对方愿意交谈,应响应;对方请你稍等,表示歉意,应说"没关系",并耐心等待,不可立刻给人以脸色看。另外,询问对方要客气,如"请教尊姓大名"等。如有名片,要双手接递。介绍完毕,可选择双方共同感兴趣的话题进行交谈,稍作寒暄,以沟通感情,创造温和气氛。

如果作为客人又未被介绍人发现,最好能礼貌而又巧妙地找别人来向主人引见,必要时自我介绍也并不失礼。作自我介绍时自然大方,不可流露傲慢之意,应用"请允许我自我介绍一下"之类的礼貌用语。

在介绍中应注意正确地称呼对方。社交场合中,对称呼千万不能大意。称呼有如下几种:

(1)从辈分上尊称对方,如"叔叔"、"阿姨"、"伯伯"等。

(2)以对方的职业相称,如"李老师"、"张司机"等。

(3)以对方的职务相称,如"张处长"、"孙经理"等。

(4)以"老"、"大"、"小"等称呼对方。对长辈或比较熟悉的同辈之间,可在姓氏前加"老",如"老张"等;对小辈或晚辈,可在姓氏前加"小",如"小张"等。

(5)直接称呼对方的姓名。一般年龄较大、职位较高、辈分较高的人对年龄较小、职务较低、辈分较低的人可直接称呼其名。

(二)问候、寒暄的礼节

要制造一个良好的、轻松愉快的谈判气氛,可以通过相互之间的问候和寒暄来完成,即在很短的时间里较为轻松和谐地把话题过渡到谈判的正题上去。

1. 问候的礼节

问候时要区别"你"和"您"的用法,英文中没有"您"字,中文、俄文、德文中有"您"字。一般来说,问候"你好"是表示同对方的关系亲密而友好,而问候"您好"主要是出于尊重,表示同对方的关系或是一般,或是尊卑有序。问候的时候要面带微笑,和蔼可亲。对对方的问候,只要对方是出自善意均应回答,当听到对自己的问候时,要表示"谢谢"或同时向对方表示问候。

2. 寒暄的礼节

寒暄是非正式的交谈,其本身不正面表达特定的意思,所以在理解谈判对方的话时,不必仔细地回味对方每一句问候语的字面含义。寒暄是任何谈判场合和人际交往中必不可少的,它能使不相识的人相互认识,使不熟悉的人相互熟悉。与对手初次见面很不自然,无话可说,如果彼此找一些无关紧要的话题闲聊一下，顿时会感到轻松得多。交往的气氛一经形成，彼此就可以正式敞开交谈了。寒暄的内容没有特定限制，但一定要与谈判的环境和对象的特点相协调，并容易让人接受。

（三）致意、行礼的礼节

1. 致意的礼节

致意、行礼是一种常用的见面礼节，主要采用面部表情、肢体动作等非语言形式来表达。致意一般用于已经相识的朋友之间在公共场合打招呼，是表示问候之意，面部表情应和蔼可亲，显得诚心诚意。致意的基本原则是：男士应首先向女士致意，年轻者应首先向年长者致意，学生应首先向老师致意，下级应首先向上级致意，职务、身份较低者应首先向职务、身份较高者致意，后到者应首先向先到者致意，年轻的女士遇到比自己年龄大得多的男士时，不要等对方来向自己致意，而应首先去向他致意。

致意的方法有举手、点头、微笑、欠身、脱帽等。例如，有时谈判的双方或多方之间相距较远，一般可举右手打招呼并点头致意；有时与相识者擦身而过，应说声"你好"；与相识者在同一场合多次会面时，只点头致意即可；对一面之交或不太相识的人在谈判场合会面时，均可点头或微笑致意。

（1）举手致意，一般不必出声，只要将右臂伸直，掌心朝向对方，轻轻摆一下手就可以了，不需要反复摇动。适用于向距离较远的熟人打招呼。

（2）点头致意，其正确做法是头向下微微一动，幅度不宜过大，也不必点头不止。适用于不宜交谈的场合，如会议、会谈的进行之中等。

（3）微笑致意，即指面部带有不明显、不出声的笑。适用于谈判活动开始与不相识者见面之时，也可用于向在同一场合多次见面的相识者致意。

（4）欠身致意，指全身或身体的一部分稍微向上向前，表示对他人的尊敬。适用范围较为广泛。

（5）脱帽致意，如果戴着帽子，向对方脱帽致意最为礼貌。其方法是微微欠身，以距对方稍远一些的那只手脱帽，并将其置于大约与肩平行的位置。这样的姿势优雅，同时便于与对方交换目光。

女士致意的方法较为简单，不论在什么场合，也不论是否戴着帽子，只需点头或微笑就可以了。只有在遇到上级、长辈、老师、特别钦佩的人或熟人、朋友时才需要率先向他人致意。

当对方向自己致意时，不管这时的心情怎样、感觉如何，都要马上用对方采用的致意方式向他致意，毫无反应是失礼的。记住，致意是以动作向对方表示问候，因此双方都不可对自己致意的动作马马虎虎。

2. 行礼的礼节

行礼与致意一样，也是一种双方见面常采用的致意形式。国内谈判用得最多的是握手礼。谈判双方人员见面和离别时一般都以握手作为友好的表示。握手的动作虽然平常简单，但通过这一动作，能起到增进双方亲密感的作用。主、客双方在别人介绍或引见时，一般是主方、身份较高或年龄较大的人先伸手，借此表示对客方、身份较低或年龄较轻者的尊重。握手时应身体微欠、面带笑容或双手握住对方的手，以表示对对方的敬意。在异性谈判人员之间，男性一般不宜主动向女方伸手。握手时，一般应走到对方的面前，不能在与他人交谈时，漫不经心地从侧面与对方握手。握手者的身体不宜靠得太近，但也不宜离得太远。握手时用力的大小常常表示感情深浅的程度。握手的时间以3～5秒为宜。

延伸阅读 　　　　　　　　　　**国外的各种行礼方式**

　　鞠躬礼作为一种交际的礼节,主要表示下级对上级、同级之间、初次见面的朋友之间对对方由衷的尊敬或深深的感谢之情。行鞠躬礼时,双手应摊平扶膝,与受礼者相距2~3步远,面对受礼者,身体上部向前倾约15°~90°不等,前倾度数越大则表达的敬意越深。行鞠躬礼时必须注目,不可斜视,受礼者也同样。行礼不可戴帽,脱帽时,脱帽所用的手应与行礼之边相反。如向左边的人行礼,应用右手脱帽;向右边的人行礼,则用左手脱帽。礼毕恢复直立姿势时,双眼应有礼貌地注视着对方,如视线移向别处,会让人感到即使行礼也不是诚心诚意的。上级或长者还礼时,可以欠身点头或同时伸出右手以答之,不鞠躬也可。鞠躬礼盛行于日本、朝鲜等国。日本人习惯行60°~90°的鞠躬礼,双手摊平扶膝,同时表示问候。

　　拥抱礼是指两人相对而立,右臂偏上,左臂偏下,右手扶在对方左后肩,左手扶在对方右后腰,按各自的方位,两人头部及上身都向左相互拥抱,然后头部及上身向右相互拥抱,再次向左拥抱后,礼毕。它是一种在欧美各国熟人、朋友之间表示亲密感情的礼节。

　　合十礼又称合掌礼,是南亚和东南亚一些佛教国家流行的见面礼节,即把两个手掌在胸前对合,掌尖和鼻尖基本平行,手掌向外倾斜,头略低。遇到这种情况应以合十礼相还。

　　吻礼是上级对下级、长辈对晚辈以及朋友、夫妻之间表示亲昵、爱抚的一种见面礼节,多采用拥抱、亲脸或额头、贴面颊、吻手或接吻等形式。见面时如表示亲近,可女子之间相互亲脸、男子之间抱肩拥抱、男女之间互贴面颊、长辈亲晚辈的额头、男子对高贵的女宾行吻手礼等。吻礼多见于西方、东欧、阿拉伯国家。在行吻礼时,要特别注意的是不可勉强对方,还要注意场合。西方在进行商务活动时,是不以亲吻或拥抱为礼的。

(四)名片礼节

　　使用名片是商务谈判中最为简便的自我介绍方式。如经第三者介绍后开始谈判,可在谈判结束时递上自己的名片,以加深印象。双方交换名片时,最好是双手递、双手接,除非对方是有"左手忌"的国家(如印度、缅甸、泰国、马来西亚、阿拉伯各国及印度尼西亚的许多地区,他们的传统认为左手是肮脏的)。名片正面朝对方,如是对外宾,外文一面朝上,字母正对客方。递名片时要恭敬有礼。

　　接过名片后应点头致谢,并认真地看一遍。最好能将对方的主要职务、身份轻声读出来,以示尊重,遇到不太清楚的地方可马上请教。切忌接过名片一眼不看就收起来,也不要随手摆弄,这样不恭,而应认真收好,让对方感到受重视、受尊敬。名片放在桌上时,上面不要放置任何东西。事后,如有必要可在名片上注上结识的时间、地点、缘由,以免以后光有名片而对不上人和事。

延伸阅读 　　　　　　　　　　**不合规范的名片**

　　某市外经贸委的副处长刘琴奉派随团出访,前去西欧开展招商引资工作。可半个月跑下来,刘琴累得筋疲力尽,却未曾见有一位外商与其进行过实质性接触。后来,经人指点,刘琴才明白问题出在自己给外商的名片不合规范上。原来,为了图省事,刘琴临时用钢笔在自己的名片上加注了几个有用的电话号码。但在外商看来,名片犹如一个人的"脸面",对其任意涂涂改改、加加减减,只能表明本人的为人处世敷衍了事、马马虎虎。在商务谈判中,名片扮演着一个不可或缺的角色。正式对外使用的名片,不宜随意加以涂改、折叠。

二、谈判座次的礼节

(一)横桌式

横桌式是指谈判桌在谈判室内横放。在这种情况下,客方人员应面门而坐,主方人员背门而坐。除双方主谈者居中就座外,各方的其他人士则应依其具体身份的高低,各自先右后左、自高而低地分别在己方一侧就座。双方主谈者的右侧之位,在国内谈判中可坐副手,而在涉外谈判中则应由翻译员就座。

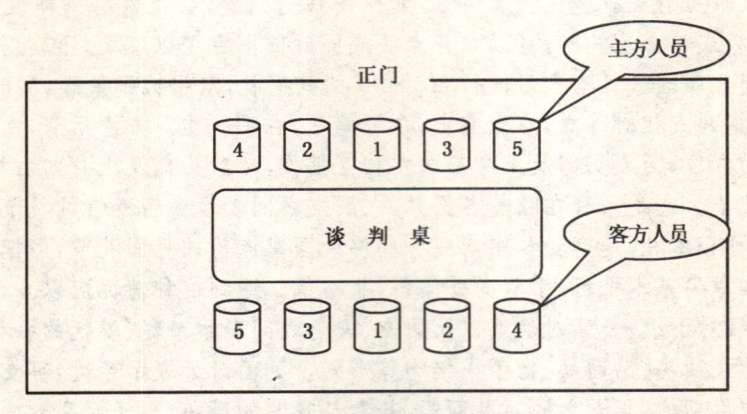

图 7-2 横桌式座次安排

(二)竖桌式

竖桌式是指谈判桌在谈判室内竖放。具体排位时,以进门时的方向为准,右侧由客方人士就座,左侧则由主方人士就座。在其他方面,则与横桌式排座相仿。

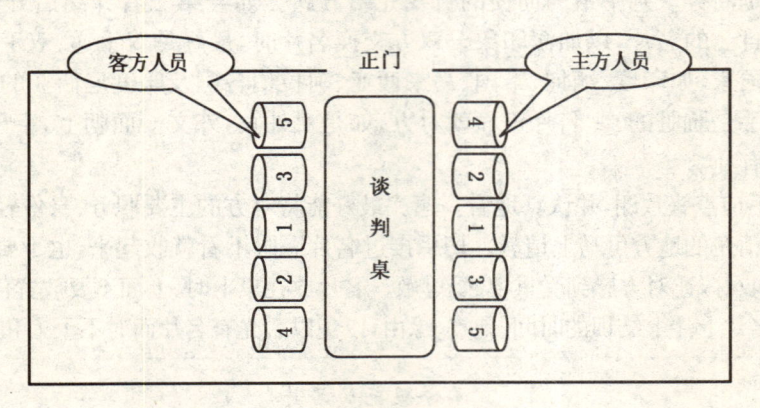

图 7-3 竖桌式座次安排

在规模较小或双方谈判人员较熟悉的情况下,多选用圆形谈判桌,这样就可以消除谈判双方代表的距离感,双方交叉团团围坐,会加强双方关系融洽、共同合作的印象,使谈判容易进行。在现实的谈判中,也有不设谈判桌的情况,大家随便坐在一起,轻松交谈,这样能增加友好气氛。

三、送礼的礼节

赠送礼品是商务谈判中的一项重要礼仪。礼品和赠送时机选择得当,则可增进谈判各方的感情,恰到好处地表达赠送礼品的一方希望与对方真诚合作的意愿以及对合作成功的祝贺之意。

(一)选择礼品

选择礼品,首先要注意对方的兴趣爱好以及文化习俗。由于谈判者所属民族、国家、地区等文化背景的差异,其爱好和要求必然存在差异,因此,必须注意根据对方的习俗、兴趣与爱好选择合适的馈赠礼品。其次,赠送礼品,要选择具有一定纪念意义或有民族特色、地域特点,或是受礼人喜欢的小礼品,诸如手工艺术品、花束、书籍、画册、日用品、食品等。

至于礼品的价值,一方面可以考虑不同地区、不同民族的习惯而确定,一般情况下,欧美人比较看重礼品的情谊价值,而亚洲人、非洲人比较重视礼品的实际价值;另一方面可以以对方能够愉快接受为尺度,争取做到少花钱多办事、多花钱办好事。1974年,当时的日本首相田中角荣与毛泽东会晤时,毛泽东认为田中角荣对汉学的造诣较深,送给他一套线装本的《离骚》,田中角荣收到这份非同寻常的礼物非常高兴。

(二)赠送礼品

赠送礼品应选择恰当时机,一般应在双方相处气氛比较轻松愉快的时候赠送礼品。具体可选择在参观游览期间与谈判结束合作成功后赠送。对于一些小的礼品,可用精美的礼品包装纸仔细包装,显示己方的慎重之意,也可表达出对对方的尊重之情。送礼时公开大方,可对所送礼品的意义做一番说明。

延伸阅读　　　　气愤的意大利人

国内某家专门接待外国游客的旅行社,有一次准备在接待来华的意大利游客时送每人一件小礼品。于是,该旅行社订购制作了一批纯丝手帕,是杭州制作的,还是名厂名产,每个手帕上绣着花草图案,十分美观大方。手帕装在特制的纸盒内,盒上又有旅行社社徽,显得是很像样的小礼品。中国丝织品闻名于世,料想客人会很喜欢。

旅游接待人员带着盒装的纯丝手帕,到机场迎接来自意大利的游客。欢迎词致得热情得体。在车上,他代表旅行社赠送给每位游客两盒包装精美的手帕,作为礼品。

没想到车上一片哗然,议论纷纷,游客显出很不高兴的样子。特别是一位夫人,大声叫喊,表现极为气愤,还有些伤感。旅游接待人员心慌了,好心好意送人家礼物,不但得不到感谢,还出现这般景象。

那么,旅行社到底哪里做错了呢?在意大利,如果要送朋友一件礼物,千万不能送手帕,因为那象征着离别,在传统习惯中,手帕是要离别时擦眼泪的不祥之物。这家旅行社在挑选礼物时,没有考虑对方的风俗习惯,导致送了礼却没讨到好。

(资料来源:http://www.docin.com/p-88105970.html。)

四、宴请的礼节

(一)宴请的形式

宴请的形式多种多样,在商务谈判中一般采用的宴请方式包括正式宴会、便宴、招待会、茶会和工作餐。一个谈判周期,宴请一般安排3~4次为宜。接风、告别各1次,中间插1~2

次(视谈判周期长短而定)。

1. 正式宴会

正式宴会是指那种按一定规格正规摆设的宴会。除不挂国旗、不奏国歌以及出席人员不同外,其余安排大体与国宴相同。一般安排在晚上进行,十分讲究排场,设有固定的席位,宾、主都要按身份排位就座,对餐具、酒水、菜肴道数、摆设以及服务员的着装和仪式都有严格的要求。

2. 便宴

便宴就是非正式宴会,常见的有午宴、晚宴,也有早宴。这类宴会与正式宴会并没有根本性的不同,只是在各方面都比较随便一些,不安排座次,不作正式讲话,菜肴道数也可增可减,比较简便、灵活、亲切。若是安排在中午的便宴,一般不上汤,不上烈性酒。便宴比较适用于日常友好交往。

3. 招待会

招待会比宴会更随便、更自由,时间多为17:00~19:00。一般不准备正餐,只准备一些食品饮料,也不安排座位,可以自由活动。常见的招待会主要有冷餐会、烧烤野餐会和鸡尾酒会。

4. 茶会

茶会又称茶话会,是一种最简便的宴请招待形式,举行时间一般在10:00或15:00左右,常设在客厅或花园、会议厅。茶话会,顾名思义,就是请客人边品茶边谈话,因此,对茶叶、茶具的选择就应讲究些,体现出一定茶文化的特点。我国泡茶一般不另加其他东西,但有些国家喜欢在茶水中放上牛奶和白糖或柠檬片。茶话会通常略备点心或地方风味小吃,也可以用咖啡代茶,但用咖啡待客一般不用速溶咖啡,而是现煮咖啡。

5. 工作餐

工作餐是人们在社交活动中经常采用的一种非正式的宴请形式。一般是因为工作的需要,把餐桌当做会议桌,边用餐边谈话。有的工作餐只是为了增进彼此的感情,加强相互之间的联系;而另一些工作餐则是事先说明带有明确的目的,或就某个问题交换意见,或商谈某项合同。

(二)宴请准备

1. 确定宴请时间

应以主、宾双方都较为合适的时间为宜。若难以兼顾,则为客人方便着想。在进行国际商务谈判时,宴请一般不选择对方的重大节日、重要活动之际或禁忌的日子和时间。时间大约确定后,可以通过电话或其他途径征询一下意见,对方认为没有问题,就可以正式确定,并按此时间通知其他宾客。

2. 确定宴请地点

根据谈判人员的身份地位来确定饭店的规模,也可以在宾客下榻的宾馆内举行。选定的场所要能容纳全体人员,在可能的条件下,宴会厅外另设休息厅,供宴会前简短的交谈用。

3. 订菜

根据宴请形式、规格等,本着节俭和使宾客满意的原则,在一定的标准内安排。选菜不要以主方的喜好为准,而要考虑来宾的喜好和禁忌。如果个别宾客有特殊需要,也可以单独为其上菜。大型宴请则应照顾到各个方面。选菜还要注意合理搭配,包括荤素搭配、色彩组合、营养构成,时令菜与传统菜肴的搭配,以及菜肴与酒水饮料的搭配。菜肴道数与分量都要适宜,不宜过多或不足。最好能有一些地方特色菜和名酒。

4. 席位安排

较正式的宴会，最好是安排座位，席位的安排以礼宾次序和便于交谈为原则。国际上的习惯，桌次高低根据离主桌位置远近来定，遵循右高左低的原则。

（三）赴宴

1. 赴宴时间

这可根据主方所在地区的习惯和活动的性质来确定。如果是正式宴会，尽可能准时或早一点到达，切不可迟到。但像鸡尾酒会等可以自己灵活掌握。

2. 入席

入席时不管是否有座位安排，最好听从主方的安排。不要主动就座，应向其他宾客表示礼让，尤其有长辈、上级或女士时，应让其先入座。就座时，从座位的左边入座。

3. 告辞

吃完后，主宾向主人告辞，其他客人也应陆续告辞。告辞时，应感谢主人使自己度过了一段愉快的时光。

（四）餐桌礼节

1. 姿态

就座后要端正，不要两腿摇晃或头枕椅背伸懒腰。不要靠着桌子，不要把身体倾前至碟子边，也不要下意识地摸弄餐具，应离桌一拳；就餐前，双手放在膝盖上，不要将臂肘放在桌上，就餐时双手在桌面上的距离以双肩宽度为准。

2. 餐巾

餐巾需等主人摊开使用时，客人才能铺在双腿上。餐巾很大时，可以叠起来使用。餐巾的作用是防止油污、汤水滴到衣服上，其次是用来擦嘴边油污。但不可擦脸、擦汗或除去口中之食物，也不能用它擦拭餐具。用餐完毕或餐后离桌，应将餐巾放于座前桌上左边，不可胡乱扭成一团。

3. 刀叉的使用

中餐宴请外国宾客时，既要摆碗筷，也要摆刀叉。吃西餐时，使用刀叉。右手用刀，左手用叉，将食物切成小块后用叉送入口中。吃西餐时，按刀叉顺序由外向里取用，使用刀时不要将刀刃向外，更不要用刀送食物入口。切肉时，应注意避免刀切在瓷盘上发出响声。谈话时，可不必把手中的刀叉放下，但做手势时则应将刀叉放下。中途放下刀叉，应将刀叉呈八字形分开放在盘子上。用餐完毕，则将刀叉并拢一起放在盘子里。

4. 取面包、黄油

取面包应用手去拿，然后放在盘中的小碟上或大盘的边沿上，不要用叉子去叉面包。取黄油应用奶油刀，不要用个人的刀子。黄油取出后放在旁边的小碟里，不要直接往面包上抹。不要用刀切面包，也不要把整片面包涂上黄油，应该每次用手掰一块面包，吃一块涂一块。

5. 吃肉类

吃西餐中的肉类时，要边切边吃，切一次吃一口；吃鸡、龙虾等食物时，经主人示意，可以用手撕开吃；吃带腥味的食品时，常备有柠檬，可用手将汁挤出滴在食品上，以去腥味。

6. 喝汤

汤匙是座前最大的一把匙，放在盘子右边，不要错用放在盘子中间那把较小的匙，那可能是甜食匙。如果汤太热，可以将汤盛入碗内，等稍凉后再喝，忌用口吹，喝汤时不要发出声响。

7. 意外

就餐时发生意外情况,应不露声色地尽快处理。如掉菜,应重新夹起放入残渣碟中;打翻酒水,溅到邻座身上,则应该轻声说"对不起",并帮助他擦干,若对方是女性,则只需把干净的餐巾或手帕递上即可。

8. 其他

将送到你面前的食物多少都用一点,特别合口味的食物请勿一次用得过多,不合口味的食物也不要流露出厌恶的表情。用餐时,如欲取用摆在同桌其他客人面前的调味品,应请邻座客人帮忙传递,不可伸手直接去取。

任务三 商务谈判中的礼貌

学习导入

令人倾倒的魅力

在1972年以前的15年里,中美大使级会谈共进行了136次,全都毫无结果。中美之间围绕台湾问题、归还债务问题、收回资金问题、在押人员获释问题、记者互访问题、贸易前景问题等进行了长期的、反复的讨论与争执。对此,基辛格说:"中美会谈重大意义似乎就在于,它是不能取得一项重大成就的、时间最长的会谈。"然而,周恩来总理以政治家特有的敏锐的思维和高超娴熟的谈判艺术,把握住了历史赋予的转机。在他那风度洒脱的举止和富有魅力的笑声中,有条不紊地安排并成功地导演了举世瞩目的中美建交谈判,在1972年的第137次会谈中,终于打破了长达15年的僵局。美国前总统尼克松在其回忆录中对周恩来总理的仪容仪态、礼貌礼节、谈判艺术、风格作风给予了高度的赞赏。尼克松说,周恩来待人很谦虚,但沉着坚定,他优雅的举止、直率而从容的姿态,都显示出巨大的魅力和泰然自若的风度。他外貌给人的印象是亲切、直率、镇定自若而又十分热情。双方正式会谈时,他显得机智而谨慎。谈判中,他善于运用迂回的策略,避开争议之点,通过似乎不重要的事情来传递重要的信息。他从来不提高讲话的调门,不敲桌子,也不以中止谈判相威胁来迫使对方让步。他总是那样坚定不移而又彬彬有礼,他在手里有"牌"的时候,说话的声音反而更加柔和了。他在全世界面前树立了中国政府领导人的光辉形象,他不愧是一位将国家尊严、个人人格与谈判艺术融洽地结合在一起的伟大人物。谈判的成功固然应归结于谈判原则、谈判时机、谈判策略、谈判艺术等多种因素,但周恩来无与伦比的品格给人们留下了最深刻而鲜明的印象。他的最佳礼节礼仪无疑也是促成谈判成功的重要因素之一。

(资料来源:http://www.fkkxs.com/files/article/52/52323/7218316.html.)

相关知识

商务谈判的过程是谈判双方凭借智慧、实力等最大限度地争取满足自身需要的过程。成功的谈判过程,是谈判双方在互相的进取与退让中去异求同、形成共同利益的过程。在这个过程中,由于精神紧张和情绪激动,极易产生失礼行为。双方之间互相尊重,坚持礼貌的谈吐和行为,才有助于保证谈判在和谐友好的气氛中进行。要想对对方礼貌,有一些基本准则。

一、礼貌的基本准则

(一)尊重老人及女士

在一些社交场合和日常交往中,"老人优先"、"女士优先"是一条基本准则。例如,出入车辆、进出电梯或门厅时,应请老人和女士先行;上楼时,老人、女士在先,年轻人、男士随后;下楼时,年轻人、男士在先,老人、女士随后,这是因为一旦发生意外便于对老人和女士进行保护。如与老人或女士结伴参加活动,进门时,男士应帮助老人、女士开门、关门,或主动协助女士穿脱大衣;同桌就餐时,如果两旁坐着老人和女士,男士应主动照料,帮助他们入座就餐;如果与女士一起在街上行走,男士应走在左侧,并帮助女士提拎较重的物品。总之,男士应当尽量为女士着想,为女士帮忙。

(二)尊重谈判对手

尊重谈判对手除了讲究礼节与仪表外,还可以体现在很多其他方面,具体如遵守谈判时间、注意自己的言谈举止等。

遵守时间是人际交往,尤其是商务谈判中最基本、最重要的礼节。参加谈判活动应按预先通知或约定的时间到达指定地点,避免迟到或早到。提早太多时间到达,对方准备工作还未来得及完成,因而会窘迫难堪,但是可以提前片刻到达,如提前 10 分钟;迟到则会让别人等待,是失礼行为,万一因故迟到,一定要向对方表示歉意;如果因故不能按时赴会,也一定要事先通知对方。准时到达谈判现场的行为表达两种信息:一是对对手表示尊重,二是体现了谈判是否有诚意。如果不遵守时间而迟到,尽管口头上表示了歉意,对方也会表现出不悦,会认为这是对自己的不尊重和对谈判的不重视,从而无形之中为谈判设下了障碍。因此,遵守时间在商务谈判中是很重要的。

谈判中的谈吐也是体现谈判者是否礼貌的重要途径。谈判者在交谈中应多使用礼貌用语。即使是别人想给自己帮忙但因故没能帮上,也必须致谢。冒犯了他人,必须道歉。损害轻微,当面口头表示歉意即可;比较大的冒犯,则应作书面道歉。在走廊、楼梯、电梯里遇到陌生人,至少应面含微笑点头致意,或打招呼,如果是熟人应停下脚步寒暄几句。但要注意,不管是答谢还是寒暄,都要适可而止,拖拖拉拉讲个没完,反而失礼。

另外,谈判场所、会议室、餐厅等一般不能吸烟或者少吸烟。在一些场合中,如果在场的多数人不吸烟或同座身份较高的人不吸烟,一般情况下自己也不要吸烟。如有女士在场,欲吸烟应先征得同意以示礼貌。总之,吸烟要有节制,要讲究礼貌,不要因为吸烟给他人造成不愉快并损害个人的形象。

延伸阅读　　　　　　　　**礼貌用语的使用**

在交谈中应多使用礼貌用语。常用的礼貌用语如下:

欢迎语:"欢迎您来我们公司。"

问候语:"您好啊! 见到您很高兴。"

祝贺语:"恭喜!""祝您节日愉快!""祝您生意兴隆!"

告别语:"明天再见。""祝您一路平安。"

征询语:"我能为您做些什么吗?""需要我帮您做些什么吗?""您还有别的事情吗?""这会打扰您吗?""如果不介意的话,我可以……吗?""请您讲慢一点好吗?"

> 见面语:"很高兴认识您,请您多多指教。""请多关照。"
> 感谢语:"让您费心了,实在过意不去。""拜托啦。""麻烦您,谢谢您的帮助。"
> 应答语:"不必客气,没关系。""这是我应该做的。""我明白了。""好的,非常感谢。""谢谢您的好意。"
> 致歉语:"对不起。""请原谅。""请多包涵。""请不要放在心上。"

(三)尊重习俗

不同的国家、地区、民族,各自有不同的礼节和习俗。作为谈判人员,应入乡随俗。在日常交往和商务谈判中,一定要了解和尊重这些习惯,以免失礼,冒犯对方,闹出笑话。同时,也不能随意地议论对方的风俗习惯。

二、交谈中的礼貌

谈判双方的交谈包括两个方面的意思,即谈判桌上的会谈和会谈之余的交谈。交谈的话题除了涉及与谈判相关的问题之外,还广泛地涉及其他的方方面面,交谈中要注意以下礼仪:

(一)交谈时的表情和动作

交谈时的表情和动作要得体。交谈时表情要自然,态度要和气,语言表达要得体,谈话距离要适当;不要离对方太远或太近,不要拉拉扯扯、拍拍打打,不要唾沫星子四溅。在相互交谈时,应目光注视对方,以示专心。对方发言时,不要左顾右盼、心不在焉,或注视别处,显出不耐烦的样子,也不要老看手表,或做出伸懒腰、玩东西等漫不经心的动作。交谈中的手势也要适当。手势可以反映谈判者的情绪,可以表达大、小、强、弱、难、易、分、合、数量、赞扬、批评、肯定、否定等意思。但谈判中的手势要文明,幅度要合适,不要动作过大、手舞足蹈,更不要用手指指人或拿着笔、尺子等物指人。与人交谈时身体向后倾斜10°以上是极其轻松的姿势,前倾20°、侧倾不到10°是自然姿势。

(二)话题的选择

1. 话题选择的禁忌

双方交谈时,一般不宜涉及疾病、死亡等不愉快的事;不宜询问妇女的年龄、婚姻状况等;不径直询问对方的履历、工资收入、家庭财产等与私生活有关的问题;一般也不宜谈论政治及宗教问题;对对方不愿回答的问题,不宜刨根问底;对对方反感的问题,应表示歉意并立即转移话题。在社交场合中谈话,一般不过多纠缠,不高声辩论,更不能恶语伤人、出言不逊,即便争吵起来,也不要斥责,不讥讽辱骂,最后还要握手而别。男士一般不要参加妇女圈的议论,也不要与妇女无休止地交谈而引起他人的反感。与妇女交谈要谦让、谨慎,不随便开玩笑,争论问题要有节制。

2. 话题选择的方法

双方交谈时,应注意观察对方感兴趣的内容或对方所长,从感兴趣的话题与对方的长处入手,就容易引起对方的共鸣。而要发觉对方的兴趣,则可以事先做一些调查准备,还可以从对方的衣着、眼神以及和别人的谈话中去发掘,也可以就地取材选择话题,结合所处的环境引出话题。例如,不妨赞美一下室内的陈设、谈谈墙上的画如何出色等。

同时,在谈话中应学会用提问来寻找话题。不要使用封闭式问题,应该这样问:"第一次到我们这里来感觉怎么样呢?""你们那里的气候和这里有什么不同?"如果提出的问题对方一时回答不上来或不愿回答,不宜生硬地追问或跳跃式地乱问,要善于调整话题。

(三)关注他人

如果是许多朋友在一起交谈,讲话的人不能把注意力只集中在其中一两个你熟悉的人身上,要照顾到在场的每一个人;倾听的人除了应特别注意正在说话的人之外,目光也应偶尔光顾一下其他的人。应该使在座的每一个人都有发言的机会,不要尽让两三个人说话。对于比较沉默的人也应设法使他开口,比如问他:"你对这件事怎么看?""你有什么看法?"

交谈中,要给他人发表意见的机会;别人讲话时,也要选择机会发表自己的看法。要学会善于听取别人的谈话,不应随便打听别人的谈话。加入他人谈话的行列要先打招呼,在别人个别谈话时不要凑近旁听。如有事需与某人交谈时,要等某人谈完。有人主动与你交谈时,要乐于参与。交谈中如有急事,需处理或离开时,要向对方打招呼,以表示歉意。

(四)注意安全距离

在双方谈话中,身体不宜过于接近,保持一定的距离是必要的。在较近的距离和人交谈,稍有不慎就会把口沫溅在别人脸上,这是失礼的。但也不能过远,说话时与对方离得过远,会使对方误认为你不愿向他表示友好和亲近,这显然也是失礼的。和别人谈话时的最佳距离是保持在1.2~1.5米左右,即保持1~2个人的距离最为适合。这样做,既让对方感到有种亲切的气氛,同时又保持一定的"社交距离",在常人的主观感受上,这也是最舒服的距离。交谈过程中,每个人都应有尊重他人空间的意识,随时注意使自己处于一种可进可退的地位。当发现对方因个体空间被侵犯而作出退避的动作时,就应调整自己的位置,以适应对方习惯的空间距离。

延伸阅读 **各国对于"安全距离"的不同规则**

在世界各地,不同民族的人在谈判时保持的距离也是不一样的。瑞典人、挪威人、丹麦人、冰岛人认为,谈话的双方相距1.2米左右是最为理想的、合乎习惯的距离。在中欧和大不列颠岛上,人们交谈时一般都保持1米多的距离。意大利人之间谈话几乎靠在一起,双方仅间隔30~40厘米。在欧洲,越往南,谈话者之间的距离越近;越往北,谈话者之间的距离越远。在美国,两人谈话时距离一般都保持在0.6~0.9米。

(五)插话的方法

交谈时要尽量让对方把话说完,不要轻易打断或插话。万一需要插话或打断对方时,应先征得对方同意,用商量的口气说一声"请等等,让我插一句"、"请允许我打断一下",或者"我提个问题,好吗?"这样可以避免对方产生你轻视他或不耐烦等不必要的误解。

(六)调整好语速和语调

要根据谈话对方的语速调整自己的语速,适宜的语速并不是从头到尾一成不变的速度和节奏,而是要根据内容的重要性、难易度,以及语调的高低和对方注意力情况调节语速和节奏。

得体的语调应该是起伏而不夸张、自然而不做作。一般而言,抑扬顿挫的语调更能引起对方的兴趣,音量以保持听者能听清为宜。喃喃低语是没有自信的表现,而嗓门太大既骚扰环境,又有咄咄逼人之势。

(七)专注地聆听对方的谈话内容

在聆听对方谈话时,应注意以下几点:

1. 应全神贯注地听

如果对方谈话时,自己东张西望,或低头只顾做自己的事情,或面露不耐烦的表情,这些都是不礼貌的,都会使对方产生反感。正确的做法是,应表现出洗耳恭听的神态以示尊重对方,从而增强说话者的信心,达到有利于交谈的目的,提高交谈效果。

2. 要积极思考分析

在聆听对方谈话时,自己要思考分析。如果对方在谈话时,自己心不在焉、不动脑筋,对方谈话的内容又记不住,不得不让对方重复谈话的内容,这样既不礼貌,又耽误时间,影响沟通效率。

3. 不要随意打断对方的谈话

在听对方谈话时,不能随意打断对方的谈话,这是极不礼貌的表现。应耐心等对方把话说完,不要因为对方的叙述平淡而漫不经心,也不要在别人结结巴巴讲不清时,流露出烦躁和责怪的神情,更不应该在别人讲不同意见时,听不下去而反驳和争吵。

4. 在听的过程中要回应对方

在谈话中,听者要有响应地听,不要出现沉默现象,可以采用提问、简短评论、复述对方话头、表示同意等方法。

任务四　各国的文化差异与谈判风格

学习导入

美日文化差异

美国一家医药公司准备与日本人谈一笔买卖,他们派出了一组被认为是"精明的人"来进行谈判。这个小组由一些头脑敏捷的年轻人组成,其中还包括一名女士,年龄大约在20~30岁。结果他们访日三次,均遭失败,甚至未能让与他们合作的日方部门领导听一听他们的意见,更不用说讨论他们原打算与日方洽谈的具体内容了。在走投无路的情况下,他们找到了一位"日本通"先生,并听取了他的意见,在谈判小组中增加了一名在公司任职超过25年的有经验的销售人员,职位是公司的副总经理,结果日方的态度立刻有了180度的大转变,双方开始了积极的会谈。

原来,在日本的公司中,负责人一般都是年龄较大、经验丰富的企业家,他们不相信美国公司派来的几个年轻人有什么实权,更重要的是,他们感到与几个"毛孩子"谈判有损于他们的尊严,是对他们地位的贬低。

(资料来源:http://3y.uu456.com/bp_5dg4p1ae5e0zdc5257du_2.html.)

相关知识

国际商务谈判要面对的谈判对象来自不同国家或地区,每个国家和地区都有着截然不同的历史、文化传统和风俗习惯,各国商人的文化背景、价值观念和逻辑思维方式也存在着明显的差异。所以,各国谈判人员在商务谈判中的风格也各不相同。作为国际商务谈判的谈判人员,要想使每一次的谈判都能顺利进行,取得圆满成功,就必须注意到国际商务谈判的多国性、多民族性的特点,掌握每一次谈判中谈判对象的谈判风格。

一、文化差异对谈判行为的影响

俗话说："百里不同风,千里不同俗。"谈判桌上谈判对手之间的交涉,往往也会受到文化习俗的影响。文化是一个国家和民族特定的观念和价值体系,这些观念构成人们生活和工作中的行为方式。世界各民族由于特定的历史和地域而形成了自己独有的文化传统和文化模式,这些文化传统和文化模式无形地存在于人们的周围,指导着人们的一些行动,当然也包括商务谈判活动。

(一)语言差异

语言是文化的重要载体之一,也是各种文化的重要区分标准之一。要想在国际商务谈判中取得成功,不仅要会运用语言,还要能透彻地理解语言的差异。

各文化中的语言所表现出来的语言行为具有较高的相似性,但在信息交流技巧等语言行为方式上却有较为明显的差异性。如东方文化在语言表达上多含蓄、委婉和西方文化在语言表达上多直接、明了等,如不了解这些差异,很容易误解对手所传播的信息,从而影响谈判目标的实现。

语言的差异一般主要体现在两个方面:语言习惯和语义。

1. 语言习惯

语言习惯上的差异,主要是指在文化的流传过程中逐渐形成的一种习惯用法,并不表示词语原本的意思。例如,在英语中"rain cats and dogs"的意思是"倾盆大雨、瓢泼大雨",并不是表面上理解的"下雨下了猫和狗"。

这里有一个小笑话:来自中国的一个代表团在西方某国家访问,在会谈中,西方代表夸赞中方代表团中一位负责人的妻子很美丽,该负责人很开心,哈哈一笑,看了一眼满面羞涩的妻子,谦虚地摆摆手说道:"哪里哪里。"身后的翻译人员立刻进行翻译:"Where? Where?"西方代表愣了一下,然后一脸正经地看着负责人的妻子,一边上下扫视一边说:"The eyes, the nose……"这下,轮到中方代表全愣住了。事后弄清楚了原委以后,双方都尴尬不已。

2. 语义

语义上的差异,主要是指表示同一个意思的词在不同的文化中可能还有别的意思。例如,英语中"negotiation"的意思是"谈判",而在日语中,表示"谈判"的词还同时具有"对立、口角、争论"的意思,这是"negotiation"所不具有的。

(二)风俗差异

每一个文化都有着自己不同的风俗习惯,风俗习惯会在无形中影响着人们做事情的方式,制约着人的行为举止,而文化就是通过人的这些受影响、受制约的行为予以体现出来的。所以,对文化差异缺乏敏感的人,以自己的文化模式为依据,来评价另一种文化中人们的行动、观点、风俗,往往会导致文化冲突。

各国风俗习惯举例如下:

(1)阿拉伯人有在社交活动中邀请对方喝咖啡的习惯。按他们的习俗,客人不喝咖啡是很失礼的行为,拒绝一杯咖啡会造成严重后果。因为这种拒绝在阿拉伯世界被认为是对邀请人的侮辱。

(2)在南美洲,不管当地天气怎样炎热,都以穿深色服装为宜。南美商人与人谈判时相距很近,表现得很亲热,说话时会把嘴凑到对方的耳边。

(3)中东地区的商人好客,但在谈判时缺乏时间观念,同他们谈判不能计较时间长短,而应努力取得其信任,即要先建立起朋友关系,这样就容易达成交易。

(4)在与法国人进行紧张谈判的过程中,与他们共进工作餐或游览名胜古迹,对缓和气氛、增进彼此的友谊大有裨益。但千万不能在餐桌上、在游玩时谈生意,因为这样会败坏他们的兴致,让他们觉得扫兴。法国人的习惯是在吃饭时称赞厨师的手艺。

(5)德国人在绝大多数时候都是穿礼服,但无论穿什么,都不会把手放在口袋里,因为这样做会被认为是粗鲁的。他们时间观念很强,不守时的谈判对手是不受欢迎的。另外,德国人不习惯与人连连握手,若你与他连连握手,他会惶惶不安。

(三)思维差异

进行国际商务谈判时,来自不同文化背景的人在谈判时常会遇到障碍,其原因多种多样,而思维方式的不同应是一个重要因素。各个民族的思维方式各不相同,思维差异往往成为国际商务谈判成功的主要绊脚石。

以美国人和日本人为例,美国谈判者能看到的往往只是日本对手脸上友善的笑容,对其真实思想却不得而知。然而一旦建立起合作关系,日本人就会毫无保留地与你沟通。相反,美国人初次见面便很愿意沟通,但不会轻易吐露内心秘密。因此,对各文化背景的谈判人员思维差异问题的正确把握,在很多时候是国际商务谈判能否取得预期目标的关键所在。

以东方文化和英美文化为例,英美文化偏好抽象分析思维,其思维过程是从具体事实出发,进行归纳概括,从中得出结论性的东西,喜欢运用逻辑手段从一个概念推导出另一个概念,习惯依靠思想的力量;而东方文化偏好形象思维和综合思维,习惯将对象的各个部分合为整体,将它的属性、方面、联系等结合起来考虑。

由于谈判人员思维方式的差异,不同文化的谈判者呈现出决策上的差异,形成顺序决策方法和通盘决策方法之间的冲突。当面临一项复杂的谈判任务时,西方文化的英美人经常采用顺序决策方法,将大任务分解为一系列的小任务,每次解决一个问题,从头至尾都有让步和承诺,最后的协议就是一连串小协议的总和;东方文化的日本人则采用通盘决策方法,注重对所有问题整体讨论,不存在明显的次序之分,通常要到谈判的最后才会在所有问题上做出让步和承诺,从而达成协议。

(四)价值观差异

不同文化间的差异最主要的是价值观的差异,也正是价值观的差异才导致了不同文化间的冲突。作为文化重要组成部分的价值观是跨文化交际的核心,是社会文化的精神之所在,也是社会决策的动机和目的之所在。

国际商务谈判既是一种经济活动,同时也是一种跨文化活动。因此,隶属于不同文化的谈判双方会持有不同的价值观,其谈判行为也会因价值观的不同而受到影响。正确认识中西方价值观差异及其影响有助于国际商务谈判的顺利进行。

美国的一些科研人员通过研究后发现,国际商务谈判中价值观方面的差异远比语言及非语言行为差异隐藏得深,因此也更难以克服。东方文化与西方文化在"谦逊"、"争先"、"集体责任感"、"尊老爱幼"等方面的价值观差异最大,几乎是两个极端;在"感恩戴德"、"和睦"、"金钱"、"守财"、"殷勤好客"、"效率"等方面的价值观差异稍微小些;而在"尊重青年"、"男女平等"、"人的尊严"、"教育"、"率直"等方面的价值观比较接近。

> **延伸阅读**
>
> 2002年,中国商务谈判代表和其他8名不同专业的专家组成一个代表团,去法国采购约2 000万欧元的航空设备和技术。法方自然是想方设法令他们满意,其中一项是在第一轮谈判后送给代表团每人一个小纪念品。纪念品的包装很讲究,是一个漂亮的大红色盒子,中国人素来喜欢红色,红色代表发达、红红火火。可是当代表团成员按照法国人送礼的习惯当面打开盒子时,所有人都怔住了,表情都很不自然——盒子里是一顶绿色的高尔夫球帽。法国人的本意是签约完以后,大伙一块去打高尔夫球。但是,他们哪里知道,中国人喜欢红色是不假,但是中国男人更忌讳"绿帽子"!
>
> 最终,代表团没有签下这份合同,不是因为法国人"骂人",而是因为他们工作太粗心,连中国男人忌讳"戴绿帽子"这点常识都搞不清楚,那怎么能放心把几千万欧元的项目交给他们呢?

（五）人际关系

人际关系是人与人之间在活动过程中直接心理上的关系或心理上的距离。人际关系反映了个人或群体寻求满足其社会需要的心理状态,因此,人际关系的变化发展取决于双方社会需要满足的程度。

法国人天性比较开朗,具有注重人情味的传统,因而很珍惜交往过程中的人际关系。

在日本,人们的地位意识浓厚、等级观念很重,因而与日本商人谈判时搞清楚其谈判人员的级别、社会地位是十分重要的。

在德国,人们重视体面、注意形式,对有头衔的德国谈判人员一定要称呼其头衔。

澳大利亚谈判代表一般都是有决定权的,因而与澳大利亚商人谈判时,一定要让有决定权的人员参加,否则澳大利亚商人会感到不愉快,甚至中断谈判。

二、各地区商人的谈判风格

（一）美洲地区

1. 美国

与世界上许多其他国家相比,美国的历史十分年轻,仅有200多年,大批拓荒者从欧洲来到美国,为了实现发财致富的梦想。这种开拓精神世代相传,使得现代的美国仍是世界上进取精神最强烈的民族之一。美国的历史虽短暂,却充满了活力,开放程度高,没有传统的束缚,所以美国又是创新意识和竞争意识极强的国家。

美国文化的核心是个人主义,其主要内容是主动、自主选择,通过自力更生达到自我实现。在美国人的价值观念中,极为推崇自我奋斗型的成功。

另外,美国人的价值观念中,自由和平等也是非常重要的内容。对美国人而言,平等是企求一个更美好的世界的基础,是崇高与道德的基础。他们自认为不受任何人的恩惠,也不强加约束于别人,不拘泥于对等级的理解。美国人是"不自由,毋宁死"。

平等和自由表现的另一个方面就是美国人拒绝专制,既包括政治专制,也包括文化和知识专制。相对于其他民族来说,美国人不崇拜权威,也不相信救世主,他们靠的是自己解救自己,自己的事情自己做,想要达到什么目标,就创造条件去实现,而不是等待、期望和乞求。

(1) 美国人的谈判风格

美国人在谈判中的风格,主要表现在以下几个方面:

①爽直干脆。美国人属于性格外向的民族，他们的喜怒哀乐大多通过他们的言行举止表现出来。在谈判时，他们喜欢摆事实、提问题，言语简洁，由于其性格坦率、真挚热情，即使有唇枪舌剑的进攻，也不会造成谈判桌上紧张的气氛。

美国商人在谈判中不论是在陈述己方观点，还是在表明对对方的立场态度上，都比较直接坦率，习惯于迅速将谈判引向实质阶段，按部就班地进行讨论。他们语言干脆利落，语气明确、肯定，"是"与"非"保持非常清楚。同样，他们对谈判对手的坦率言语，不仅不反感，而且还很欣赏。如果对方提出的建议他们不能接受，也会毫不隐讳地直言相告，甚至唯恐对方误会。所以，他们对于东方人如日本人和中国人的表达方式表示出明显的异议。美国人常对中国人在谈判中的迂回曲折感到莫名其妙，对于中国人在谈判中用微妙的暗示来提出实质性的要求，感到十分不习惯。因此在实践中，不少美国厂商因不善于品味中国人的暗示，失去了不少极好的交易机会。

> **延伸阅读**
>
> 　　美国西屋电气公司加拿大分公司同中国东方汽轮机厂的一个访问团谈妥了一个数台大型汽轮机的协议，可是接下来的不是签订合同，而是中方要求再次到北京进行紧急磋商。
>
> 　　西屋电气公司派代表团来到北京后，不得不一次又一次地重申最初的动机，而中方则一次又一次地要求按最初的精神办，兜来兜去，最后西屋电气公司才弄明白，中方无非是要确定一个最理想的购买价格。这项协议，一直到西屋电气公司的代表第二次回国后才通过电传签订了。
>
> 　　美国人一直不理解，中国人一开始为什么不说明要求降低价格呢？这样绕来绕去的多耽误时间。而中国人也很恼火，如此高规格的接待、反复的暗示怎么还这么装糊涂呢？

谈判中的直率也好，暗示也好，看起来是谈判风格的不同，实际上是文化差异的问题。东方人认为直接地拒绝对方，表明自己的要求，会损害面子、僵化关系，而像美国人那样感情爆发、直率、激烈的言辞是缺乏修养的表现。同样，东方人所推崇的谦虚、耐性、涵养等品质，可能会被美国人认为是虚伪、客套、耍花招。

②重视效率。美国的经济高度发达，生活节奏快。这就使得美国商人特别珍惜时间，注重效率。美国人有句谚语"不可盗窃时间"，他们认为时间就是金钱。所以在商务谈判中，他们十分重视效率，力求缩短谈判时间，使每一场谈判都能速战速决，不会去做无聊的、毫无意义的事情。美国企业通常各级部门职责分明、分工具体，因此，谈判的信息收集、决策都比较快速、高效。加之他们个性外向、坦率，所以，他们一般谈判的特点是开门见山，报价及提出的具体条件也比较客观，水分较少。美国人认为，能熟练地掌握把一切事物用最简洁、最令人信服的语言迅速表达出来的谈判人员才是最成功的。

在谈判中，美国方面提出的合同条款大多由公司的法律顾问草拟，经董事会研究决定，执行人一般对合同条款无权修改，因而在谈判中也就绝不轻易让步。他们习惯于解决一个条款推进一个条款，直至最后完成合同谈判。他们同样喜欢对方如此，几经磋商后，如果双方争议不大，谈判很快就会拍板。但如果对方的谈判特点与他们不一致或正相反，那么他们就会感到十分不适应，而且常常把他们的不满直接表示出来。这也是为什么美国人常抱怨其他国家的谈判对手拖延、缺乏工作效率，而这些国家的人也埋怨美国人缺少耐心，同时还常常利用美国人夸夸其谈、准备不够充分、缺乏必要耐心的弱点，牟取最大利益的原因。

③重利务实。美国人做生意往往以获取经济利益作为唯一目的，在谈判中，更多考虑的是

实际的利益而不是私人交情,为了追求物质利益,用各种计谋都被视为正常和普遍的现象。他们认为生意就是生意,生意和友情是两个完全独立的方面,即使谈判双方素昧平生,只要条件、时间合适就可以进行洽谈。生意做成之后,如果双方可能再度合作,才会决定再度交往。所以其他国家的商人在同美国商人谈判中往往会感觉到,美国人不注重在洽谈中培养双方的友谊感情,甚至还力图将两者区分开来,显得比较生硬。

尽管美国商人注重经济利益,但是一般比较务实,不漫天要价,他们认为做生意双方都要获利,提出的方案都要公平合理。他们对于生意和友谊的看法与东方人一般大相径庭。

④自信创新。美国是世界上经济技术最发达的国家之一,国民经济实力也最为雄厚,不论是美国人所讲的语言,还是美国人所使用的货币,都在世界经济中占有重要的地位。英语几乎是国际谈判的通用语言,而世界贸易 50% 以上用美元结算。所有这些,都使美国人对自己的国家深感自豪,对自己的民族具有强烈的自尊心与荣誉感。这种心理在他们的贸易活动中充分表现出来。在谈判中,美国谈判人员的自信心和自尊感都比较强,会不断发表自己的意见和提出自己的权益要求,相信他们的谈判规则是唯一正确和有效的,所以往往在气势上显得咄咄逼人,过于强硬。

美国商人的自信表现在他们坚持自己所谓的公平合理的原则上。他们认为交易双方都要有利可图,并以此为原则,提出合理方案。他们喜欢在双方接触初期就阐明自己的立场观点,提出自己的方案,以争取主动。他们在谈判中充满自信,语言明确肯定,计算科学准确,并喜欢坚持自己的看法。如果双方出现分歧,他们只会怀疑对方的分析和计算而坚持自己的观点。当事情的发展不能按照他们的意愿进行时,他们常常直率地批评或抱怨。

美国商人的自信还表现在对本国产品的品质技术的肯定上。他们认为,要充分表现出自己的能力,遮掩、谦虚很可能被看做无能的表现。如果产品质量过硬、性能优越,就要让购买者认识到,那种到实践中才检验的想法,美国人认为是不妥的。

⑤重视契约。美国人口的流动性很高,他们彼此之间建立长久稳固的关系相对困难,只能将不以人际关系为转移的契约作为保障生存和利益的有效手段,因此美国人的法律意识根深蒂固。这种法律观念在商业交易中也表现得十分明显,律师在谈判中扮演着重要角色。为了对生意场上普遍存在的不遵守诺言或欺诈等现象防患于未然,在商务谈判中,美国商人除了带上自己的律师,就是一再要求对方完全信守有关诺言,一旦发生争议或纠纷,通常就是诉诸法律,此时友好协商的可能性也就不大。

对美国人来说,双方谈判的结果必须达成一个书面的法律性文件,以明确双方之间的权利和义务,这也是美国商人认为为了保证自己的利益最公正、最妥善的方法。因此,他们特别重视合同,尤其是关于合同违约的赔偿条款,讨论得特别详细、具体,也关心合同适用的法律,以便在执行合同中能顺利地解决各种问题。在美国,每 450 人就有 1 人是律师,这也与美国人解决矛盾纠纷习惯于诉诸法律有直接关系。

此外,美国商人在谈判方案上常常从总交易条件入手谈判,定下总条件后再谈具体条款。在谈判某一项目时,除探讨所谈项目的品质、规格、包装、数量、价格、交货期以及付款方式等条款外,还往往包括该项目的设计与开发、生产工艺、销售、售后服务,以及双方为能更好地合作各自所能做的事情等方面,从而达成一揽子交易。美国人十分精于讨价还价,并以智慧和谋略取胜,在谈判中有理有据,会从国内市场到国际市场的价格走势甚至最终用户的心态等各方面劝说对方接受其价格要求,这常使对手感到相形见绌,在心理上被美方压倒。

(2)与美国人谈判的注意事项

在与美国商人谈判时,应把握住他们的基本谈判风格,在谈判中灵活运用各种策略,以促使谈判的成功。

①要充分利用美国人的性格优点。与美国人谈判应充满信心和热情,对其坦率、真挚、热情的态度,应充分予以利用和响应。与美国人谈判要讲效率,忌讳办事拖沓。

但同时要注意到,并非所有被称为"美国人"的人均具有此性格特点,由于美国移民的混杂,有东方或阿拉伯血统的人就不尽然。另外,个别美国人或受家庭影响也会改变性格。例如,某美国人娶了东方人做妻子,文化影响就很大,谈判风格就会迥然不同,不能一概而论。此外,在与纽约的犹太商人谈判时,不要在公开的场合用中文和自己人商讨对策,他们中有许多人懂中文,但又会装作听不懂,以便探听对手的底牌,在谈判中占取上风。

②要充分利用美国人的心理特征。俗话说,"知己知彼,百战不殆",商场如战场,要想在商务谈判中取得胜利,就要掌握对方真实的情况。对于美国人自信、滔滔不绝的作风,我们可以借其自信先了解情况,在其滔滔不绝的陈词中找到有价值的信息,了解目标内容、对方虚实,从而谋划对策。

另外,对于美国商人表现出的"自信",可以采取适当的谋略,采取"激将"的办法使其向有利于我方的方向转化,但是实施时要注意不要伤害他们的自尊心,要掌握好分寸,这样可以破除他们的自信,削减他们的锐气。

③"是"与"非"必须保持清楚。同美国人谈判,表达意见要直接,"是"与"非"必须清楚,这是一条基本原则。如果美方谈判人员提出的条款是无法接受的,必须明确地告知对方,不应含糊其辞,否则会导致日后产生纠纷。对任何一项条款,要将我方的想法和意见明确告知对方,这样才能使谈判顺利进行。

④其他需要注意的事项。美国人重视实践,还表现在做事要井然有序,有一定的计划性,不喜欢不速之客来访。与美国人约会,早到或迟到都是不礼貌的。

与美国人谈判,最好不要指名批评某人,或指责客户公司的某些缺点,也不要把以前与某人有过摩擦的事作为话题,还要避免把处于竞争关系的公司的问题披露出来,加以贬抑。这样做很危险,有时不仅不会达到预想的目的,甚至还会得到相反的效果。

2. 加拿大

加拿大是个移民国家,民族众多,各民族互相影响,文化彼此渗透,大多数人随和友善、性格开朗、强调自由、注重实利、不拘繁礼、追求舒适。

(1)加拿大人的谈判风格

由于加拿大人口中90%是英法移民的后裔,受多元文化的影响,加拿大商人一般懂英、法两种语言,谈判风格大致与西欧人相同,并且比美国商人显得更有耐心和温和。

英裔加拿大人多正统严肃、谨慎保守、重信誉,在商务谈判中非常严谨,对所谈判的每个细节都要求充分研究后才能决策。法裔加拿大人多和蔼可亲、易于接近,但是在涉及谈判实际问题时,会表现得非常坚韧,因此与其谈判要保持相当耐性。同时,由于法裔加拿大人对于签约比较随意,他们认为次要条款可以在签字之后再谈,常常在主要条款谈妥后就急于签字,与他们谈判时要力求慎重,一定要在所有合同条款都详细明确之后才可以签约,以避免不必要的麻烦。

另外,需要注意的是,加拿大人一般在谈判时不喜欢在商品价格上讨价还价、变来变去,不愿做薄利多销的生意。

(2)与加拿大人谈判的注意事项

和美国人一样,加拿大人的时间观念也很强,而且不喜欢不速之客来访,所以和加拿大人进行谈判时要严格遵守合同的最后期限,拜访应提前与秘书或助手约定,并准时前往。加拿大人习惯在饭店或俱乐部进行宴会,就餐时要穿着得体,男士着西服、系领带,女士则穿裙子。

加拿大公司的高层管理者对谈判影响较大,应将注意力集中在他们身上,以使谈判能尽快获得成功。由于加拿大人多为英、法两国移民,所以准备的资料和合同必须同时译成英文和法文两种,同时要使用印有英文、法文的名片。

加拿大是冰雪运动大国,人们讨论的话题多与滑雪、滑冰、冰雕、冰球等有关。他们忌讳"13"这个数字,宴请活动不宜安排在这天。见面或分手时要行握手礼,相互亲吻对方脸颊也是常用的礼节。除密友之外,一般不宜直接称呼小名。

3. 拉丁美洲

拉丁美洲是指美国以南的美洲地区,包括墨西哥、中美洲和南美洲,一共有 20 多个国家。由于曾受过属于拉丁语系的西班牙和葡萄牙的殖民统治,所以称为拉丁美洲。拉丁美洲与北美洲虽同处一个大陆,但人们的观念和行为方式却差别极大。一般来讲,拉丁美洲人的生活节奏比较慢,这恐怕是一切非工业化国家的特点,这个特点也渗透到了包括谈判在内的所有社会交往活动中。

拉丁美洲的大部分民族性格直爽热情、诚实质朴、开朗健谈、活泼好动。特别是当与他们有了深入交往、关系比较融洽时,他们是不设防的,而且也愿意保持良好的私人关系。

拉丁美洲人对阶级和社会地位的观念很强,这种观念会决定一个人将拥有什么样的职业,但不论什么阶层,总是男性地位突出,妇女处于从属地位。所以,一般情况下,商业活动是与女性无关的。

和其他大多数神权统治国家的文化一样,拉丁美洲人的思维较为狭隘、封闭,主要表现之一就是认为一切重要的事情都是上帝说了算,一切不符合上帝旨意的东西都可以置之不理。

拉丁美洲人对足球非常狂热,对足球的偏爱甚至成了他们对其他事物喜爱判断的标准。足球是人们谈判的主要话题,著名的足球运动员是绝大多数人的偶像,有着极高的社会地位,踢足球甚至成了青年人实现成功梦想的主要途径之一。

(1)拉丁美洲人的谈判风格

①自尊心强。由于历史上受外国的长期剥削,加上国内政治混乱、政变频繁原因,大部分拉丁美洲国家的经济仍很落后,经济单一化严重,贫富两极分化明显。尽管如此,拉丁美洲人还是有着强烈的民族自尊心,以自己悠久的传统和独特的文化而自豪。拉丁美洲人希望对方能在平等互利的基础上进行商贸合作,所以,和拉丁美洲人打交道时,要表现出对他们风俗习惯、信仰的尊重与理解,努力争取他们的信任,尊重他们的历史和他们的人格,坚持平等、友好、互利的原则,避免流露出轻蔑的态度。

②重视私交。拉丁美洲人不是很注重物质利益,而比较注重感情,这与崇尚实际利益的美国人大为不同。在拉丁美洲,绝大多数人是通过扩大的家族关系获得支持和信息的。私人间的关系远比公司间的关系重要得多。在这些国家的任何时候和任何场合,朋友都是有重要的位置和很好的回报的。拉丁美洲绝大多数国家的人注重寻求建立在双方相互信任、相互依靠基础上的长期关系。

需要指出的是,在同拉丁美洲人谈判时,中途更换谈判代表是不明智的行为。因为中途更换与他们打交道的代表,意味着公司的交往关系要重新开始,拉丁美洲人只愿意和熟悉的人打交道,而不是和熟悉的公司。他们往往根据谈判对手讲话的语气和神情来判断对手的工作能力以及在公司、团体中所处的地位,一旦他们认定对方是有较强工作能力和丰富工作经验并且是公司、团体中的重要人物,就会对之肃然起敬,以后的谈判就会比较顺利。

③决策时间长。同拉丁美洲人谈判,想通过施加压力实现快速成交,很可能会失败。与处事敏捷、效率高的北美人相比,拉丁美洲人显得十分悠闲,时间观念也较淡薄。例如,参加宴会,拉丁美洲人一般要迟到30分钟以上,因为他们认为准时到达会被认为是一个"吃货"。

另外,拉丁美洲国家的假期很多,处理事务节奏较慢。如秘鲁的《劳动法》就规定,工作一年,可以请一个月的带薪假期。往往在商务谈判中,谈判的人突然请假,其他国家商人只有耐心等待洽谈的人休假归来,谈判才能继续进行。所以,同拉丁美洲人进行商务谈判,必须放慢节奏,始终保持理解和宽容的心境,并注意避免工作与娱乐发生冲突。

④开朗直爽。由于拉丁美洲商业活动中大多为男性,所以最突出的特点是富有男子气概,性格开朗直爽。与处事精明敏捷的北美商人不同,绝不妥协的特点体现在拉美人的商贸谈判中,就是对自己意见的正确性坚信不疑,往往要求对方全盘接受,很少主动作出让步,如果他们对别人的请求感到不能接受,一般也很难让他们转变。

拉丁美洲人对男子气概的崇尚使他们瞧不起妇女,正因为这点使他们不喜欢同女性谈判。除非女性谈判者能用带有权威的、不容置疑的语调和大量事实向他们展示自己的能力,才能让他们感到敬佩,因为拉丁美洲人崇尚个人奋斗、敬仰成功者。

(2)与拉丁美洲人谈判的注意事项

赴拉丁美洲做生意的人,应入乡随俗,在谈判过程中,宜穿深色服装,谈话宜亲热并且距离靠近一些,忌穿浅色服装。

由于拉丁美洲是由众多国家和地区构成,国际上的矛盾冲突较多,要避免在谈判中涉及政治问题。另外,在拉丁美洲,政变十分频繁,人们对此已经司空见惯,政变对一般的商业交易几乎没有影响,不过,一旦涉及与政府的交易,影响则不可轻视。

拉丁美洲国家较多,不同国家谈判人员的特点也不相同。例如,与智利人、委内瑞拉人和阿根廷人做生意时,应将他们看做欧洲人,注重礼节、风度和时尚。与这三国人做生意之前,要花费时间去建立个人关系,额外的时间投资会给以后带来好处。在这三国谈判,要表示尊重当地文化,可能的话要讲西班牙语,可以传达一种认真和积极的感情,博得别人的欣赏。

另外,还有一点需要注意,与北美商人相比,拉丁美洲人责任感不强、信誉较差。在商务活动中,拉丁美洲人不重视合同,常常是签约之后又要求修改,合同履约率也不高,特别是不遵守付款日期、无故延迟付款的事情经常发生,对这类问题,必须要有足够的耐心催促。

大多数拉丁美洲国家普遍存在代理制度。所以在当地做生意,寻找合格的代理商、建立代理商网络是至关重要的,否则在当地做生意将困难重重。在选择代理商时必须非常慎重,仔细审查。选定代理商后,必须与其签订代理合同,在合同中明确规定双方的权利和义务,尤为重要的是,应详细清楚规定代理权限,以免日后发生纠纷。

在拉丁美洲国家中,各国政府对进出口和外汇管制都有不同程度的限制,而且差别较大。如一些国家实行进口许可证制度,一些国家对外汇管制方面有繁杂的规定和手续。所以,在进行贸易谈判前,必须深入了解客商所在国的相关政策法规和具体执行情况,有关合同条款也要在谈判中说明、写清,以免日后发生纠纷。

(二)欧洲地区

1. 英国

英国是老牌的资本主义国家,也是最早的工业化国家之一,其贸易从17世纪起就遍布世界各地。英国人的民族性格是传统、内向、谨慎的,不喜欢表现,所以尽管其从事贸易的历史较早、范围广泛,但是英国商人贸易谈判的特点却不同于其他欧洲国家。

英国人因大英帝国而有优越感,以英语自豪,从来不使用第二语言。正是因为其很强的民族自豪感和排外心理,所以英国人即使与本国人交往也比较谨慎,特别尊重"个人空间",不轻易与对方建立个人关系,在公共场合从不外露个人感情,也从不打听别人的事情,未经介绍不与陌生人交往。所以英国人常给人一种距离感,高傲、冷漠和保守。

英国人的等级制度比较明显,他们很注重对方的身份、经历、业绩等,不像美国人那么看重在实践中的表现。所以,在必要的情况下,派较有身份地位的人参加与英国人的谈判,会有一定的积极作用。并且,英国人有强烈的个人主义,做决定重视事实依据,十分理性,对做出的决定坚定不移,勇于承担责任。

(1)英国人的谈判风格

①重视礼仪。英国商人重视礼仪,举止高雅,谈吐文明,处变不惊,富有礼让精神,他们的绅士风度举世闻名。英国商人在商务活动中,招待客人时间比较长,与其约会必须准时,受到款待后,要写信表示谢意。英国人注意逻辑,在谈判中总能将自己的意图运用逻辑推理说明。但是,要注意在英国人待人接物彬彬有礼之下,掩饰的是他们在商务谈判时的工于心计。

英国人在生活习惯上保留了很多传统,如讲究服饰,尤其在正式场合,对于穿戴有许多规矩,社交活动中也一丝不苟地遵循正式交往中的传统礼节。英国商人比较看重秩序、纪律和责任,组织中的权力自上而下流动,等级性很强,决策多来自上层。英国人交谈习惯以他们的文化遗产、喂养的宠物等为话题,尽量避免讨论政治、宗教、皇家是非等,初次交往,最佳、最安全的话题当然是天气。

与美国人相似,英国商人习惯于将商业活动和自己个人生活严格分开,有一套关于商业活动交往的行为礼仪的明确准则,个人关系往往是滞后于商业关系的。

②不够热情。英国人一般对谈判本身不是十分看重,对做成生意的欲望不是很强烈。他们对谈判的准备也不充分,在谈判中不像德国人那样有详细周密的准备,但善于简明扼要地阐述立场、陈述观点,然后便更多地表现沉默、平静、自信和谨慎,而不是激动、冒险和夸夸其谈。

英国人对于物质利益的追求,不如日本人表现的那样强烈,也不如美国人表现的那样直接。相比之下,他们宁愿选择风险小、利润少的生意,而不喜欢风险大、利润多的生意。

③重视合同细节。英国人很重视合同的签订,喜欢仔细推敲合同的所有细节,一旦认为某个细节不妥,除非对方耐心说服,并提供有力的证明材料,否则他们便拒绝签字。英国商人一般比较守信用,履约率比较高,也很注意维护合同的严肃性。

但是,必须注意一点,英国人有一个举世闻名的大缺点,就是他们不太关心交货日期,出口产品经常不能按期交货。所以,在与英国人签订的协议中万万不可忘记写进延迟发货的惩罚条款加以约束。

④灵活性差。英国人在谈判中充满自信,出现分歧时,常采取一种非此即彼、不允许讨价还价的态度。在谈判关键时刻,他们往往表现得既固执又不愿花力气争取,使对手颇为头痛。英国人认为,追求生活的秩序与舒适是最重要的,勤奋与努力是第二位的,所以他们对物质利益的追求不直接也不直接表现。他们不像日本人那样,为取得一笔大买卖竭尽全力,谈判风格也不像美国人那样有很强的竞争性,而是非常稳健。

(2)与英国人谈判的注意事项

与英国商人谈判时应该注意,英国的全称叫"大不列颠及北爱尔兰联合王国",由英格兰、苏格兰、威尔士和北爱尔兰四个部分组成,因此,不要把英国人叫做"English",要说"British",

这样会使他们非常高兴。

同英国商人谈判时要注意,不要佩戴有条纹的领带,也不要以英国皇室的私事作为话题。去英国做生意时,可以打几次高尔夫球,很多合同就是在打高尔夫球期间签订的。

2. 德国

德意志民族是世界上最令人称道的民族之一,该民族不仅以其文化、历史、习俗、性格、精神和智慧独立于世界民族之林,还具有吃苦耐劳、坚强勇敢、无与伦比的组织纪律性等特点,并且还产生了许多对世界文明发展有重大影响的人物和事件。

(1)德国人的谈判风格

①自信固执。德国的工业极其发达,生产率高,产品质量世界一流,对行业的各种技术标准把握得十分精确具体,对这一点,德国人十分引以为荣。所以这造就了德国人自信而又固执的性格,他们对自己的产品极有信心,在谈判中一般以本国的产品为衡量标准,并且他们考虑问题系统、中规中矩、缺乏灵活性和妥协性,不太热衷于谈判中的讨价还价,喜欢一再强调自己方案的可行性,千方百计迫使对方让步来达到达成交易的目的。

②私人关系严肃。德国人沉稳、自信、好强、勤奋、严谨,对发展个人关系和商业关系都很严肃,不太重视在商务往来之前先建立个人关系,一般与交易者都保持一定的距离,并且希望对方也是如此。因此,有关专家建议,同德国人谈判,不宜以开玩笑的方式打破沉默。

德国商人被称为是欧洲最老练的商人,他们纪律性强、谨慎,注意细枝末节。他们十分注重礼节、穿戴、称呼等,对有头衔的人一定要称呼头衔,在交谈中,避免用昵称、简称等不正式的称呼,见面和告别时要和他们握手。

③时间观念强。德国人时间观念强,无论公事、私事都非常守时。所以在同德国人的商业谈判中切勿迟到,否则德国人会毫不掩饰他们的不信任和厌恶。勤奋、敬业是德国企业主的美德。在欧洲,德国人工作时间最长,早上8点以前上班,有时要晚上8点下班,还常常为工作不惜牺牲闲暇时光。正因为这种勤勉刻苦、自强不息,德国经济才能在第二次世界大战后迅速恢复和崛起。

④讲究效率。德国人享有名副其实的高效率的声誉,他们十分讲求效率,办事认真,谈判果断,注重计划和节奏紧凑,不喜欢对方拖拖拉拉、支支吾吾的,反感"我再考虑考虑"、"我们回去再研究一下"、"过段时间再说"之类的语言。他们不喜欢漫无边际的闲谈,喜欢直入主题,谈判中语气严肃,无论是对问题的陈述还是报价都非常清楚明白,谈判建议具体切实,并以一种清晰、有序和权威的方式加以表述。

德国人认为,一个谈判者是否有能力,只要看一看他经手的事情是否能快速有效地处理就清楚了。他们的座右铭是"马上解决",每场议题都必须明确,如果讨论了半天却不涉及主题,一定会遭到德国谈判人员的抱怨,如组织无效率、主题不明确。

⑤办事严谨。德国商人办事雷厉风行,考虑事情周到细致,追求完美。在谈判前,他们要搜集详细的资料,不仅包括产品性能、质量,还包括对方业务开展情况、银行资信及经营组织状况等。充分的准备使他们在开始谈判时便占据主动,谈判思维极有系统性和逻辑性。因此,与之谈判时要做好充分准备,尤其对产品技术等专业性问题能够随时应答德国人详细的质询。对于事前不充分准备、谈判时思维混乱的对手,德国人会表示极大不满和反感。

⑥重合同、守信用。德国人素有"契约之民"的雅称,他们崇尚契约,严守信用,权利与义务的意识很强。德国人重视长期合作,忌讳投机生意,因此德国人注重商业信誉。他们工作认真,一丝不苟,在签订合同之前,会认真研究和推敲合同中的每一个细节,明确双方的权利和义

务后才签字。一旦达成协议,很少出现毁约行为,使得德国商人的履约率在欧洲最高,在世界贸易中有着良好的信誉。同时,他们也严格要求对方,除非有特殊情况,绝不理会其贸易伙伴在交货和支付方式及日期等方面提出的宽限请求或事后解释。

(2) 与德国人谈判的注意事项

与德国人谈判,首先,就是要守时,对于迟到的人,德国人的厌恶之情会溢于言表,而且不会在乎对方是否会觉得尴尬;其次,是要注重称谓,着装必须严肃得体,而且在交谈中,应避免提及个人隐私、政治以及第二次世界大战等话题;再次,在谈判之前,要对谈判有关内容做好充分的准备,选择严谨、细致的人员进行谈判;最后,一定要尊重德国人的宗教信仰,因为德国人尊重契约的态度就是受了基督教的影响。

3. 法国

法国在历史上也是欧洲列强之一,曾经在世界几大洲拥有殖民地,作为一个老牌的资本主义国家,法国人同英国人一样,也具有浓厚的国家意识和强烈的民族文化自豪感。他们性格开朗、热情,对事物比较敏感,工作态度认真,十分勤劳,善于享受。法国是一个讲究等级制度和社会地位的国家。在法国,受教育程度、家庭背景以及财产共同决定了人们社会地位的高低。

(1) 法国人的谈判风格

① 热情浪漫,珍惜友谊。法国人乐观、开朗、热情、幽默,注重生活情趣,富有浓郁的人情味、爱国热情和浪漫情怀,非常重视相互信任的朋友关系,他们视人际关系如同生意本身一样重要。如果可以与法国商人建立信誉和友谊,生意就会接踵而至。一般来说,在没有成为朋友之前,法国人是不会与人做大宗生意的。

法国商人是十分容易共事的伙伴,他们讲究在谈判中保持幽默和谐的气氛。适当的情况下,与法国人谈论社会新闻、文化、娱乐等方面的话题,有助于融洽双方的关系,创造良好的谈判气氛。法国人习惯在各种社交场合,而不是在家里宴请朋友,但要注意交谈时不要谈及个人和家庭问题以及商业秘密。

② 坚持使用法语。法国人的国家意识和民族自豪感很强,他们认为法语是世界上最高贵的语言。法国人在谈判时常要求对方用法语作为谈判语言,这是一个人所共知的特点。即使他的英语讲得很好,也是如此,而且这一点上很少让步。如果在谈判时能讲几句法语,将有助于谈判形成良好的气氛。

③ 注重个人能力,决策迅速。法国的管理者在管理公司的时候具有独裁主义的风格,企业一般组织结构简单,从下级管理职位到上级管理职位大约只有两三级,组织内实行个人负责制。在商务谈判中,也多是由个人对决策负责,所以谈判的效率较高。当然,这就要求各个职位上的人具有很强的能力,要专业性强、知识面广、熟悉产品。

④ 注重度假,注重衣着。法国人严格区分工作时间与休息时间,这与日本人工作狂有极大的反差。法国每年8月是度假的季节,大部分法国人都放下手中的工作去旅游度假,这个时候各行各业的职员都在休假,所以想和他们做生意一定要避开这个时间。

法国的时装领导世界潮流,一般法国人很注意衣着。在他们看来,衣着代表着一个人的修养与身份、地位,因此在与法国人交往时必须注意自己的服饰。

⑤ 偏爱横向谈判。在谈判方式的选择上,法国商人偏爱横向谈判,谈判的重点在于整个交易是否可行,不太重视细节部分。他们喜欢先把谈判协议中的重要内容挑出来,先使这些内容达成原则协议,最后再确定协议中的各项分内容。这样在谈判过程中,当谈妥50%以上时,法国人就会考虑签约,他们认为:反正要点已经谈妥,细节的事以后再说无妨。但是,这样就会导

致经常在签约后对合同再进行修改的情况。这些修改有的是出于习惯,有的则是讨价还价、争取最后利益的手段。

(2)与法国人谈判的注意事项

与法国商人交往时,要尊重法国的礼仪。法国人很会享受生活,所以在法国被邀请参加宴会的机会较多,在宴请招待时忌讳谈生意,切忌打听法国商人的政治倾向、宗教信仰、个人收入及其他个人问题。法国人有一个公认的特点,就是他们常常单方面地推迟或更改日程,却不能容忍对方不遵守时间,所以与法国人进行商业交往时要避免迟到,避开节假日。

要利用各种机会场合与法国人建立友谊,派出与法方对等的人员与之谈判以解决一些利益相关却又棘手的分歧,如果有可能,派出女性与法方谈判会有意想不到的效果。另外,法国人签约比较草率,这导致日后合同执行过程中的诸多问题和麻烦,所以在谈判中,要注意合同细节问题的商谈。

4. 意大利

意大利人的国家意识比较淡薄,不习惯提国名,更喜欢提故乡的名字。意大利人在谈判时往往是由出面谈判的人决定一切,意大利人在商务谈判中比其他任何国家都更有自主权。

意大利人的谈判风格主要有以下几点:

(1)时间观念不强

在欧洲国家中,意大利是时间观念最不强的国家之一。意大利人并不像其他国家那样对时间特别看重,他们对约会、赴宴迟到习以为常,甚至不赴约也不事先通知,他们并不认为这是对别人的冒犯。即使是精心组织的重要活动,也不一定能保证如期举行,因此与他们进行商务谈判时要做好心理准备。

(2)情绪多变,决策过程缓慢

意大利人性格外向,情绪多变,喜怒形于色,谈话时也较多用手势,甚至胳膊、肩膀乃至身体都会随着说话而摆动。在与意大利商人的商务谈判中,最好不要谈论国体政事,但与他们建立友谊之后可以和他们谈谈其家庭、朋友。意大利商人在处理商务事宜时不动感情,不愿意仓促表态,决策过程比较缓慢。因此,在谈判时可对其使用最后期限策略,有利于使他们迅速决策。

(3)崇尚时尚

意大利人崇尚时尚,衣冠楚楚,办公设施豪华,对住宿、饮食都非常重视,生活舒适,并以自己的国家和家庭自豪。

(4)善于讨价还价

意大利人不太关心产品的质量、性能和交货日期等条件,而是更关心价格,希望能花较少的钱买到质量、性能都说得过去的产品。在谈判中,他们会为了价格争论不休,力争少付款。

5. 俄罗斯

俄罗斯是世界上面积最大的国家,跨越11个时区。苏联解体以后,社会制度、经济水平等发生了质的改变,现在俄罗斯人民主意识浓厚,但法律意识不强。经历了苏联时期的共产主义领导时代,受其影响,现在的俄罗斯人依然尊崇集体主义,自律性强,这点与注重竞争的西方人有所区别。

俄罗斯人的谈判风格主要包括以下几点:

(1)热情好客、重感情

俄罗斯人热情好客,喜欢非公开的交往,喜欢先建立良好的私人关系以后再发展商业关系。建立友谊之后，俄罗斯人表现得非常豪爽、质朴热情、健谈灵活、大方豪迈。在与俄罗斯商人交往时，必须注重礼节，尊重他们的民族习惯，如果研究过俄罗斯的文化艺术，会令他们特别尊重，在谈判中赢得他们的好感、诚意与信任。需要注意的是，俄罗斯人习惯于使用较为直接的语言来表达自己的意见，甚至有时会有些生硬。

俄罗斯人很重视仪表，喜欢打扮，在商务谈判中，他们也注意对方的举止，如果对方仪表不俗，他们会比较欣赏；相反，若对方不修边幅，将令他们非常反感。

(2) 灵活性差

俄罗斯人办事比较随意，工作节奏缓慢，向他们发信或打电传，征求他们的意见或反应，往往得不到回应。

由于俄罗斯的前身苏联实行的是高度计划经济体制，所以受长期的计划经济和中央集权的影响，俄罗斯商人谈判时往往以小组的形式出现，等级观念重，责任不明确，喜欢按计划办事，如果对方要求的让步与他们的计划有差距时，那么几乎可以肯定他们一定会拒绝让步。他们推崇集体成员的一致决策和决策过程的等级化，谈判中决策与反馈的时间较长，因此，与俄罗斯商人谈判时，切勿急躁，要耐心等待。与俄罗斯商人谈判时，由于难以预料和不确定的因素太多，要注意搜集相关资料，做好应付复杂性和动荡性的准备。

(3) 重视细节

俄罗斯商人重视合同，一旦达成谈判协议就会严格执行，同时，他们也很少接受对手变更合同条款的要求。他们喜欢在谈判中记录一切可能记录的内容。

俄罗斯商人的谈判能力很强，重视谈判中的细节问题，特别是谈判项目中的技术内容和索赔条款。与他们洽谈时，要做好充分的准备，可能要就产品的技术问题进行反复大量的磋商，因此在谈判中要配置技术方面的专家。同时要十分注意合同用语，语言要精确，不能随便承诺某些不能做到的条件，对合同中的索赔条款也要十分慎重。

(4) 善于讨价还价

俄罗斯商人既善于寻找合作与竞争的伙伴，也非常善于讨价还价。在价格谈判阶段，无论报价多低，他们都会千方百计迫使对方压低价格。为了达到这一目的，他们会采取对外招标，引来数家竞争者，并采取各种离间手段，让争取合同的对手之间竞相压价、相互残杀，最后从中渔利；有时甚至还会玩弄"降价求名"、"欲擒故纵"的手段，甚至使用大声喊叫、拂袖而去等方法。所以与俄罗斯商人谈判报价时，要尽量缩短报价期限，并充分考虑报价在合同期内所受的通货膨胀等影响，在标准价格上加上一定的溢价（如所有的价格都加上 15% 的溢价），作为价格谈判的空间，并牢牢把握住自己的价格底线。

【案例】

1980 年奥运会在莫斯科举行，谁都知道出售奥运会电视转播权是一笔好买卖。美国广播公司、美国全国广播公司和美国哥伦比亚广播公司都准备出大价钱购买独家电视转播权。于是，苏联人就把美国这三家广播公司的上层领导都请进他们的豪华客轮——普希金号，并告诉他们，要取得独家转播权，必须支付 2 亿美元的价钱。这个开价比 1976 年奥运会转播权的 2 200 万美元几乎高出了 9 倍！为了达到他们的目的，苏联人分别与这三家广播公司的领导接触，让他们之间相互竞争。

最后，几经周转，美国广播公司以 8 700 万美元购得奥运会转播权，后来才知道苏联人预期的售价是 6 000 万～7 000 万美元。

(5)喜欢易货贸易

在俄罗斯,由于缺乏外汇,他们喜欢在外贸交易中采用易货贸易的形式。易货贸易的形式包括转手贸易安排、补偿贸易、清算账户贸易等,这就使得贸易谈判活动变得十分复杂。

在商务谈判中,俄罗斯人采用易货贸易的方式也比较巧妙。他们通常在与外国商人洽商时,拼命压低对方的报价,而后才开始提出用他们的产品来支付对方的全部或部分货款,面对俄罗斯商人提出的易货贸易,一定要认真考虑其中所涉及的时间、风险和费用问题。

6. 荷兰、比利时

(1)荷兰人的谈判风格

荷兰以海堤、风车和宽容的社会风气而闻名,对待毒品、性交易和堕胎的法律是在世界范围内最为自由化的。荷兰有着繁荣和开放的经济,农业实现了高度机械化,畜牧业也是世界闻名。

荷兰人是欧盟成员国中最赞成欧洲一体化的,欧洲最大的几家公司都与荷兰有密切的联系(如飞利浦、壳牌等)。荷兰人善于建立国际商务关系,也擅长赚钱和理财,他们非常具有竞争性,善于利用自己的经济实力获得额外的利益。

荷兰人曾经是欧洲最正统的民族,并且至今仍是讲究清洁卫生的典范。

荷兰人的谈判风格主要表现在以下几点:

①注重效率。荷兰人性格坦率、开诚布公,且守时、正派、热情好客。荷兰人在谈判之前会预先作出计划,确定商业协定和会谈的内容。与他们进行合作,所有的活动安排最好在到达荷兰之前就和他们约定好,而不要等到了之后再与他们交涉。

②注重商业道德,善于讨价还价。荷兰商人性格直爽,极注重商业道德,不会像俄罗斯人一样为了商业目的不择手段。他们善于进行贸易谈判,在价格上斤斤计较的本事不逊色于世界上任何一个民族。

③会讲多国语言。其他国家的人一般不会讲荷兰语,但荷兰人多数会讲其他国家的语言,如英语和德语等,与他们谈判时不会有语言障碍,但在内部协商时他们就使用荷兰语,这样可以防止泄密。他们在商务谈判中喜欢插入闲谈,与荷兰人面谈后要及时写信给他们以确认谈话内容。

(2)比利时人的谈判风格

比利时人中,日耳曼血统的荷兰系佛拉芒人与法国系瓦隆人各占一半。两个民族感情上相当独立,佛拉芒人朴实、勤劳、吝啬,瓦隆人乐观、开朗、大方,与之谈判时需要考虑其区别。

比利时人的谈判风格主要表现在以下几个方面:

①注重外表,喜欢社交。比利时人注重对方的地位、外表,喜欢社交活动,常把生意和娱乐结合在一起。所以,为了保证谈判时精力充沛,要注意在做成交易前不要因过多的社交而使自己筋疲力尽。

②工作勤恳。比利时人的工作态度现实、稳健、愿意加班。工作需要时,周末也可以洽谈,若有急事,即使在乡下度假,也会马上赶回来。

③讲究信誉。比利时人的商业道德水平相当高,做生意讲信誉,很少有让人受骗上当的事情发生,在付款时也很少有纠纷。

(3)与荷兰人和比利时人谈判的注意事项

荷兰人和比利时人有一些共同特点。例如,他们都办事比较稳重,因此与之见面要事先约好;与他们谈判时,要尊重对方,注重礼节和仪表;在谈判中不要轻易退让,但应避其锋芒,因势利导,稳扎稳打;与比利时商人谈判时,己方成员的身份要与对方相当或略高于对方。

另外,比利时人极注重礼节,握手多多益善,签约后还应充分赞扬对方以获得对方的认同与信任。

7. 西班牙

在近代史上,西班牙是一个重要的文化发源地,并于16世纪成为影响世界的全球性帝国。西班牙是西欧高度发达的资本主义工业国家,拥有较完善的市场经济,其国民生产总值位居欧洲国家前列。

西班牙人的谈判风格主要表现在以下几个方面:

(1)傲慢无礼

在商务谈判时,西班牙人常表现得傲慢无礼,甚至目中无人,这是这个民族一贯的风格,并非有意针对任何人,因此与他们谈判时要了解这一点,注意礼节。

(2)注重穿戴

西班牙商人对生活和各种关系,特别是国内事务的安排,都有严肃的看法。他们在谈判时非常注重穿戴,不愿看到穿戴不整的人坐到谈判桌上来。因此,与他们进行谈判时,一定要非常注重仪表。

(3)地区差异大

西班牙这个国家分成许多地区,各地区的人在性格、脾气等方面差别很大,所以与西班牙人做生意,要注意各地区之间的差别,不要陷入地方政治纠纷之中,也不要对西班牙传统的斗牛运动发表任何意见。

另外,西班牙人也很崇拜他们的足球队,这可作为沟通感情的谈话内容之一。

(4)重视信誉

西班牙商人很强调信誉,他们签订合同后会非常认真地加以履行。一旦双方达成协议,即使对自己很不利,也不会对合同进行丝毫修改。

8. 希腊、葡萄牙

(1)希腊人的谈判风格

古希腊是世界四大文明古国之一,被誉为是西方文明的发源地,拥有悠久的历史,并对三大洲的历史发展有过重大影响。希腊属欧盟经济欠发达国家之一,经济基础较薄弱,工业、制造业较落后,海运业、旅游业发达,工业主要以食品加工业和轻工业为主。

希腊人的谈判风格主要体现在以下几个方面:

①善于讨价还价。在希腊进行商业谈判,穿着简单、方便而又不失庄重的服饰是不错的选择。同欧盟其他国家相比,希腊的经济还不够发达。希腊人做生意的方法比较传统,讨价还价的现象到处可见,而且希腊人善于讨价还价。

②时间观念不强。希腊人的时间观念较差,他们的谈判也缺少时间安排,有时提前结束,有时又拖延好几天。每年从6月到8月是希腊人的休闲、度假季节,贸易活动很少。在每个星期三下午,一般很难联系到任何人。

③对土耳其较为敏感。希腊和土耳其都是北约成员,但希腊人似乎认为来自土耳其的军事威胁比较大,无论这种感觉是出于历史上的宿怨,还是其他什么原因,在与希腊人进行谈判时都不要对此加以评论,因为希腊人对此很敏感,并有可能错误理解你的评论。

④诚实可靠,但履约效率不高。希腊人在做生意时诚实可靠,但在履行他们的义务时效率不高。对于商业,他们有自己的价值观,尽管这些价值观在欧洲其他更商业化的地区早已显得

非常落后。

(2) 葡萄牙人的谈判风格

葡萄牙是欧盟成员国里经济较落后的国家之一,工业基础较薄弱,其软木产量占世界总产量的一半以上,出口位居世界第一。葡萄牙人在某些地方很像希腊人,他们生活比较随意,注重感情,喜欢社交但较为保守。

葡萄牙人穿得比希腊人讲究,天气很热也穿着西装。同他们进行谈判时,应和对方穿着同样认真,在工作和社交等所有场合都应该戴上领带。

同葡萄牙人进行商务谈判会有浪费时间的感觉,因为葡萄牙人在做决策时有拖延的传统,不管对方是如何焦急,并且他们做任何事情都不太会遵守时间。

9. 瑞士、奥地利

(1) 瑞士人的谈判风格

瑞士是一个山国,居民团结一致,具有强烈的排他性,待人十分严格。瑞士人在谈判中一般表现得比较谨慎、保守,对产品的要求一般是"质量第一,价格第二"。

瑞士人一般崇拜老字号的公司,所以如果你的公司有很悠久的历史,可以在工作证件上或名片上特别强调出来。

瑞士人崇尚节约,他们的时间观念强,对时间安排很精确。他们的商誉较佳,遵守契约,诚实,童叟无欺。

(2) 奥地利人的谈判风格

奥地利地处欧洲中部,是欧洲从南到北、从东到西的重要交通枢纽。奥地利的工业、农业、旅游业都比较发达,市场经济也发达,人民生活水平较高。

奥地利人的性格和蔼可亲,善于交际。但若在交易中发生纠纷,则会显出他们深藏不露的排他性格。此外,他们也很讨厌不检点的行为。

奥地利人时间观念很强,并且很注重头衔,所以在称呼、写信时不要把头衔弄错。此外,在建立商业关系之前,他们不愿意提供关于公司业务情况的数据。

10. 北欧

北欧主要是指挪威、丹麦、瑞典、芬兰和冰岛等国。北欧是一个文化、经济高度发达的地区,以其商业道德闻名于世。这几个国家地域广阔、人口稀少,社会政治经济十分稳定,与世界各地的贸易交往也具有较长的历史。

北欧人的谈判风格表现在以下几个方面:

(1) 沉着冷静

北欧人在谈判中十分沉着冷静,面对任何情况都不露声色,无法从他们的表情里窥探得到内心的想法。他们在摸底阶段又很坦率和直接,在谈判中能提出富有建设性的意见以作出积极的决策。与北欧人谈判时,应该对他们坦诚相待,采取灵活和积极的态度。

(2) 计划性强

北欧人工作的计划性很强,谈判喜欢有条不紊地按程序进行,所以交易一般进程发展比较缓慢。但这种平稳从容的态度与他们的机敏反应并不矛盾,他们善于发现和把握达成交易的最佳时机并及时作出成交的决定。

(3) 文明有礼、固执

北欧人在谈判中态度谦恭、踏实可靠、爱好和平,十分讲究文明礼貌,尊重具有较高修养的人,善于同外国客商搞好关系。他们在性格上与德国人有些相似,却没有德国人那么冷漠。

（4）不喜欢讨价还价

北欧人不喜欢无休止地讨价还价，习惯上强调产品的技术性能，希望得到最优秀的公司和最好的建议，不愿争论琐碎问题。另外，北欧人性格较为保守，他们在谈判中更多地把注意力集中在怎样作出让步才能保住合同，而不是使尽一切力气、想尽一切办法从对方那里得到更多的好处。

（5）工作认真，注重质量

北欧人对自己产品的质量非常看重，重视用数字表达和强调试验的结果，其产品质量在世界上也是一流的。他们在工作期间严肃认真、一丝不苟，但在娱乐时间也绝不工作。

（6）善于享受生活

北欧诸国的商业环境比较松懈，夏天和冬天分别有三周与一周的假期，做交易应尽量避开这段时间。当然，也可以利用假期将至为由催促对方尽快成交。北欧人特别是瑞典人在商业交际中往往不太准时，对他们迟到的情况不要过多计较。

由于北欧纬度位置较高，靠近北极圈，天气非常寒冷，所以北欧人普遍喜欢饮酒和桑拿浴。访问这些国家时，可以将苏格兰威士忌酒作为礼物赠送给谈判对手，并拒绝他们付款的要求，这会使他们感激万分。另外，如果被他们邀请共同洗桑拿浴，可利用此时与他们交谈，以增加双方接触的机会，对谈判的发展大有裨益。

（7）代理商地位较高

在北欧，中间商或代理商的作用很重要。代理商虽存在中间差价，但为了能顺利地从事商业活动，许多北欧人做生意还是要求助于中间商。

另外，北欧人很看重老牌公司，所以如果你的公司历史悠久，一定不要忘了告诉他们，这对促成谈判非常有帮助。

11. 东欧

东欧诸国一般是指捷克共和国、斯洛伐克共和国、波兰共和国、匈牙利共和国、罗马尼亚共和国、保加利亚共和国、前南斯拉夫各国等。东欧国家与我国的交往比较密切。他们国家的政治体制、经济体制改革对人民的思想冲击很大，在此背景下东欧人作风随意，待人谦恭，但缺乏自信。

在谈判中，他们注重实利，对现实利益紧抓不放。

东欧人的自尊心很强，特别看重别人的尊重。所以与他们谈判时，应以尊重为前提，通过一系列尊敬对方的措施感动对方，换取信任，来促进思想的沟通和信息的交流，以使谈判顺利进行。

东欧人在商务谈判中国家利益、组织观念比较强，政治因素约束较多，自主性较差，在谈判中除了强调国家关系、受到行政干预的影响外，还要受"进出平衡"的限制。

（三）亚洲地区

1. 日本

日本是一个岛国，人口稠密，自然资源非常匮乏，国民有较强的民族危机感，所以日本人讲究团队协作，属于内向型凝聚力很强的民族，办事慢条斯理，讲究面子，重视人际关系。日本人的特性是进取心强、办事认真、等级观念强、疑心很重。

日本的经济很发达，是亚洲发达国家的代表。日本文化受中华民族文化影响很深，崇尚儒学，接人待物很讲礼貌，不会过分计较眼前小利，深谋远虑，顾全大局。但是日本文化与中华民族文化又有显著的差别，最突出的就是日本文化的双重性，如既爱美又黩武、既崇礼又好斗、既谦卑又不驯等。所以这种文化也导致了日本人性格上的双重性，能在日本人身上看到许多十分矛盾的东西。

在发达国家或地区中，日本的等级制度是比较森严的，每个人在社会中都分处于不同的利益集团，并恪守集团中的行为规范和道德约束。日本的这种等级制度源自日本的封建社会，到现代，这种等级制度不再是社会明文规定的制度体系，而是人们心目中认同的规范和制度，在传统文化理念的影响下，已经深深烙印在日本人的头脑中。

日本的礼仪非常多而且烦琐，连平常的寒暄和日常用语都必须严格遵守对方与自己的亲属程度，或双方的辈分，来使用不同的词语并伴有适当的鞠躬和跪拜。不仅在社交场合，连在日本人自己的家中，面对自己的家人，这种礼节也时时刻刻存在，甚至变得更加烦琐了。外国人对此都十分不解，而日本人自己的解释是，要在家里细致地观察礼仪并加以学习。因此，日本人必须从孩提时期就学习这种繁多而复杂的礼仪。

日本文化所塑造的价值观念和精神取向都是集体主义，是以集体主义为核心的，表现出来就是日本人很团结，组织性好。要服从集体，就要压制自己的个性，日本文化认为，压抑自己的个性是一种美德，人们要遵循众意，要将个人的意愿融入和服务集体的意愿。在这种群体意识的影响下，日本人不喜欢个人有突出表现，不喜欢单独得到褒奖，而更愿意自己的团队取得成绩。而且日本人不喜欢公开的竞争，他们觉得有竞争必然就有胜利者和失败者，对于失败者就会因失败而蒙羞，这种耻辱对日本人来说是非常严重的，是一种危险的信号，代表着必须为自己的失败和无能付出代价，有时这种代价甚至是惨痛的。这种心理与封建时期日本武士道精神有一定的关系。

（1）日本人的谈判风格

在这种日本文化的熏陶下，日本的谈判人员被世界公认是最具个性和魅力的，是最成功的谈判人员。日本人的谈判风格主要表现在以下几个方面：

①谈判过程慢。日本人在谈判时一般会做大量的准备工作，掌握充足的资料，并且是集体决策，所以一般速度较慢，因此，在与日本人的谈判过程中，想急于求成是不太现实的。日本人对截止日期、时间有限等一般不予理睬，在对手的各种压力之下，他们仍然心平气和、沉着冷静。另外，要让日本人在谈判中畅所欲言，必须花大量的时间来发展与他们的私人关系。

②集体决策。由于日本文化崇尚集体主义，所以他们在谈判中也采取集体决策，即参加谈判的日本代表成员每个人都负有决策权，他们彼此实行共同负责制，而且都有责任保证谈判的成功，在组织内由下向上层层反馈，反复讨论协商，直至决策层最后拍板确认，时间很长，效率不高。不过对于决定下来的事情，他们履行的行动却是十分迅速的。

③注重关系。日本商人的谈判方式独特，做生意更注重建立个人之间的人际关系。他们特别强调能否同外国合伙者建立可以相互信赖的关系。

在商务谈判中，如果与日本人建立了良好的个人友情，特别是赢得了日本人的信任，那么合同条款的商议是次要的。因为日本人认为，既然双方都已经十分信任了，一定会通力合作，即使万一做不到合同所要求的，也可以再坐下来谈判，重新协商合同的条款。因此，对于合同条款，日本人的原则是相互之间的信任最重要，不必明白无误地签订详细的合同。他们大量依赖于口头协议，书面协议内容简短，仅在产生纠纷时作为参考。

想同日本商人建立良好的商务关系，可以通过寻找一个信誉较好的中间人，这对于谈判成功大有益处。中间人在沟通双方信息、加强联系、建立信任与友谊上都有着不可估量的作用。中间人既可以是企业、社团组织、皇族成员、知名人士，也可以是银行、为企业提供服务的咨询组织等。中间人与日方的首次接触,最好是面谈的形式,通信和电话联系都是不理想的,会面也最好选中立场所。

④极具耐心。日本人在谈判中的耐心是举世闻名的。他们准备充分、考虑周全,洽商有条不紊,决策谨慎小心。耐心不仅体现在他们同对方建立友谊、信任上,更体现在谈判中。为了达到预想目标,他们可以毫无怨言地等上两三个月。耐心使他们得以成功地运用最后期限策略,从而赢得每一块利润。因此,与日本人谈判,切忌暴露最后期限、缺乏耐心,或急于求成,否则会输得一败涂地。

⑤讲究礼仪,注重面子。日本是个极重礼仪的国家,与日本人谈判时一定要尊重并理解日本人的礼仪。日本社会中身份地位十分明确,谈判时交换名片也要十分正式,并按照职位、年龄进行,很随意地交换名片会被认为是十分失礼的行为。日本人喜欢在节日里向对方赠送礼物以表达感激之情。

日本人十分重视"面子",表现在商务谈判时就是从不直截了当地拒绝对方,往往采用委婉、间接的交谈风格。日本人认为直接的表露是粗鲁的、无礼的。日本人对任何事情都不愿意说"不",因为他们觉得断然拒绝会伤害对方的感情,或使他丢面子。所以,在对方阐述立场、提出要求,甚至讨价还价时,日本人说得最多的就是"是",但是这并不表示同意,而是意味着"我在听,你接着说"。这常常会遭到西方谈判人员的误解。

另外,当日本人回答"我们将研究考虑"时,不能认为此事已有商量的余地或对方已经同意,这只是说明,他们知道了你的要求,不愿意当即表示反对,使你陷入难堪的境地而已。

一旦日本人同意了一项提议,作出某种决定,往往很难改变,因为改变需要参与谈判的全体成员同意。

(2)与日本人谈判的注意事项

与日本人进行商务谈判时,要把保全面子作为首要问题。千万不要直接指责日本人,否则肯定有损于相互之间的合作关系,而要间接或通过中间人表达建议;要避免直截了当地拒绝日本人,尽量婉转地表达否定意见;不要当众提出令日本人难堪或他们不愿回答的问题;要十分注意送礼方面的问题。

2. 韩国

韩国民族单一,深受中华民族文化的影响,在近代又受到西方文化、日本文化的影响,所以形成了具有自己特色的、不同于中国儒家文化的异质性儒家文化。这种文化一方面固守思想领域的民族文化传统,另一方面又能够在政治、经济领域对西方的文明进行解剖与吸收。

在这种特色的韩国文化的浸泡下,韩国人的国家本位主义十分强烈,甚至有牺牲自我的极端要求。韩国人把个人的价值置于整个国家民族和社会价值之中,从而以对社会、国家的贡献大小来衡量一个人的价值高低,使整个国家与个人的利益和衷共济,融为一体。

(1)韩国人的谈判风格

韩国人的谈判风格主要表现在以下几个方面:

①重视前期咨询。韩国人十分重视商务谈判的准备工作。在谈判前,一般都要通过海内外的有关咨询机构了解对方的情况,如经营项目、规模、资金、经营作风以及有关商品行情等,在胸有成竹之后才会坐到谈判桌前。一旦韩国人愿意坐下来谈判,就可以肯定其早已对这项谈判进行了周密准备,成竹在胸了。

②注重礼仪。韩国人十分注意选择谈判地点,一般选择有名气、上档次的酒店,并准时到达。在进入谈判地点时,一般是地位最高的人或主要决策人走在最前面,也就是谈判的拍板

者。韩国商人十分重视营造友好的谈判气氛,会主动选择对方喜欢的饮料,以示对对方的尊重和了解,并通过天气、旅游等话题,以创造和谐的气氛。在谈判时,韩国商人不会轻易说"不行",对于他们不愿意接受的建议,会婉转地表达自己的意见。

③注重技巧。韩国人谈判时思路清晰、目标明确、逻辑性强,喜欢内容条理化。在谈判时,他们一般直奔主题,进行的主要议题包括各自阐明意图、叫价、讨价还价、协商、签订合同等内容。

常用的谈判方法有两种,即横向谈判与纵向谈判。

a. 横向谈判的表现是进入实质性谈判后,先列出重要特别条款,然后逐条逐项进行磋商。全部磋商一遍以后,要再从第一条开始检查有无分歧或需要补充的内容,一条一条地查,直至最后一条。

b. 纵向谈判的表现是对共同提出的条款,逐条协商,在解决掉所有的争议或问题,并取得一致意见后,再转向下一条的讨论。

在谈判过程中,韩国人虽然爽快,但也十分顽强,即使让步,也是为了以退为进来战胜对手。此外,韩国商人还会针对不同的谈判对象,使用"声东击西"、"先苦后甜"、"疲劳战术"和"期限战术"等策略。在完成谈判签约时,会使用谈判对方国家的语言、英语、朝鲜语三种文字签订合同,三种文字具有同等效力。

(2)与韩国人谈判的注意事项

在韩国不要强行推销,也不要讲话拐弯抹角,因为韩国人的个性中既有爱面子、受儒家思想影响很深的一面,又有独立性强、性格直率的一面,所以应该客观地介绍情况,让对方自己做出反应。

另外,韩国人很注意自己的国际形象,这与韩国的历史有极大关系,因此要尊重他们。在韩国要忌讳高声大笑和做过分的姿势。

3. 阿拉伯

阿拉伯人的宗教信仰、语言、生活习惯和民族传统是统一的,或者说是相似的,作为整个阿拉伯民族来讲,有着较强的凝聚力。阿拉伯人创造了作为世界上最有影响力的三大宗教之一的伊斯兰教,在宗教文化方面的贡献是非常巨大的。

阿拉伯文化中口头文学十分发达,诗歌、谚语和格言是世界文化的瑰宝之一,其对阿拉伯人来说,如同哲学对希腊人那样重要,充分体现了阿拉伯人的聪明与智慧。

由于在大多数的阿拉伯国家,宗教就是引导人们的一切精神领袖,所以这些国家都没有成文的法律,《古兰经》就是法律,伊斯兰教教义就是法律,国民的所有行为都要受到伊斯兰教准则的约束。宗教意识和信仰渗透到了国民生活的各个方面。

(1)阿拉伯人的谈判风格

阿拉伯人的谈判风格主要体现在以下几个方面:

①热情好客,重视交情。阿拉伯人具有沙漠地区的传统,他们十分好客,因此,谈判过程也常常被一些突然来访的客人打断。所以,与他们谈判必须学会忍耐和见机行事,这样就会赢得阿拉伯人的信赖,这也是达成交易的关键。

在阿拉伯的一些国家,它们的统治和管理主要是靠家族成员来维持,因此在这些国家中,人们十分看重对家庭和朋友所承担的义务,相互提供帮助、支持和救济,家庭关系在社会经济生活中占有重要地位。

在阿拉伯国家,任何人来访,主人都会热烈欢迎,并拿出家中最好的食物款待客人,如果他们对你印象很好,通常还会伸出手放在你的右肩,甚至亲吻你的双颊。如果阿拉伯人拉着你的手一起走路,是对你友好的表示,不要将手抽回来,也不要觉得无礼。应邀去阿拉伯人家里做客,去的时候可以不必带礼物,但是一定要吃很多,以表示感激之情。

> **延伸阅读**
>
> 　　美国有家石油公司的经理,曾经与石油输出国组织的一位阿拉伯代表谈判石油进口协议。谈判中,阿拉伯代表谈兴渐浓时,身体也逐渐靠拢过来,直到与美方经理只有约 15 厘米的距离才停下来。美方经理稍感不舒服,就向后退了一下,使两人之间的距离保持约 60 厘米。只见阿拉伯代表的眉头皱了一下,略为迟疑后又靠了过来。美方经理并没有意识到什么,因为他对中东地区的风俗习惯不太熟悉,所以他随即又向后退了退。
>
> 　　这时,他突然发现他的助手正在焦急地向他摇头摆手示意,阻止他这样做,美方经理虽然不完全明白助手的意思,但他终于停止了后退。于是,阿拉伯代表感到十分自在,表情渐渐缓和了。
>
> 　　最终,在美方经理十分别扭的状态下双方达成了协议,交易成功了。
>
> 　　事后,经理在了解了阿拉伯人的谈判习惯后,感慨地说:"好险!差一点就断送了我一笔大买卖!"

　　②时间观念差。由于多年的沙漠传统,阿拉伯人生活节奏较慢,在谈判时不喜欢直接进入正题。他们注重感情投资,善于交际,谈话涉及多个主题,甚至要聊很长时间才进入正题。在约会时,他们会经常迟到,如果你太认真,反而会得罪他们。他们认为让时间来限制、主宰自己是缺乏理智的表现,只有阿拉伯人才将时间视为自己的奴仆。

　　阿拉伯商人不喜欢循序渐进,缺少计划性,与他们谈判要有足够的耐心和宽容心。

　　③不喜欢当面争执。阿拉伯人不喜欢和人面对面地争吵,他们会尽量避免直接冲突。阿拉伯人喜欢用手势和动作来表达思想。他们的决策过程较长,有时也可能表明他们对对方的建议有不满之处,此时他们不会当面说"不",而是采取拖延的方式来帮助自己达到目的。

　　在谈判桌上,阿拉伯人不急不忙,有时还处于沉默状态,这是他们比较欣赏的状况,并不是紧张或不满的表现。在双方都沉默的时候,没有必要打破沉默,也不要采取其他行为改变状况,否则这会使你陷入被动。

　　④习惯讨价还价。做生意喜欢讨价还价是阿拉伯商人的习惯。他们认为,没有讨价还价就不是场"严肃的谈判"。但要注意两类不同的做法,即"漫天要价"与"追求利润"。对前者可以大刀阔斧地就地还价,而后者虽有余地,但其态度主要在追求适当利润,应适度还价。

　　⑤重视当地代理商。在大多数阿拉伯国家,通过当地的中介来做生意已经成为惯例。交易能否成功很大程度上取决于所选择的中介以及合作情况。找个关系比较广泛的、具有合适的分销商和分销渠道的中介是十分重要的。中介的佣金一般是固定的,5%~8%。

　　(2)与阿拉伯人谈判的注意事项

　　与阿拉伯人进行商务谈判时,谈判人员中应有回族或懂伊斯兰教教义又会说阿拉伯语的人,必须尊重对方的教义和习俗。

　　阿拉伯人不喜欢一见面就匆忙谈生意,他们认为这是不礼貌的,所以要让阿拉伯人决定开始谈判的时间,对其松散的时间观念应予以理解。应该在谈判前把准备工作,如人员关系的建立、谈判气氛和摸底等做得尽可能充分,使正式会谈直指要害。

　　要选择好约会的场所,避免派女性参与谈判,在谈判中更要远离女性话题,尊重阿拉伯人的宗教信仰,并注意阿拉伯人的禁忌。

最后需要指出的是,中东地区是一个敏感的政治冲突地区,在谈判中千万不要涉及政治问题。

4. 犹太、印度

(1)犹太人的谈判风格

犹太民族是世界上历史最悠久、最有特点的民族之一,他们的经商智慧和能力为全世界所称道。犹太人是世界著名的赚钱能手,他们在做生意时,采取彻底的"现金主义",一般坚持现金交易。

与犹太商人进行商务谈判时,"是"和"否"必须表示清楚。他们在进行谈判时,态度非常明朗,如果对方提出的条件无法接受,他们会明白地告诉你"不能接受"。当谈判发生争议时,态度必须认真、严肃,否则他们会很生气,甚至认为对手自认理亏。

犹太人在谈判前会做充分的准备,搜集足够多的相关情报,在谈判中讲究效率,喜欢直入主题,不喜欢客套或与生意无关的话题。犹太人精于计算,尤其心算,交易的条件比较苛刻,很难讨价还价,他们一般不会轻易接受对方的条件,对价格简直就是锱铢必较,对协议条款是字斟句酌,千方百计让措辞有利于自己。

(2)印度人的谈判风格

印度人在谈判时提出要求极多,即使已经签订的合同,他们也会从一些条款中找出麻烦,以求增加附加条款。因此,与印度人进行商务谈判时,永远不要将主动权交到对方手里。

印度人为了达到自己的目的,可以采取各种让人意想不到的手段,这也许从印度近代史上著名的非暴力不合作事件就可以看出一二,因此,与印度人进行谈判需要极大的耐心和毅力。

(四)非洲地区

1. 非洲人的谈判风格

(1)北非人的谈判风格

北非是非洲最早发展的地区,现在的北非诸国包括埃及、突尼斯、阿尔及利亚、摩洛哥等国家。其中,埃及是世界最早文明发源地之一,古埃及是世界四大文明古国之一,世界最长的河流——尼罗河,也在这里入海。

①埃及是阿拉伯国家,与埃及人交往,要尊重伊斯兰教规。埃及人非常好客,常邀请交易对象到家里做客。要注意上埃及人家里做客时,一定要给主人带上一些礼物,忌送酒、猪、猫、狗图案礼品。

伊斯兰教的女人都是黑纱遮面,轻易不会露面,家庭宴请活动从事招待的也是男人,切不可随意打听女主人的情况,那将是一个大错误,会被主人下逐客令。如果偶然的场合与伊斯兰教的女人相遇,切不可过于接近或好奇,更不能随意拍照,否则可能招致伊斯兰教徒用石头砸人的惩罚。

②与摩洛哥商人交往时,要尊重当地人见面握手的礼节。拜访或进行商务谈判时,必须同每一个在场的人握手,哪怕是低级职员也不能漏掉。

摩洛哥当地人爱抽烟,见面要主动敬烟,且同样不要漏掉在场的任何一个人。到当地人家里做客时,女主人一般不出来迎客,晚上喝完第三杯薄荷茶后,应主动起身告辞。

(2)东非人的谈判风格

东非的肯尼亚和坦桑尼亚具有重要的内陆枢纽港口,所以东非的大部分货物集中在这里,并向非洲内陆辐射。两国有非常丰富的木材资源和矿藏,本身的进出口贸易非常繁荣。内陆小国乌干达几乎是中非的贸易中心,虽然人口不多,但大部分人都做生意,尤其以女人为主。

①与肯尼亚人进行商务谈判时,男性应穿西装并系领带,女性应穿礼服或裙式西服,如果能学会一些当地的语言,会给谈判及商贸活动带来许多方便和好处。

②坦桑尼亚自然条件优越、地域辽阔、资源丰富,加之近年来政局稳定、社会安宁,作为世界贸易组织和多个区域化经济组织的成员国,市场潜力巨大。

需要注意的是,坦桑尼亚禁止向南非出口,并禁止进口南非、韩国、以色列和中国台湾的商品。在与坦桑尼亚的贸易中,普遍接受的付款方式是在信誉好的第三国银行所开具的信用证(多边远期信用证)和付款交单方式。

③乌干达对外汇管制很严,同乌干达人谈判时要注意对方素质,他们普遍对别人很苛刻,也很吝啬,喜欢占小便宜,但向当地出口货物利润很高。

(3)南非人的谈判风格

南非是非洲最有名的国家,其政治、经济等各方面都超过其他国家,尤其以钻石闻名。南非的贸易市场非常成熟,其进口量在整个非洲大陆名列前茅。南非的贸易商人也比较正规,熟悉外贸业务,对产品质量和服务也很讲究。付款方式以信用证居多,信誉不错。

与南非人交往时,要知道对方是否为实权代表,因为南非社会的等级界限分明,商业谈判、业务交易应同公司或企业的实权人物商谈,其他人作不了决定,即使作了某些承诺届时也可能无效。

(4)西非人的谈判风格

西非的海岸线最长,国家也最多,几内亚湾有"黄金海岸"之称。整个西非的经济以尼日利亚为中心。

尼日利亚可分成三部分:北部、南部、东部。北部是尼日利亚的政治中心,大部分是当年英国殖民政府原印度人的后裔;南部是尼日利亚的经济中心,长期地对外接触使南部人富裕很快,大部分南部人从小接受教育,素质很好,为人真诚,有礼貌,比较适宜与他们进行商务谈判和建立友谊;东部人全部是生意人,但非常喜欢欺骗对方,狡猾奸诈,与之交易要非常小心。

从贸易上说,尼日利亚的贸易一般有不付定金的习惯。尼日利亚人做生意先看货物式样,然后就确定数量,不付定金就急于催货,并且他们的想法变化很快,甚至会有不切实际的想法,所以和他们谈判时一定要坚持自己的底线和原则。

2. 与非洲人谈判的注意事项

非洲人普遍来说具有刚强生硬的特点,他们自尊心极强,十分看重友谊,与之进行任何交易都需要建立在深厚的友情基础上,否则谈判将无从下手。

非洲的许多国家等级森严,从事商务的人多为名门望族,所以非洲人往往十分看重礼节,稍有失礼,将可能直接影响商务谈判的结果。

由于非洲人生活节奏比较缓慢,所以在与其进行商务谈判时,要尽量按照他们的生活习惯,配合他们休闲的生活节奏,如果不注意这些,容易引起对方不必要的猜疑,导致谈判结果适得其反。

由于历史的原因,整个非洲的文化素质不太高,有些从事商务谈判的人业务知识也不太熟练,对于一些贸易术语的含义,非洲商人有其自己的理解。因此与其进行商务谈判时,要把所有问题乃至各问题的细节都必须在谈判中加以确认,以免日后发生误解或纠纷。

延伸阅读　　美国瓦那公司与日本夏山株式会社的贸易纠纷

● **事件背景**

美国瓦那食品公司是世界500强企业之一。该公司准备在20世纪80年代初开发日本市场，于是委派负责海外事务的董事马莱进行调查，并与日本食品企业接触。日本五大食品企业之一的夏山株式会社对与瓦那公司进行长期合作表现出极大的兴趣，两家企业于1982年签订协议，开设垄断供销店，为期12年。

于是，瓦那公司将在日本生产公司产品的许可证转给了夏山株式会社。1984年初，夏山株式会社开始在国内生产和销售瓦那产品——塑料盒装的奶酪甜食点心。但同时，夏山株式会社继续进口瓦那公司生产的奶酪甜食点心（该产品为罐装，夏山株式会社将此产品与国内生产的瓦那产品一起向日本顾客销售）。

1984年末，夏山株式会社在日本国内生产的产品销售额不能达到合同规定的水平。这样，根据合同专利权使用条款的约定，夏山株式会社必须向瓦那公司支付产品专利权使用费。但是，夏山株式会社对专利权使用费的"正当性"提出了异议。他们认为，夏山株式会社在生产瓦那产品上损失较大，瓦那公司在收取双重利益，即在日本国内生产的专利权使用费以及出口收益。

● **夏山方面的立场**

于是，双方谈判开始。夏山株式会社认为，只有将塑料盒全部换成金属罐，才能说明国内生产已经开始。因此，瓦那公司提出的最小值专利权使用费条款不适用。夏山株式会社认为自己受骗了，是由于罐装进口影响了盒装国产品的销路。社长山下二郎认为，马莱是欺骗夏山株式会社的罪魁祸首，因此，对马莱特别恼火。在后来的一段时期，山下将谈判事宜交给了部下。但在他离开日本期间，其部下在与马莱谈判时却同意全额支付最小值专利权使用费的余款。气愤的山下在与律师商量以后，给瓦那食品公司会长马斯塔滋写了一封英文信，信中申明了夏山株式会社的立场，同时要求对方退还夏山职员寄出的最小值专利权使用费款项。信中还口气严厉地指责了瓦那公司。这也使得瓦那公司代表对夏山株式会社的对立情绪加重。

山下给马斯塔滋的书信令其忧虑，山下显然对瓦那食品公司负责海外事务的马莱董事不信任，因此要求与马斯塔滋会长本人谈判。但马斯塔滋会长还是让马莱给山下回信。尽管马莱事先说明这是秉承马斯塔滋会长的旨意写的，但信的内容全是马莱的风格，形式主义色彩浓厚，山下看信后更为恼火，干脆不给出任何回复了。但在马莱的要求下，双方在东京举行了会议。瓦那方面的谈判小组由马莱和三名成员组成，夏山方面出席的是山下、岸和其他四名成员。

马莱认为，他们为成功地举行此会议做了许多细致的准备，同时又带了三名成员来东京，花费了不少费用。但会议结局简直是灾难性的。不管瓦那方面提出什么建议，山下一律加以阻止、责难和拒绝。在会议初始阶段，山下批评了瓦那公司有关专利权使用费一事，他气得满脸通红，愤愤不平地说："你们简直像一帮装模作样、戴着善良假面具的吸血鬼、守财奴！"

马莱及其同事开始以为这不过是一种稍幽默的俏皮话，没有回应。但山下在会议期间不时怒气冲冲地重复同一主张，不断指责、批评瓦那公司。这下马莱及其同事感到事情复杂了。这时尽管瓦那方面捉摸不透山下发火的原因，但确已感到合作关系岌岌可危。他们试图缓和,但一无所获。丧失了信心的瓦那公司在两个方案之间摇摆:一是寻求打破事态僵局的良策,寻找一位中间人;二是尽快地与对方解除合作关系。

● 纠纷原因何在

总公司在对有关此事的所有书信进行研究,并用电话详细询问马莱以后,聘请了国际谈判研究所的顾问,顾问提出了如下建议:

首先是咨询顾问对日本人态度的解释。一是山下的态度是一种有意识的计谋,这样他可以掌握主动权,即可以先发制人。二是山下个人或许对马莱存在敌意,这就使得纠纷的火焰越燃越烈。这是因为:(1)马莱的书信形式主义色彩浓重,含有教训口气,极具攻击性。(2)马莱在解决问题时(比起面谈)偏重于借助书信。这给日本人一种冷淡的形式主义印象。(3)山下认为自己的职务以及社会地位远高于马莱,因此马莱的书信一概不予回复,他认为小看马莱也无不当之处。

其次是咨询顾问对瓦那食品公司提出的建议。一是彻底改变交流方式。不再依赖于书信来往,要与对方面对面谈判。二是正式谈判以前,调整瓦那公司发展事业的目标,并就能否与夏山株式会社建立良好关系等事项做出判断。三是即便准备放弃合作,也应该以此为契机,在私人交往方面建立起关系。四是为使谈判恢复到正常状态,应承诺进行永久性投资。五是在与夏山株式会社进行谈判时,应按下列顺序说明:(1)国际形势以及日美关系对国际通商关系的影响。(2)叙述瓦那公司的目标以及夏山株式会社的目标,说明在现阶段哪些目标已经达到,如何看待已存在的问题,同时坦率承认自己的错误及对夏山株式会社误解的地方。(3)坦率表明意见的一致性和分歧问题,提出新的全盘经营方案等建议。

● 谈判准备和新进展

双方定于1985年12月4日重新进行谈判。在谈判中瓦那公司采用了顾问的建议,首先,给对方送去了议事日程和讨论程序,以期得到对方同意。其次,开场白通俗易懂。再次,首席谈判(马莱)指出各要点并加以说明,留出对方提问的时间,没有过分夸张和即兴陈词。最后,美方成员各司其职,一人作为首席谈判的助手,记录发言,将此整理后递呈首席谈判参考,这样,首席谈判可以将全部精力倾注于谈判;其他两人观察在首席谈判提出新建议后对方成员的反应,如日方表现出"有兴趣"、"赞成"、"绝对反对"等意思时的反应动作。

结果,双方的谈判发生了惊人的变化。马莱使山下放下了高傲的架子,山下及部下也露出了笑容。谈判终于有了起色,打破了传统偏见和误解。当然,夏山株式会社和瓦那公司之间后来的合作并非畅通无阻。但是,通过这次谈判,它们之间恢复了对彼此的尊敬,明确表明了自己的观点,并互为对方所接受,而且,相互之间能够尊重各自立场的相异之处。夏山株式会社在反复研究瓦那公司有关新产品的设想后,决定生产一种最有希望的新产品(瓦那公司对此欣喜万分)。马莱承认自己的交流方式不能有效地与日本人谈判,因此,他给其部下下放了更大权限,以促进两家企业之间的相互了解。

当专利权使用费问题即将得到最终解决时,山下再次登场,他指示部下,在最后达成协议以前,要瓦那公司为解决有关最小值专利权使用费时愚弄夏山株式会社一事以书面形式道歉。马莱对此并未轻易接受。最后,他写了一封同时能使双方满意的正式道歉信。这样,围绕夏山株式会社和瓦那食品公司长时间的经济纠纷才告完结。

(资料来源:[澳]罗伯·马奇. 如何与日本人谈判. 王华译. 江苏人民出版社,1990.)

学习自测

一、选择题

1. 商务谈判中的礼仪具体表现为（　　）等。
   A. 礼貌　　　　　B. 礼节　　　　　C. 仪表　　　　　D. 仪式
2. 商务谈判中谈判人员着装的要求有（　　）。
   A. 得体　　　　　B. 醒目　　　　　C. 着正装　　　　D. 新颖
3. 在握手时，一般（　　）先伸手。
   A. 主方　　　　　B. 年纪较大者　　C. 年纪较小者　　D. 客方
4. 茶会是一种最简单的宴请招待形式，通常设在（　　）。
   A. 客厅　　　　　B. 花园　　　　　C. 书房　　　　　D. 餐厅

二、判断题

1. 商务谈判中的迎送规格，应当依据前来人员的身份和目的、己方与被迎送者之间的关系，以及惯例决定。（　　）
2. 给他人作介绍时，应将年长者先介绍给年轻者。（　　）
3. 谈判之初的重要任务是摸清对方的底细，因此要认真倾听对方谈话，细心观察对方举止表情，并适当给予回应。（　　）
4. 男士和女士握手时，应遵循男士先伸手的原则。（　　）
5. 便宴与正式宴会没有根本性的不同，需安排座次。（　　）

三、简答题

1. 试述商务谈判中表现礼貌的基本准则。
2. 商务谈判中宴请的形式有哪些？在礼仪上各有什么要求？
3. 挑选礼品时应注意哪些事项？
4. 商务谈判中双方交谈时，一方如何专心聆听对方的讲话内容？

案例分析

韦经理和艾丽的见面

艾丽是个热情而敏感的女士，目前在中国某著名房地产公司任副总裁。有一次，她接待了来访的建筑材料公司主管销售的韦经理。韦经理被秘书领进了艾丽的办公室，秘书对艾丽说："艾总，这是××公司的韦经理。"

艾丽离开办公桌，面带笑容，走向韦经理。韦经理伸出手来，与艾丽握了握。艾丽客气地对他说："很高兴你来为我们公司介绍这些产品。这样吧，让我看一看这些材料，我再和你联系。"韦经理在几分钟内就被艾丽送出了办公室。几天内，韦经理多次打电话，但得到的是秘书的回答："艾总不在。"

到底是什么让艾丽这么反感一个没说一句话的人呢？艾丽在一次讨论形象的课上提到这件事，余气未消："首次见面，他留给我的印象不只是不懂基本的商业礼仪，他还没有绅士风度。他是一个男人，位置又低于我，怎么能像个王子一样伸出高贵的手让我来握呢？他伸给我的手不但看起来毫无生机,握起来更像一条死鱼,冰冷、松软、毫无热情。当我握他的手时,他的手掌也没有任何反应。我的选择只有感恩戴德地握住他的手,只差要跪吻他的高贵之手了。握手的这几秒钟,他就留给我一个极坏的印象。他的心可能和他的手一样冰冷。他的手没有让我感到他对我的尊重,他对我们的会面也并不重视。作为一个公司的销售经理,居然不懂得基本的握手方式,他显然不是那种经过高度职业训练的人。而公司能够雇用这样素质的人做销售经理,可见公司管理人员的基本素质和层次也不会高。这样素质低下的人组成的管理阶层,怎么会严格遵守商业道德,提供优质、价格合理的建筑材料呢?我们这样大的房地产公司,怎么能够与这样作坊式的小公司合作?怎么会让他们为我们提供建材呢?"

(资料来源:[加]英格丽·张.你的形象价值百万.中信出版社,2011.)

问题:(1)在此案例中,你认为韦经理的错出在哪里?

(2)在握手时需要注意什么?

实训项目

实训目的:让学生能够正确实施商务谈判中初次见面的礼仪规范。

实训要求:(1)将学生以4~6人一组分组,各小组分别模拟即将谈判的买方和卖方。

(2)准备模拟名片。

(3)模拟卖方和买方之间初次见面,进行相互介绍、握手、寒暄、致意与递交名片,时间可控制为5分钟。

讨论:初次见面,如何沟通?

学习单元八

线上谈判

职业素养

1. 提升对线上商务谈判正确的认识；
2. 培养线上谈判技巧；
3. 树立线上谈判的安全意识。

能力目标

1. 熟悉线上谈判的内涵和特征；
2. 了解线上商务谈判支持系统的定义；
3. 理解网络营销沟通技巧；
4. 掌握线上沟通的主要工具；
5. 建立网络安全的意识。

任务一 搭建线上谈判平台

学习导入

英国网上创业的新富

在英国媒体评选的2004年20名青年千万英镑富翁中，有近1/3(即6名)为网上企业家，这与过去足球明星、流行歌星占主宰地位的情况明显不同。

26岁的阿贾兹·艾翰德是英国6位青年千万富翁之一，如今拥有资产3 400万英镑。艾翰德网上致富的经历很传奇：一次艾翰德阅读美国"布罗姆网上购物公司"的资料，据资料上说，布罗姆一直在策划和实施将其一流的商品全部按保本价或者折本出售。虽然这将使布罗姆网上购物公司短期亏损,但布罗姆网上购物公司坚信赔本后就会有收获。当时,艾翰德对布罗姆策划的这种生意双方从谈判到成交的全过程都在电脑上进行的"无纸贸易"产生了极大的兴趣,于是决定先去好好逛逛他的公司,然后再看看有无做生意的可能。

凌晨2点,艾翰德走进了Internet,然后轻轻推开了"布罗姆网上购物公司"的大门,跳过"网上购物公司"的"Web",艾翰德径直去布罗姆的"产品陈列室"。经过一番仔细浏览,他发现布罗姆老板的货的确是很便宜,价格比英伦市场低了六成!这个信息立即促成了他的一个策划:从"布罗姆网上购物公司"买进国内市场上正时新的便宜货,卖出后就能赚一笔钱!立刻行动,艾翰德赶紧把布罗姆老板的供货单"下载"到了自己的电脑中。

第二天他叫来了好友吉米。布罗姆的药品令人眼花缭乱,花了半天的时间,他们终于决定先向布罗姆老板进购几箱脑白金与抗生素。然后两人打开Internet,进入"布罗姆网上购物公司"的谈判间,这其实是"布罗姆网上购物公司"的付款说明页面。先点"OK",同意合同条款,然后得到订货单。再接着两个人把订货单填好,成功了。整个过程不到10分钟,他们便完成了与"布罗姆网上购物公司"的"谈判"和"协议"。由于布罗姆老板"先付款后交货"的条件十分严格,没有商量的余地,他们很快就筹措了货款给布罗姆老板寄过去。

晚上,布罗姆公司订货回函的E-mail也到了。"布罗姆网上购物公司"通知他们的订货将在一周之内空运发到,要注意查收。第一次网络生意就让他们两个赚了了不起的50万英镑。于是,艾翰德与吉米合伙创立了AKQA新医药在线公司。从此,艾翰德的在线交易越做越大,也越做越广了。

(资料来源:http://www.sina.com.cn,2004年8月17日,青年参考.)

相关知识

2015年全国两会期间,李克强总理提出"站在'互联网+'的风口上,中国经济会飞起来"的论点。在3月25日的国务院常务会议上,强调要顺应"互联网+"的发展趋势,以信息化与工业化深度融合为主线,重点发展新一代信息技术、高档数控机床和机器人、电力装备、新材料等十大领域,强化工业基础能力,提高工艺水平和产品质量,推进智能制造、绿色制造,促进生产性服务业与制造业融合发展,提升制造业层次和核心竞争力。在"2015信息社会发展论坛"上,商务部电子商务和信息化司副司长聂林海出席会议,并做题为"网络消费是'互联网+'重要推动力"的主题演讲。他指出,未来电子商务发展将呈现四大趋势:一二线城市社区电子商务和生活服务业电子商务领域将快速发展;中小城市电子商务发展潜力巨大;中西部地区和涉农电子商务未来发展前景广阔;跨境电子商务成为发展热点。当前,正在抓紧研究起草促进中小城市电子商务发展的相关政策,积极开展电子商务示范基地、示范企业的遴选和创建工作。

一、网上商务谈判

(一)网上商务谈判的内涵

网上商务谈判就是指采用网络通信技术与计算机信息技术,为了谈判双方的经济利益和需要,开展基于互联网的网络化商务谈判。

(二)网上商务谈判的特征

1. 海量信息处理

网上商务谈判需要搜集和分析交易商品、谈判对手等的相关资料,知己知彼,争取在谈判中处于主动地位。而当今处于信息爆炸的时代,目前企业由于每天要处理的信息超过了它们的分析能力,妨碍了企业管理层的决策效率,甚至导致决策失误或是难以作出最佳决策。因此,从网络海量信息中有效采集谈判所需的相关信息是网络商务谈判的主要特征之一。

2. 谈判案例检索与匹配

网上商务谈判一般会将先前谈判经验用于新的谈判环境下的谈判事件,即从已有的案例库中搜索相似的源案例或者源案例集,用过去谈判成功的案例指导当前谈判怎样获得成功,为网络商务谈判决策服务。

3. 谈判策略及出价

网络商务谈判过程中,交易各方需要制定各自的谈判策略,谈判过程的谈判策略是所有谈判事件策略的集合。在每一次谈判事件中,谈判各方需要决定下一步该采取的策略以产生新的出价。新的出价需要对这一轮谈判的相关信息进行研究分析,以便提出一个合理的价格。

> **课堂训练**
>
> 小组讨论:网上商务谈判的优缺点。

二、搭建线上谈判平台

我国企业要想在网络商务竞争中获得竞争优势,就必须转变经营理念,实施以网络商务为中心的企业网络商务谈判支持系统,从网络数据中得到有用的信息,获取相似案例的决策知识,支持企业商务谈判决策,提供网上商务谈判智能支持平台,支持 24 小时的网络商务交易,与商务谈判伙伴保持良好的合作关系,提高企业市场适应能力,维持企业良好的竞争力。

(一)线上商务谈判支持系统的定义

线上商务谈判支持系统是一种"以支持网上商务谈判为中心"的现代商务谈判支持模式,贯穿于网上商务洽谈的整个过程。它采用互联网技术,部署在 Web 平台上,目的是承担谈判双方或谈判多方在谈判过程中所需信息的准备、谈判组织、谈判支持等工作,实现自动化或半自动化的谈判。

(二)线上商务谈判支持系统的搭建

针对网上商务谈判全过程,有三大问题需要借助于技术解决:一是如何从巨大的信息量中找到谈判者需要的且及时正确的信息;二是如何实现有效及时的案例检索;三是如何实现跨时空的商务谈判支持。其相应的解决措施即为:第一,采用信息搜索技术和挖掘技术从海量的信息中为谈判者找到所需要的信息,并进行分析、提出建议;第二,采用相关检索技术求解案例与案例之间的相似度,提高案例检索质量和可信度;第三,采用网络通信技术和人工智能建立面向网络商务的谈判支持系统,实现跨时空的远程商务谈判。

1. 网上商务的网络信息采集

网上商务的网络信息采集主要是为某个具体的商务谈判服务的,因而谈判方需要的信息应是整理过的有序、专业、精确的信息。针对商务谈判中网络信息采集的特点,采用面向主题搜索引擎(也称为垂直搜索引擎)来采集信息,并采用价格灵敏度排名得分作为页面的重要排名信息,为商务谈判服务。

2. 谈判案例检索与匹配

实际商务谈判中,谈判双方都会参考以前相似的案例,为制订谈判方案提供相应的依据。传统的谈判中,以往的案例一般都是以纸张、网络文稿等形式存在,不便于检索和匹配。针对这个问题,根据商务谈判案例复杂、定量与定性属性相结合的特点,采用层次分析法和最近相邻检索法相结合的方法,实现案例检索与匹配。

3. 常用的谈判模型构建理论和方法

常用的理论和方法主要有对策论、多属性效用函数理论、模糊逻辑理论、遗传算法等。与对策论、多属性效用函数理论、模糊逻辑理论等相比,遗传算法有如下特点:遗传算法是解决搜索问题的一种通用算法,对于各种通用问题都可以使用;遗传算法处理的是参数编码,并非参数本身;遗传算法同时搜索解空间中许多点而不是在单点上进行寻优,因而能够快速地进行全局收敛;遗传算法只要使用问题的目标函数就可以进行工作,因而具有极强的鲁棒性;遗传算法采用概率变迁规则而非确定性规则来指导它的搜索方向,具有较强的适应性。

面向网络商务的谈判支持系统是一种"以支持谈判为中心,商品信息驱动、谈判案例联动"的现代网络商务运行模式,贯穿于网络商务整个谈判的始终。其以支持谈判过程为导向,以满足网络商务谈判中商品信息需求与谈判过程及解支持为动力,通过网络商品信息采集、谈判案例检索与匹配、谈判过程及解支持等手段,增强网络商务谈判中谈判信息认知能力,从而提高谈判的满意度,并获取最大利益。

通过面向网络商务的谈判支持系统的概念,可以看出网络商务谈判支持系统是一个由谈判商品信息、谈判案例、谈判模型参与的复杂谈判过程,在整个过程中这三者之间相互依存、相互作用,谈判商品信息和谈判案例为谈判模型提供相关知识,而谈判模型运行的结果反过来又为谈判案例提供新的内容。因此,片面地强调任何一个方面,必将影响到整个网络商务谈判过程的效果,甚至会起到相反的作用。为此,在系统工程、复杂性科学等理论的指导下,面向网络商务的谈判支持系统 Ec-NSS 三维结构见图 8—1。

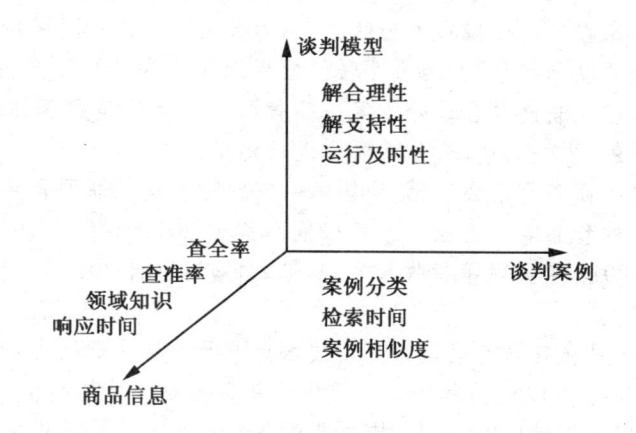

图 8—1 面向电子商务的谈判支持系统 Ec-NSS 三维结构

谈判模型作为三维结构中最重要的一维,也是以支持谈判为中心的集中体现,包括的主要因素有解合理性、解支持性、运行及时性,理解谈判模型的需求,也就明确了网络商务谈判决策支持系统的方向与目标;商品信息作为网络商务谈判决策支持系统信息供应的源泉,其提供的商品信息质量、及时性、准确性等都会直接关系到电子商务谈判时企业的竞争力,因此对商品信息主要从查全率、查准率、领域知识和响应时间几个角度进行分析,从而加强商品信息采集的正确与及时,达到为谈判提供高质量信息服务的目的;谈判案例是电子商务谈判中参考的范例,其提供的案例相似性也将影响案例的参考价值,因此对谈判案例主要从案例分类、案例相似度、检索时间几个方面来分析,从而提高案例检索的正确性。由于面向电子商务的谈判支持系统的三维结构具有多层次、多角度因素的复杂性，为此我们必须详细分析面向电子商务的谈判支持系统的商品信息、谈判案例、谈判模型三维结构，很好地协调三方面的关系，以提高电子商务谈判的竞争力。

> **课堂训练**
>
> 小组讨论：对网络谈判平台构建的认识。

任务二　运用网络工具

学习导入

三只松鼠

2011年，当大家都认为网络营销已是一片红海的时候，"阿芙精油"诞生了，并用一年时间做到全网第一。阿芙的创始人雕爷被无数淘宝卖家奉为偶像。

2012年，当大家都认为网络营销红海比2011年还红的时候，6月份"三只松鼠"横空出世，仅仅半年之后，"双十一"单日销售额突破800万元，2013年1月份单月业绩突破2 000万元，轻松跃居坚果行业全网第一。"三只松鼠"的创始人"老爹"章燎原，石破天惊。下面是根据"三只松鼠"的创始人口述整理的关于"三只松鼠"崛起的秘密。

安徽三只松鼠（中外合资）网上商务有限公司，位于安徽芜湖高新技术产业开发区西山路软件园大厦。作为一家在三四线城市办公的企业，为什么"三只松鼠"坚持"做互联网顾客体验的第一品牌"和"只做互联网销售"？因为互联网极大地缩短和减少了厂商与客户的距离和环节，三只松鼠定位于做"互联网顾客体验的第一品牌"，产品体验是顾客体验的核心，互联网的速度可以让产品更新鲜、更快到达，为什么要舍近求远呢？

安徽三只松鼠网上商务有限公司，是中国第一家定位于纯互联网食品品牌的企业，也是当前中国销售规模最大的食品电商企业。三只松鼠品牌于2012年6月19日上线，当年实现销售收入3 000余万元，2013年实现销售收入3.26亿元，当时预计2014年销售收入将突破10亿元。

公司于2012年2月在安徽芜湖国家高新技术产业开发区注册成立，是以坚果、干果、茶叶等森林食品的研发、分装及B2C品牌销售的现代化新型企业。最初是由5名创始人员组建而成，到目前公司全国雇员超过1 000余人，其中来自全国的电商运营团队有200余人，平均年龄23.5岁，是全国最年轻的电商团队。当前三只松鼠网络渠道全面覆盖天猫、淘宝、京东、1号店、QQ网购、美团等各类渠道，并已建成华南、华北、华东、西南四大物流中心，可实现日处理订单量30万单，并实现80%区域的客户次日达极速物流服务。

三只松鼠成立之初就获得美国IDG资本150万美元的天使投资，创业一年后，2013年5月再次获得今日资本等617万美元的B轮融资，B轮融资的进入加速了三只松鼠食品电商产业的布局，目前已经在芜湖启动建设超过5万平方米的电商运营总部。未来的战略目标以共建互联网新农业生态圈为使命，到2020年形成超过100亿元销售额的新型食品产业集团。

（资料来源：根据百度百科"三只松鼠"资料整理。）

相关知识

计算机网络和通信技术以及万维网的快速发展极大改变了人们的工作、生活方式。通过网络，人们可以收看新闻、广告、股市行情以及收发 E-mail。网上的产品订购、咨询和信息检索日益增多，使不同区域个体间的协作与互动成为可能。远程医疗会诊系统已经问世，通过相距千里甚至更远的医学专家会诊，患者能够接受权威的诊断治疗。应用视频会议系统，与会人员不必集中到某一地点就能够聆听领导、专家的报告，即可畅所欲言、各抒己见。各类聊天软件（如 QQ）传递信息实时、准确，让人"天涯若比邻"。有相关技术的支持，网络环境下的远程谈判得以实现。谈判的双方借助支撑平台，了解与谈判有关的背景信息、对方偏好、谈判规则等知识，在谈判的磋商中，或提交己方的开价，或接收对方报价。双方协商一致时，通过系统提供的协议签订机制，产生共同认可的协议文本；否则，结束当前磋商并进入新一轮的具体会谈。

一、网络沟通的主要工具

（一）网上邮件

网上邮件（Electronic mail，简称 E-mail，标志：@，也被大家昵称为"伊妹儿"）又称网上信箱，它是一种用网上手段提供信息交换的通信方式。它是 Internet 应用最广的服务：通过网上邮件系统，客户可以用非常低廉的价格（不管发送到哪里，都只需负担电话费和网费即可），以非常快速的方式（几秒钟之内可以发送到世界上任何你指定的目的地），与世界上任何一个角落的网络客户联系，这些网上邮件可以是文字、图像、声音等各种方式。同时，客户可以得到大量免费的新闻、专题邮件，并实现轻松的信息搜索。这是任何传统的方式所无法相比的。正是由于网上邮件的使用简易、投递迅速、收费低廉、易于保存、全球畅通无阻，使得网上邮件被广泛地应用，它使人们的交流方式得到了极大的改变。另外，网上邮件还可以进行一对多的邮件传递，同一邮件可以一次发送给许多人。最重要的是，网上邮件是整个网间网以至所有其他网络系统中直接面向人与人之间信息交流的系统，它的数据发送方和接收方都是人，所以极大地满足了大量存在的人与人通信的需求。

（二）网络电话

网络电话（IP；Internet Phone），按照信息产业部新的《电信业务分类目录》的定义，是实现 PC to Phone，即具有真正意义的 IP 电话。系统软件运用独特的编程技术，具有强大的 IP 寻址功能，可穿透一切私网和层层防火墙。无论你是在公司的局域网内，还是在学校或网吧的防火墙背后，均可使用网络电话，实现电脑—电脑的自如交流，无论身处何地，双方通话时完全免费；也可通过你的电脑拨打全国的固定电话和手机，与平时打电话完全一样，输入对方区号和电话号码即可，享受 IP 电话的最低资费标准。其语音清晰，流畅程度完全超越现有 IP 电话。通信技术在进步，我们已经实现了固定电话拨打网络电话。与你通话的对方电脑上已安装的在线 uni 电话客户端振铃声响，对方摘机，此时通话建立。

（三）网络传真

网络传真（Internet Facsimile）也称网上传真，是传统电信线路（PSTN）与软交换技术（NGN）的融合，是无须购买任何硬件（传真机、耗材）及软件的高科技传真通信产品。网络传真是基于 PSTN（电话交换网）和互联网络的传真存储转发，它整合了电话网、智能网和互联网技术。原理是通过互联网将文件传送到传真服务器上，由服务器转换成传真机接收的通用图形格式后，再通过 PSTN 发送到全球各地的普通传真机或任何网上传真号码上。

(四)网络新闻发布

网络新闻是突破传统的新闻传播概念,在视、听、感方面给受众全新的体验。它将无序化的新闻进行有序的整合,并且大大压缩了信息的厚度,让人们在最短的时间内获得最有效的新闻信息。网络新闻的发布可省去平面媒体的印刷、出版,电子媒体的信号传输、采集声音与图像等。

(五)即时通信

即时通信(IM)是指能够即时发送和接收互联网消息等的业务。自1998年面世以来,特别是近几年的迅速发展,即时通信的功能日益丰富,逐渐集成了网上邮件、博客、音乐、电视、游戏和搜索等多种功能。即时通信不再是一个单纯的聊天工具,它已经发展成集交流、资讯、娱乐、搜索、网上商务、办公协作和企业客户服务等为一体的综合化信息平台。微软、腾讯、AOL、Yahoo等重要即时通信提供商都提供通过手机接入互联网即时通信的业务,用户可以通过手机与其他已经安装了相应客户端软件的手机或电脑收发消息。

课堂训练

小组讨论:我们平时运用的网络沟通工具的特点。

二、网络营销沟通技巧

网络商务的信息沟通与传统商务存在很大不同,一些在传统商务中使用的沟通技巧在网络商务中不一定适用,因此网络商务过程中的沟通技巧有其独特性。网络商务中的沟通技巧可从以下几个方面进行把握:

(一)商品名称

站点搜索工具在搜索商品时,往往根据商品名称与客户所提交的关键词相匹配情况来提供搜索结果,所以,在确定商品名称描述信息时,尽可能将客户会使用的、与本商品密切相关的关键词都写到标题中,这样可以大大增加被客户搜到的机会。在B2B、C2C等网络中介发布商品信息时,这种做法显得更为重要。例如,卖笔记本电池的商家将它的产品取名为"联想(Lenovo)昭阳 E660/E280 笔记本电池,全新原装",这样,客户用"联想"、"Lenovo"、"昭阳"、"E660"、"E280"、"笔记本电池"等多个关键词都可以搜索到该产品。

使用该命名策略时要注意的是,商品名称中使用的关键词必须是与商品本身密切相关的,不要为了增加被搜索到的机会而机械添加无关紧要的关键词,这样会在一定程度上误导客户,引起客户的反感。此外,为商品添加一个形象、富有个性的分类名称。好的商品分类能起到与商品名称同样的效果,可以吸引客户的注意力。

(二)商品介绍

商品介绍信息对于客户了解商品、有效激起客户的购买欲望具有非常重要的作用。商品信息的介绍包括网页上的信息介绍和顾客与店主交流过程中的信息介绍。商品信息介绍首先要保证其真实、明确,让客户看后能够明白商品的主要指标、性能,不产生歧义。其次,从市场营销的角度来说,网站提供的有效信息越详细,客户的满意程度越高,越容易激起客户的购买欲望。所以在描述商品信息时,要尽量提供详尽的、与商品有关的各种信息。例如,有家卖面包的网上商店在介绍它的面包时,能够介绍从小麦产地的土壤、气候开始,直至面包的加工、烘烤、包装为止的整个过程,让人看后觉得自己已经是个面包专家,自然就对产品有了兴趣。值得注意的是,商品信息的详尽并不等于烦琐,信息介绍时要把握重点,突出商品特点。另外,如何将各种信息进行整理、组织也是值得研究的问题。

最后,应对商品的特点和性能进行形象描述。对商品的介绍,如果仅仅局限于产品的各种物理性能,是难以使顾客动心的。要使顾客产生购买欲望,需要在介绍产品性能、特点的基础上,勾画出一幅美好的图景,以增强吸引力。正如一句推销名言所说:"如果你想勾起对方吃牛排的欲望,将牛排放到他的面前固然有效,但最令人无法抗拒的是煎牛排的'滋滋'声,他会想到牛排正躺在铁板上,香味四溢,不由得咽下口水。"

(三)价格描述与磋商

调查显示,价格上的优惠是顾客上网购物的重要原因之一。在价格的描述上,一定要给客户充分的吸引力,让他感觉到和传统购物相比,在网上购物确实得到了实惠。很多网上商店都将商品价格分为市场价、普通会员价、VIP 会员价。这样的价格描述让客户意识到,与商店的关系越密切,得到的价格实惠就越多,而这种密切关系是通过经常购物和交流来实现的,所以有利于顾客忠诚度的提高。

在顾客下订单之前,尤其是 C2C 交易中,顾客与店主之间的价格磋商是在所难免的。在价格磋商中,当顾客压价时,店主需要注意一些必要的技巧:

(1)动之以情、晓之以理地说明你的商品价格在同类商品中已经偏低了,同时再次强调商品的质量。

(2)自己掌握主动权。在买家问价格是否可以优惠时,马上反问:"您要几件?"把问题又抛给他。别小看这一句话,作用是巨大的。因为你知道对方只要一件,但是你这样问了,对方的回答在他们看来是不令你满意的,这样不自觉地就理亏,好像没有什么理由让你便宜。气势上先输给你,卖家自然更胜一筹。

(3)薄利多销。在一定程度上的让利有时是避免不了的,但是可以通过诱导他购买第二件商品等方面弥补回来。

(4)此时无声胜有声。此招一般用在你看到买家是必买这件商品,只是在价格上想便宜些的情况。这时候你最好什么都不说,这也是一个暗中较量的过程,谁先按捺不住说话,谁就算败了下来。

(四)信息宣传、促销过程中的交流

在信息交流过程中,与顾客沟通的渠道和方式是多种多样的,不同的方式,其沟通的技巧会有所不同。

(1)通过网页传递信息。以网页的形式向客户传递信息,要求站点有良好的导航,让客户能够在最短的时间内找到他所需要的信息;要求页面简洁明了,没有过多的东西干扰客户的注意力;要求高质量的信息,详尽但不烦琐,让客户看后有明显的收获;要求对内容进行很好的组织,如果内容很多,则以一定的标准进行分类,不要在一个页面中放置过多的信息,以免客户看完后一头雾水,除非这些信息是不可分割的整体。

(2)通过网络邮件传递信息。写邮件时,尽量将主要的信息安排在第一屏可以看到的范围内;将宣传内容的核心(如文章的标题)作为邮件的主题,尽可能让主题富有吸引力,激发起客户打开邮件的欲望;邮件书写应当简洁明了,以易于浏览和阅读,内容越短越好,尽量少占用收件人的时间。

(3)通过 BBS、新闻组传递信息。通过 BBS、新闻组传递信息最关键的是能够吸引客户进行浏览。第一,要给自己的文章取一个好的标题,这是吸引人的第一步;第二,要提高内容的质量,让客户看后感觉有比较大的收获;第三,在信息内容的最后,要留下快捷的联系方式,一般是 E-mail 地址、电话、企业地址等,在联系人信息中不要留全名,以免带来不必要的麻烦;第四,不管是 BBS 还是新闻组,内容都有明显的类别区分,一定要将信息发布在相关的栏目中,以免引起客户的反感;第五,要注意信息的发布频率,重复发布的信息要注意内容和表达上的变化;第六,经常在相关的地方张贴对客户有用的信息或回复别人的消息,从而提高自己在组里的知名度,这也是很重要的。

（五）售前、售中、售后服务中的沟通

售前、售中、售后服务中沟通的对象一般都是购买过企业产品或即将购买企业产品的客户,在交流过程中除了要注意一般事项外,尤其要尽量选择正面的词句,给消费者一个明确的意思表达,不要模棱两可,以免客户产生歧义,引起不必要的麻烦。

(1) 售前服务是营销和销售之间的纽带,其作用至关重要。营销人员应当尽量提高素质和思维严谨度,详细落实核心问题,以免在交易过程中出现一些不必要的麻烦。企业可根据日常售前服务中的一些常见问题,形成一套就特定业务和客户沟通时必须要沟通清楚的问题的程序化文案,从而保证和客户在事先沟通中就相关可能产生纠纷的问题沟通清楚,以杜绝在执行中产生纠纷和影响。

(2) 售中服务是指在产品销售过程中为顾客提供的服务。营销人员需要热情地为顾客介绍、展示产品,详细说明产品使用方法,耐心地帮助顾客挑选商品,解答顾客提出的问题等。售中服务与顾客的实际购买行动相伴随,是促进商品成交的核心环节。

(3) 在售后服务中,对客户的问题要抱有良好的心态,必须心怀对客户的感激之情,认真倾听客户意见和要求,以诚恳的态度为客户解决问题,站在客户的角度为客户的利益多考虑,在快速处理问题并答复的同时,做好各项后续服务。企业要把售后服务看作与顾客沟通的过程,在售后服务中把握一定的技巧,有利于提高客户的满意度和增强企业的服务水平。首先,要注重感情联络,售后服务的大部分过程就是和客户感情联络,一旦成为企业的客户,就是企业的朋友,就有必要进行定期的感情交流,如定期发信或在节假日有促销活动时主动与客户联系,还可以在适当时候给客户送小礼品或提供其他附加服务等;其次,还要做好信息的收集,通过为客户提供售后服务,发掘有价值的客户,了解客户的心态和需求,为挖掘潜在客户和留住老客户做资料上的准备。

（六）注重网络礼仪

网络礼仪是指在网上交往活动中形成的被赞同的礼节和仪式,是人们在互联网上交往所需要遵循的礼节。网络上的信息传播比传统途径更加迅速、范围更广、影响面更大,在网络营销中的信息交流要十分注重网络礼仪,以免引起客户的反感,造成不必要的损失。

在网络营销中,一般要注意以下问题:

(1) 记住别人的存在:千万记住和你打交道的是一个活生生的人,如果你当着面不会说的话在网上也不要说。

(2) 网上网下行为一致:网上的道德和法律与现实生活是相同的,如果以为在网络中就可以降低道德标准,那就错了。

(3) 入乡随俗:不同的站点、不同的营销对象都有不同的交流规则,所以在不同的场合,交流的方式和语气应该是有区别的。

(4) 尊重别人的时间和带宽:不要以自我为中心,充分考虑别人在浏览信息时需要的时间和带宽资源,这也是对客户的尊重。

(5) 给对方留个好印象:因为网络的匿名性质,别人无法从你的外观来判断,每一言每一语都成为别人对你印象的唯一判断,注意自己的言行将有助于树立良好的网络形象。

(6)分享你的知识:这不但可以增强自己在客户心目中的好感,还有助于提高客户对所营销商品的兴趣,有效激起客户的购买欲望。

(7)心平气和地争论:在网络交流中争论是正常的,要以理服人,不要人身攻击。

(8)尊重他人的隐私:企业应该充分尊重客户的个人隐私,不随意泄露客户个人信息,这不仅是在保障客户的利益,也是在保持自己的良好形象。

(9)不要滥用权利:相对而言,在营销中企业掌握着更多的信息和权利,企业应该充分珍惜这些信息和权利,为客户服务。

(10)宽容:面对客户所犯的错误,企业应该保持宽容的态度。

(七)开展即时交流

为进一步促进企业与客户之间的交流,提高企业的客户服务水平,可通过网络开展多种形式的即时交流,如在线咨询和解答系统、QQ在线服务等。在进行在线即时交流时,要注意保持通道的畅通,回答迅速,不要让客户久等;尽量让客户直接点击代表服务人员的头像就可以咨询,而不需要进行任何别的安装工作。

另外,开辟专门的社区供客户交流,并有专人进行维护和解答,制作专门页面介绍客户感兴趣的重点信息等,都是比较受客户欢迎的交流方式。

> **课堂训练**
> 小组讨论:网络营销沟通的技巧。

任务三 控制网络安全

学习导入

浙江判决首例网络购物诈骗案

杭州市西湖区法院一审判处从事网络诈骗、盗窃的黑龙江少年孙某有期徒刑两年零三个月,这是浙江省判决的首例利用网络购物进行诈骗犯罪的案件。

未满18周岁的孙某初中还没毕业就远离家乡,来到浙江省义乌市打工,在打工之余他学会了上网。其间,孙某偶然发现可以网上开店赚钱,于是就在国内某著名网上商务网站C to C(即个人对个人)上登记注册了自己的网络店铺"佳惠时尚"。生意很快来了,一位姓杨的客户从他的网络店铺里买走了65元钱的扫地机。看到网上开店这么容易赚钱,孙某胆子大了起来。他从网上下载销量好、价格高的电脑图片放在自己的网络店铺里,谎称低价促销电脑。因为有了第一次交易,客户杨某信以为真,又在孙某的网络店铺选中一款笔记本电脑,贸然把7 900多元分两笔汇到了孙某的账户内。骗到钱后,孙某却对杨某置之不理。1个月后,孙某又以同样的手段,以收款不发货的方式骗得湖南省岳阳市一个买家的3 000元。掌握了电脑和网络知识的孙某不仅在网上骗钱,而且向他人发送"木马程序",窃取他人邮箱密码和银行账号、密码。一个多月时间内,其从他人的网上银行账户非法转账3次,共窃取1.7万余元。法院审理该案认为,孙某以非法占有为目的,采取秘密手段窃取他人财物,数额巨大;采取虚构事实的方法骗取他人财物,数额较大,已经构成盗窃罪、诈骗罪。鉴于他犯罪时未满18周岁,又有较好悔罪表现,法院决定依法减轻刑罚,判处孙某有期徒刑两年零三个月,并处罚金1 000元。

其实像这种案例屡见不鲜,被骗的客户也大有人在。为什么骗子们会有那么多的机会骗取财物呢?就是因为我们的安全意识较低。只要在我们交易的过程中,不接受任何人发来的可疑文件、不听信任何离谱的低价促销活动、安装网盾保护程序等,这些都可以更有效地防护个人的财产被骗子窃取,从而更有效地保护我们的利益。

(资料来源:http://www.jcrb.com/n1/jcrb840/ca396044.htm.)

相关知识

网上商务源于英文 Electronic Commerce,简写为 EC。顾名思义,其内容包含两方面:一是网上方式;二是商贸活动。也就是说,网上商务是指交易当事人或参与人利用现代信息技术和计算机网络(主要是互联网)所进行的各类商业活动,包括货物贸易、服务贸易和知识产权贸易。然而,网上商务并非单纯商家和客户之间开展交易,完整的网上商务可以将内部网与Internet 连接,使小到本企业的商业机密、商务活动的正常运转,大至国家的政治、经济机密都将面临网上黑客与病毒的严峻考验。因此,安全性始终是网上商务的核心和关键问题。

一、对网络安全的认识

(一)网络交易安全

网络交易安全的重要性已不言而喻,它不仅关系到商家的利益,更是与客户的利益紧密相关。如若网络交易环境安全无法保障,对于商户物品的卖出、潜在客户的查找与物品的交易环节都会造成很大风险。不仅交易账号被人冒用容易造成金钱的损失,对于个人购买隐私也是无法得到保障的。综上所述,保证一个安全、健康、良好的网络交易环境,也就是网络交易安全的重要性,是网络交易的重中之重。网络交易安全可分为两部分:一是商务安全;二是网络安全。商务安全即围绕传统商务在 Internet 上应用时产生的各种安全问题,如何保障网上商务过程的顺利进行,即实现网上商务的有效性、机密性、完整性、可靠性。而网络安全主要体现在如何处理网络交易安全存在的问题上。本书将综合概括一些过去、现有的商务或网络交易在现实应用中遇到的情况、问题,就几种常见的和最新出现的商务及网络安全特征进行详细的说明,并就此进一步展开对这些特征的防范措施的具体介绍,使大家认识并了解这些特征的存在,从而更好地保护自己的交易安全。

(二)网上商务安全要素

1. 有效性

网上商务作为贸易的一种形式,其信息的有效性将直接关系到个人、企业或国家的经济利益和声誉。因此,要对网络故障、操作错误、应用程序错误、硬件故障、系统软件错误及计算机病毒所产生的潜在威胁加以控制和预防,以保证贸易数据在确定的时刻、确定的地点是最有效的。

2. 机密性

网上商务作为贸易的一种手段,其信息直接代表着个人、企业或国家的商业机密。网上商务是建立在一个较为开放的网络环境中的,维护商业机密是网上商务全面推广应用的重要保障。

3. 完整性

网上商务简化了贸易过程，减少了人为的干预，同时也带来了维护贸易各方商业信息的完整、统一的问题。贸易各方信息的完整性将影响到贸易各方的交易和经营策略，保持贸易各方信息的完整性是网上商务的应用基础。

4. 可靠性

网上商务直接关系到贸易各方的商业交易，如何确定要进行交易的贸易方是保证网上商务顺利进行的关键。要在交易信息的传输过程中为参与交易的个人、企业或国家提供可靠的标识。

课堂训练

小组讨论：对网络安全的认识。

二、网络交易安全存在的问题

（一）针对交易主体

1. 对于客户

一是被他人冒领、盗领款项所发生的损失。由于相关的立法工作相对滞后，对客户的损失就很难提供有效保障。另外，当发生网络内部系统故障、操作错误等问题时，对客户的经济方面也会造成一定的损失。二是交易受阻。如果在交易过程中，发生诸如断线、卖家拒收或其他情况，就会为客户带来无法正常完成交易的困扰。

2. 对于银行

（1）信用问题。与传统经纪业务中"面对面"交易方式不同，网上交易的真实性更加不容易考察和验证，信用问题便随之出现。

（2）网络安全性。银行的网上交易往往涉及巨额资金，一旦受外部攻击造成系统中断，或网络犯罪使信息泄露，将会造成重大损失。

（3）速度和稳定性。网上交易被称为"流动大户室"，主要就是因为其便利的操作程序和快捷的传输速度。但黑客只要用大量推送垃圾信息的方法，就可以大大降低网络的运行速率，严重时网站甚至被迫关闭。

3. 对于第三方支付平台

其本身的法律地位并不是很明朗。我国法律规定，只有金融机构才有权利接收代理客户的资金。第三方支付平台作为非金融实体，通过提供支付的方式"吸储"不符合法律规定。同时在第三方交易模式中，第三方支付平台积聚了大量中转资金，一旦发生挪用挤占，将会引起整个支付产业链的恐慌。应加强对网上银行和第三方支付机构等相关组织的监管，加强网上商务行业的监管，规范市场主体行为。首先要加强对网上银行的监管，网上银行不同于传统银行，应该制定新的准入条件，加强对客户开户的监管，落实责任，审查客户资料等信息，明确网上银行业务终止条件、清算办法等，制定网上货币退出机制，规范网上货币市场；其次要加强对第三方支付机构的监管，要让第三方支付机构受银监会监督，第三方无权动用客户资金，必须确保资金安全和支付的效率。

（二）信息安全问题

1. 信息泄露

在整个交易过程中，可以说客户处于弱势。因为商家可以选择支付方式，而客户在填完一大串信息后不知道这些信息将流向何方,很难杜绝信息的泄露。

2. 潜在隐患

网上支付业务大多是通过网络进行,没有了以往的签字、盖章及纸质凭证。银行业务的各种账务和记录都可以不留痕迹地修改,监管部门看到的数据并不能正确反映支付的真实情况,这给网上支付带来了潜在的安全隐患。

三、保证网上交易安全的措施

(一)加强内部网络治理人员以及使用人员的安全意识

很多计算机系统常用口令来控制对系统资源的访问,这是防病毒进程中最容易和最经济的方法之一。网络治理员和终端操作员根据自己的职责权限,选择不同的口令,对应用程序数据进行合法操作,防止客户越权访问数据和使用网络资源。

在网络上,软件的安装和治理方式是十分关键的,它不仅关系到网络维护治理的效率和质量,而且涉及网络的安全性。好的杀毒软件能在几分钟内轻松地安装到组织里的每一个NT服务器上,并可下载和散布到所有的目的机器上,由网络治理员集中设置和治理。它会与操作系统及其他安全措施紧密地结合在一起,成为网络安全治理的一部分,并且自动提供最佳的网络病毒防御措施。当计算机病毒对网上资源的应用程序进行攻击时,这样的病毒存在于信息共享的网络介质上,因此就要在网关上设防,在网络前端进行杀毒。

(二)网络防火墙技术

这是一种用来加强网络之间访问控制,防止外部网络用户以非法手段通过外部网络进入内部网络访问内部网络资源,保护内部网络操作环境的特殊网络互联设备。它对两个或多个网络之间传输的数据包(如链接方式)按照一定的安全策略来实施检查,以决定网络之间的通信是否被答应,并监视网络运行状态。虽然防火墙是目前保护网络免遭黑客袭击的有效手段,但也有明显不足:无法防范通过防火墙以外的其他途径的攻击,不能防止来自内部变节者和不经心的用户们带来的威胁,也不能完全防止传送已感染病毒的软件或文件,以及无法防范数据驱动型的攻击。

(三)安全加密技术

加密技术的出现为全球网上商务提供了保证,从而使基于Internet的网上交易系统成为可能,因此,完善的对称加密和非对称加密技术仍是21世纪的主流。对称加密是常规的以口令为基础的技术,加密运算与解密运算使用同样的密钥。不对称加密,即加密密钥不同于解密密钥,加密密钥公之于众,谁都可以用,解密密钥只有解密人自己知道。

(四)加强资料的存档保管工作

互联网容易受病毒侵害,甚至黑客的破坏。由于网上谈判所使用的E-mail需要互联网的传递,一旦网络发生故障或遭遇病毒、黑客,往往就会影响谈判双方的联系,甚至会丧失合作机会,无法实施谈判方案。因此,商务谈判过程中的发盘、还盘、确认等资料要及时下载,打印成文字,以备存查。

我国的网上商务近年来发展很快,但是有关的安全保障还未建立起来。这已经成为影响我国网上商务发展的一个障碍。为此,我们必须加快建设有关的网上商务安全系统。网络安全是一个综合性的课题,涉及技术、治理、使用等许多方面,既包括信息系统本身的安全问题,也有物理的和逻辑的技术措施,一种技术只能解决一方面的问题,而不是万能的。为此,建立有中国特色的网络安全体系,需要国家政策和法规的支持及集团联合研究开发。安全与反安全就像矛盾的两个方面,总是不断地激化,所以安全产业将来也是一个随着新技术发展而不断发展的产业。

> **课堂训练**
> 小组讨论:如何进行网络安全的防范。

学习自测

一、选择题

1. 以下不属于网络谈判工具的是( )。
   A. 网络电话　　　B. 网络传真　　　C. 网络邮件　　　D. 飞鸽传信
2. 以下不属于网上商务安全要素的是( )。
   A. 有效性　　　B. 机密性　　　C. 完整性　　　D. 准确性
3. 以下不属于网上商务谈判特征的是( )。
   A. 海量信息处理　　　　　　　　　B. 谈判案例检索与匹配
   C. 谈判策略及出价　　　　　　　　D. 谈判准备期间要收集大量信息

二、判断题

1. 网上商务谈判就是指采用网络通信技术与计算机信息技术,为了谈判双方的经济利益和需要,开展基于互联网的网络化商务谈判。( )
2. 微软、腾讯、AOL、Yahoo等重要即时通信提供商都提供通过手机接入互联网即时通信的业务,用户可以通过手机与其他已经安装了相应客户端软件的手机或电脑收发消息。( )
3. 在网络上,软件的安装和治理方式是十分重要的,它关系到网络维护治理的效率和质量,但不涉及网络的安全性。( )

案例分析

六六买山竹事件:为啥 B2C 电商玩不转农业

近日,互联网上吵得沸沸扬扬的一件生鲜电商事件大家都有所耳闻。网络作家六六在京东上订购山竹:"忍无可忍,京东上订的山竹,价格200多元,到家烂成这样了,要求退还不同意。新鲜水果不建议网上买,图片拍得像广告画一样美,到家一看像扔垃圾堆的货一样烂。从这点上看,京东真不如淘宝,淘宝上发生纠纷到现在还没发生过不给解决的。"六六将其按照客服要求退单并上传照片后,被告知不予退款的经历发布在微博上。作为拥有1 000多万粉丝的知名女作家,该微博被大量转发和评论。在微博的评论中,不少网友表示自己在京东上消费时遇到过和六六类似的经历。

(资料来源:http://www.360che.com/news/150724/43023.html.)

问题:(1)在此案例中,双方为何会形成如此局面?
(2)你从这个案例中得到什么启发?

实训项目

实训目的:运用网络工具。

实训要求:每个人挑选一件物品在网上跳蚤市场进行销售。

讨论:(1)网络谈判有哪些特点?

(2)如何才能有效吸引客户的注意力?

参考文献

[1]白远.国际商务谈判[M].中国人民大学出版社,2002.
[2]高建军,卞纪兰.商务谈判实务[M].北京航空航天大学出版社,2007.
[3][美]查尔斯·W. L.希尔.国际商务:全球市场竞争(第三版)[M].中国人民大学出版社,2002.
[4]林国灿.常胜不败的心理战术:在宦海、商界、情场中成为强者的172条妙计[M].书目文献出版社,1989.
[5]张强.谈判学[M].华中科技大学出版社,2003.
[6]方其.商务谈判——理论、技巧、案例[M].中国人民大学出版社,2004.
[7]朱凤仙.商务谈判与实务[M].清华大学出版社,2006.
[8]张炳达,满媛媛.商务谈判实务[M].立信会计出版社,2007.
[9]冯华亚.商务谈判[M].清华大学出版社,2006.
[10]李爽.商务谈判[M].清华大学出版社,2007.
[11]杨雪清.商务谈判与推销[M].北京交通大学出版社,2009.
[12]龚荒.商务谈判与推销技巧(第2版)[M].清华大学出版社,北京交通大学出版社,2010.
[13]刘园.国际商务谈判[M].首都经济贸易大学出版社,2006.
[14]王平辉.商务谈判规范与技巧[M].广西人民出版社,2008.
[15]卞桂英,刘金波.国际商务谈判[M].中国农业大学出版社,北京大学出版社,2008.
[16]易开刚.现代推销学[M].上海财经大学出版社,2008.
[17]吴健安.现代推销理论与技巧(第二版)[M].高等教育出版社,2008.
[18]范忠,陈爱国.商务谈判与推销技巧[M].中国财政经济出版社,2010.
[19]董原.商务谈判与推销技巧[M].中山大学出版社,2009.
[20]李冬芹,张幸花.推销与商务谈判[M].大连理工大学出版社,2010.
[21]王潇.商务谈判与推销[M].大象出版社,2008.
[22]金正昆.商务礼仪[M].陕西师范大学出版社,2012.
[23]匡玉梅.商务礼仪[M].厦门大学出版社,2012.
[24]胡晓涓.商务礼仪(第二版)[M].中国人民大学出版社,2012.
[25]杨丽.商务礼仪[M].清华大学出版社,2012.
[26]张晋.商务礼仪(第二版)[M].化学工业出版社,2012.
[27]徐艟.商务礼仪[M].安徽师范大学出版社,2012.
[28]曹艺.商务礼仪[M].清华大学出版社,2009.
[29]王露.最新推销员培训与管理全书[M].中共党史出版社,2010.
[30]张爱平,陈曦.推销大师[M].企业管理出版社,2012.

[31]郑锐洪.推销学[M].中国人民大学出版社,2011.
[32]刘振溪,于忠章.推销理论与实务[M].中国人民大学出版社,2011.
[33]余远坤.现代推销技术[M].清华大学出版社,2012.